国家出版基金项目

遼陽壁畫墓

冯永谦 著

北方联合出版传媒（集团）股份有限公司
辽海出版社

图书在版编目（CIP）数据

辽阳壁画墓 / 冯永谦著 . — 沈阳：辽海出版社，2020.6（2024.11重印）

ISBN 978-7-5451-5712-3

Ⅰ.①辽… Ⅱ.①冯… Ⅲ.①壁画墓 — 研究 — 辽阳 Ⅳ.① K878.84

中国版本图书馆 CIP 数据核字 (2020) 第 047049 号

出 版 者：	北方联合出版传媒（集团）股份有限公司
	辽海出版社（地址：沈阳市和平区十一纬路25号　邮编：110003）
印 刷 者：	沈阳绿洲印刷有限公司
发 行 者：	北方联合出版传媒（集团）股份有限公司
	辽海出版社
幅面尺寸：	185mm×260mm
印　　张：	33
字　　数：	470 千字
出版时间：	2020 年 6 月第 1 版
印刷时间：	2024 年 11 月第 2 次印刷
责任编辑：	谭　莹　杨冬庆
本书摄影：	冯永谦
版式设计：	郑　伟
责任校对：	张　越　李子夏

书　　号：	ISBN 978-7-5451-5712-3
定　　价：	198.00元

购书电话：(024) 23285299　　开发部电话：(024) 23285788
网　　址：http://www.lhph.com.cn
法律顾问：辽宁普凯律师事务所　王 伟
如有质量问题，请与印刷厂联系调换　　印刷厂电话：024-31983633
盗版举报电话：024-23284481
盗版举报信箱：liaohaichubanshe@163.com

八十岁生日

冯永谦简历

冯永谦，1935年12月生，辽宁沈阳人。1954年入东北区考古训练班学习，结业后同部分学员组建成立东北文物工作队，即在队中从事东北地区文物考古工作。现为辽宁省文物考古研究院研究员。自1954年至今，从事文物考古工作已经65年。曾任辽宁大学客座教授、吉林省社会科学院特邀研究员、辽宁省辽金契丹女真史研究会顾问、中国考古学会会员、中国长城学会理事、中国民族史学会理事、中国辽金及契丹女真史学会秘书长、中国民族史学会辽金契丹女真史分会会长等。还曾任《北方史地资料》编委会副主编、《东亚文库》编委会常务副主编、《中国考古集成》编委会主编、《辽海文物学刊》主编等。其从事专业和研究的重点为中国历代考古、历史地理、古代长城、古代陶瓷、古代玉器、古代铁器等。发表各类文章200余篇，出版专著18部，主编图书多种，还主编有学术期刊三种。发表的一些论著，曾获多项学术研究优秀成果奖，有的论著被译成外文在国外发表。个人传记被收入国内外出版的五十多种不同领域的《专家学者辞典》和《名人录》中。曾赴日本、韩国等国家进行访问和学术交流。

辽 阳 壁 画 墓

目　　录

第一章　绪论 …………………………………………………………………（ 1 ）
第二章　辽阳附近的自然地理、历史发展概要和壁画墓发现情况 ……（ 11 ）
　　一、辽阳附近的自然地理环境 ……………………………………（ 13 ）
　　二、辽阳地区的历史发展概要 ……………………………………（ 15 ）
　　三、辽阳壁画墓的发现情况 ………………………………………（ 19 ）
第三章　辽阳壁画墓 …………………………………………………………（ 35 ）
　　一、辽阳旧城东门里后汉壁画墓 …………………………………（ 37 ）
　　二、北园一号后汉壁画墓 …………………………………………（ 93 ）
　　三、棒台子一号后汉壁画墓 ………………………………………（115）
　　四、三道壕后汉车骑壁画墓 ………………………………………（141）
　　五、三道壕一号汉魏壁画墓 ………………………………………（155）
　　六、三道壕二号汉魏壁画墓 ………………………………………（171）
　　七、棒台子二号汉魏壁画墓 ………………………………………（175）
　　八、鹅房一号汉魏壁画墓 …………………………………………（193）
　　九、南雪梅一号汉魏壁画墓 ………………………………………（199）
　　十、三道壕魏令支令壁画墓 ………………………………………（205）

  十一、三道壕三号魏壁画墓 …………………………………………（213）

  十二、北园二号魏壁画墓 ……………………………………………（219）

  十三、北园三号魏壁画墓 ……………………………………………（223）

  十四、三道壕晋太康十年壁画墓 ……………………………………（229）

  十五、上王家晋壁画墓 ………………………………………………（241）

  十六、辽阳北园画壁古墓记略 ………………………………………（249）

第四章　辽阳壁画墓的特点 ……………………………………………（321）

  一、辽阳壁画墓建筑材料选用 ………………………………………（323）

  二、辽阳壁画墓建造形制 ……………………………………………（327）

  三、国内各地发现同时期壁画墓与辽阳壁画墓的异同 ……………（335）

  四、对辽阳壁画墓的认识 ……………………………………………（369）

第五章　辽阳壁画墓彩色照片图版 ……………………………………（377）

  一、辽阳旧城东门里后汉壁画墓彩色照片图版 ……………………（379）

  二、辽阳棒台子一号后汉壁画墓彩色照片图版 ……………………（419）

  三、辽阳三道壕后汉车骑壁画墓彩色照片图版 ……………………（467）

主要参考文献 …………………………………………………………（519）

后记 ……………………………………………………………………（521）

第一章 绪 论

辽阳壁画墓，声名远播，特点突出，很早就为国内外所熟知。它是我国在1961年3月4日由国务院公布的第一批"全国重点文物保护单位"之一。从被列入"国保"单位时起，辽阳壁画墓就备受社会各界的关注。

辽阳地区的壁画墓，数量较多，在这一大批墓室的石壁上所绘的彩色画面，内容丰富，色彩艳丽，技法高超，引人入胜，故壁画墓闻名遐迩，它是最有特点的古代文化遗存。壁画墓的重要构成部分是壁画，但是过去有关这方面的资料和研究极为有限。过去考古工作者曾发表过壁画墓发掘简报，人们借此可以了解很多情况，而唯独关于壁画，公布甚少，时至今日，仍未能一睹它的"庐山真面目"。这是由于过去受出版和印刷等各种条件制约，在发表壁画墓的考古材料时，那些能真实反映保持原物状态的彩色壁画摄影照片，却不能随同发掘报告一同面世，所以至今仍不知道壁画墓的壁画内涵究竟是怎样的，而"壁画墓"未能向世人展现清晰的原生态的壁画，这该是怎样一种严重缺憾！作为一名考古工作者，多年来，这些壁画始终是笔者心头放不下的一件事，也始终希望它能够公布出来，而不要成为一件憾事！

在我国广袤大地上发现的数量极多的古代墓葬中，壁画墓其实是为数很少的一种，但它却能提供多种历史信息，学术价值很高。辽阳壁画墓，在国内各种不同类别的古代墓葬中，又是一种非常有特点的古代墓葬；即使在同类的壁画墓中，也与国内其他地区发现的壁画墓不同，具有属于自己的特点。不仅壁画的绘画方式与内容不同，而且其建造墓室所用的材料与构筑墓室的建筑技法，都和国内各地的壁画墓有所区别，形成一处具有浓郁地域特点的墓葬。辽阳壁画墓，其墓室是用巨大而又厚重的南芬页岩石板互相咬合支撑搭构而成，然后在建造墓室的大石板的壁面上，不抹灰面，即用不同的彩色颜料直接作画，这是国内其他地区所没有的一种壁画墓类型。从辽阳壁画墓的壁画看，即从美术史的角度观察，此时期的我国绘画已很成熟，能够轻松地表达出作者的意图。其所描绘的物象惟妙惟肖，灵活生动，极为传神，绘画技法的表达独特，笔力遒劲，恣肆豪放，挥洒自如，看似不经意的笔触，却描绘得恰到好处，即使在狭窄局促的墓室最不适合作画的地方进行绘画，也能做到具体而微，不仅内容庞杂，包罗万象，而且通幅连壁。能绘制出如此精美的连壁的大画，确实是真实地反映了这一时期的绘画水平。辽阳壁画墓，其壁画形象地记录了当时人们的观念和社会生活状态，既是时代特征的表露，又具有强烈的地方特点，成为独树一帜的我国少见的古代壁画墓。

辽阳壁画墓的年代，根据墓葬所在的地点、墓室结构形式、出土遗物特征以及相关文字资料，结合历史文献考察，应是从后汉中晚期至西晋时期，其时间几近三百年，在这个时期，辽阳出现这种墓葬，不是偶然的，而是有其历史原因。辽阳的历史发展，在我国东北地区来说，是行政建置最早的，由于它具备建置条件，如居住人口、经济、文化诸方面都达到相当水平，战国燕在此地建辽东郡，从此开始，历经秦、汉，直到魏、晋时期，辽阳都是辽东郡的首府，其时称襄平，一直没有改变，而且随时间发展而提升，成为直到清代以前东北地区的政治、经济、文化中心。到了后汉时期，当时辽阳地方人口稠密，生活富庶，甚至在后汉晚期以后，中原战乱，辽东地区因为相对安宁而吸引许多人前来，甚至当时一些名士都移居辽东，如王烈、管宁、邴原等人，俱安家于此。由于中原地区人口的相继流入，更加促进了辽阳当地文化和经济的发展。在辽阳市区外围发现的大量的不同历史时期的墓葬，其中尤以最具特点的壁画墓闻名于世，也直接或间接地反映出了当时辽东社会的安定、生活的富裕与文化的昌盛。

经过多年的考古工作，笔者对辽阳市周围分布的汉至晋的壁画墓情况有较为深入的了解。这种墓葬，新中国成立前就曾被发现，且多被破坏，新中国成立后更是大量发现,并发掘了数座。从时间上来看,这些墓葬的年代,汉至魏晋时期都有,时间跨度很长,它反映了辽阳地区这一时期数百年的政治、经济、文化与社会发展情况,非常重要。因此,"辽阳壁画墓群"早在1961年就被国务院第一批公布为"全国重点文物保护单位"了,这准确地反映了壁画墓的价值,是符合实际情况的。

但是,无论是新中国成立前还是新中国成立后发现的壁画墓,包括经过发掘的壁画墓,都没有整体对壁画墓进行过集中反映,因为这些壁画墓都是在相隔很长时间陆续发现的。由于零星的发现,即使写有发掘简报,也都是在不同时间、不同报刊上发表,因此很难窥其全豹。特别是没有真实反映壁画墓的壁画内容的相关照片配合,使人很难对壁画墓有较全面的了解。出现这种情况是有历史原因的,概括来说:一是因当时没有彩色照片,难以获得保有壁画彩色原貌的照相记录;二是发表时受印刷彩版限制,所附几幅照片也只是黑白照片;三是用纸和印刷技术质量的关系,都使得人们对这些独具特点的壁画墓比较陌生,人们没有清晰地看到非常重要而翔实的壁画内容。当然,壁画墓重要,而能更清楚地看到墓中所绘的壁画,就更重要了。

基于这种情况,这次出版本书,就是要解决上述存在的问题:用一本关于辽阳壁画墓的专著,较清晰地反映辽阳壁画墓所绘壁画,不是临摹本而是以照相形式记录的内容,这样就能最大限度让读者有比较具体而形象的了解——书中将把辽阳壁画墓中过去从未发表的几座重要墓葬的壁画,用彩色照片忠实地反映出来,让读者一睹辽阳壁画墓壁画的真实内容,破除过去只知辽阳有壁画墓,却不知壁画是什么样的问题,此书将弥补这种缺憾,并将成为了解当时社会发展状况,尤其是研究中国美术史极为珍贵的资料。

本书定名为《辽阳壁画墓》,有以下三个原因:首先是在今辽阳市城区的周围已发现了二十多座壁画墓,时间从汉历魏到晋,因其不是同一时期的墓葬,历时较长,难以将时间概括进去,如称其为"辽阳汉魏晋壁画墓",显然书名不够简练,说起来拗口,且不易为人记忆。其次是国务院批准其为"全国重点文物保护单位"时,即以"辽阳壁画墓群"为名,没标明其年代,此名称中外皆知,其中实际是包括了汉、魏、晋各不同时期的壁画墓。最后是本书出版的主要目的，不在壁画墓本身，而是公布一般读者从未见过的壁画墓中的"壁画"在其发现后的原始状态和真实的绘画内容。因此，本书就以公布壁画的原始画面为主，而未做综合或某些专题的考证和研究，只展现壁画的原始面貌，以供社会需求和学术界相关人士的应用参考。因此，基于上述想法，本书定名为《辽阳壁画墓》。

作为全国重点文物保护单位的"辽阳壁画墓群"来说，这处"国保"单位究竟有哪几座墓，也应该有所了解。辽阳壁画墓，虽然处在辽阳的周围，但分布比较分散，并不集中，前后发现了二十余座墓葬，但没有一处形成几座墓聚集的墓园状态，都是距离较远的单体独立情况，互不联属。其保存状况，也不尽一致，有的没于地下，地面无任何标志，其发现都是因为动土，地下露出墓室，才能知道其地有墓葬。有的现在地表上还存有高大的封土坟头，只是人们不了解，不知其为何物，以为是土堆，当地称为"台子"或"堆子"，发掘后才知它是古代墓葬。如棒台子一号壁画墓，人们称其为"大青堆子"，以其形似山丘而上面又长满青草，望之一片绿色，故名；景尔屯旁边也有土堆，底径18米，存高4米，人们称为"小青堆子"，它与前者相距不远而又相似，只是形体较前者略小而已，因而得是名。此外，在望水台村东与南面均有大土丘，底径为18米，存高3米，分别称为"东台子""南台子"等，这都是古墓的封土。因此，这些墓葬很早以前就存在，明显地处在辽阳近郊的平地之上，还保存着经千余年风雨剥蚀后的原始状态。在日伪统治东北时期，这些墓葬有的被挖掘，事后弃置不管或是迁移他处，使壁画受到损坏，未能得到保护，遭到无可挽救的损失。中华人民共和国成立后，历史遗迹受到重视。1954年成立东北文物工作队以来，在我国著名的老一辈考古学家李文信先生率领下，于辽阳进行考古工作，各处陆续发现的壁画墓，也逐次得到发掘或清理，辽阳壁画墓才真正为世人所知。笔者在当时作为考古队的一员参与了发掘工作，得以了解壁画墓的详细情况。到1961年3月4日国务院公布"辽阳壁画墓群"为"全国重点文物保护单位"时，经过发掘和封土复原保护的壁画墓有11座，即北园一号壁画墓、北园二号壁画墓、棒台子一号壁画墓、棒台子二号壁画墓、上王家壁画墓、道西庄壁画墓、南雪梅壁画墓、三道壕魏令支令壁画墓、三道壕一号壁画墓、三道壕二号壁画墓、三道壕车骑壁画墓。至2006年5月25日，国务院又继续公布几处辽阳壁画墓为"全国重点文物保护单位"的墓葬，它们是北园三号壁画墓、鹅房一号壁画墓。辽阳近年发现并经过发掘而得到保护的壁画墓还有多处，如1974年发掘的三道壕三号壁画墓、1983年发掘的辽阳旧城东门里壁画墓、1995年发掘的南环路壁画墓等，也都属壁画墓群的构成，将被永久保存下去。

辽阳壁画墓，虽然发现很多，但保存状况不一。因此，本书有选择地、有重点地加以记述。辽阳壁画墓是先人留给后世的宝贵文化遗产，这些壁画墓本身都很重要，而最为大家所推崇的还是墓葬里保存下来的壁画。因此，本书重点在于公布过去仅知名而未见其实际面貌的壁画。

辽阳壁画墓的壁画，内涵特别丰富、画面非常精美、具有代表性的墓葬也仅有几座。这里需要说明的问题是，在这些较为重要的墓葬中，笔者早年拍摄彩色照片的壁画墓，只有辽阳旧城东门里后汉壁画墓、棒台子一号后汉壁画墓、三道壕后汉车骑壁画墓；其他的墓因已封存，为妥善保护文物，未经国家文物局批准，任何单位和个人都不许将壁画墓打开，故现在壁画有彩色照片的仅此三座墓。因此，本书重点介绍的就是辽阳旧城东门里后汉壁画墓、棒台子一号后汉壁画墓、三道壕后汉车骑壁画墓。这几座墓也是辽阳壁画墓中内容最丰富、保存最完好的重要壁画墓，壁画用彩色照片反映，有全景的，也有局部的，更有一些细部放大的，真实、直观、较全面地反映出辽阳壁画墓的壁画面貌。这些壁画内容是过去从未用彩色照片发表过的，也是历来为人所不知的。这次对其壁画全部用彩色照片公布，是非常必要的，不仅能保存下祖国优秀的历史文化遗产，同时也提供了学术研究必不可少的基础的原始资料。

为帮助读者全面了解作为全国重点文物保护单位的辽阳壁画墓群，本书对一般壁画墓也作了一些文字的概括陈述，并附必要的相关墓室结构和遗物图片。

在辽阳壁画墓中，北园一号壁画墓虽然规模较大，结构复杂，壁画内容丰富，但它是新中国成立前发现的，日本人发掘后，未作任何封闭掩埋，长期弃置，人员经常出入，壁画受损严重，直到1954年我们来辽阳进行考古工作时，才对墓室进行封土复原。因此，该墓壁画乏善可陈。为弥补这种缺憾，笔者在书后转载了过去发表的唯一亲历壁画观摹后的研究该墓重要文章——我国老一辈考古学家李文信先生的关于内涵最丰富的辽阳北园壁画墓的壁画深度研究文章，具体反映了辽阳壁画墓的面貌，这篇文章是解剖麻雀，在深远历史和当前壁画之间，在难解中求新解，使之既能见树木又能见森林。

本书所载李文信先生早年写的《辽阳北园画壁古墓记略》一文非常重要，欲深入了解或研究辽阳壁画墓，不能不读此文，汉代的许多典章制度今天我们已经无从了解，文献所言只能是模糊印象，难于确指，就壁画内容对汉代的文物典章制度进行考索，使许多无法印证的事物都能得到解释，使我们立刻明确认识到某一事物的存在状态。在笔者所写的《无私奉献　勤奋一生——李文信先生事略与学术贡献》一文（载《辽海文物学刊》1989年第1期）中，就其关于辽阳壁画墓研究取得的成就时说：

"由于壁画内容十分丰富，涉及各种题材及内容，若能以此为基础，结合古代文献记载，可解决许多古代名存实亡、早已失传或搞不清楚的问题。就以壁画研究来说，先生缘此旁征博引，结合《汉书》《后汉书》《魏书》《晋书》《宋书》《汉官仪》《汉官旧仪》《东观汉记》《诗经》《礼记》《释名》《方言》《说文》等书的记载，考证了壁画中的'礼仪制度'，对车舆中的高车、安车、轺车、金钲车、鼓车、帷车、白盖车、黑盖车、车帷裳、飞轸、车軨、乌啄、防钚、扇汗、白马朱鬣等，一一分辨清楚；对冠服制度中的进贤冠、通天冠、却非冠、却敌冠，帻中的平帻、介帻、屋帻、赤帻与铠胄、襦衣、裤袴、百戏衣、鞮鞻等，均区别其异同，仪仗中的棨戟、鞘、幢、麾以及乐舞名物中的建鼓、舞节、舞盘、食案、酒罍等，也都加以说明，使人从而得以识出。总之，这样条分缕析，一些有名而不知其结构或见其图形而难定名者，经先生精心考证，而使问题得以解决。至于壁画中的其他许多内容，各从不同角度，如社会的和艺术自身规律的等，都有说明。此外，对墓葬的编年序列，也都作了精辟论断，从而对辽阳汉、魏、晋壁画墓的发展演变，有了一个较为清晰的轮廓。"

这就是本书要复载这篇文章的原因，它是了解研究辽阳壁画墓不可或缺的一篇重要文章。

辽阳壁画墓最晚距今已有一千七百多年的历史，经过漫长岁月的洗礼，保存到今天实属不易。辽阳壁画墓的发现，也是历尽坎坷。如1918年日本人发现迎水寺壁画墓，后将整座墓室迁至"关东州博物馆"（今大连市旅顺历史博物馆），壁画早已彩色无存。在日伪时期，1943年发现的南林子、北园两座大型壁画墓也被破坏，尤其辽阳规模最大、壁画内容最丰富的北园一号壁画墓，当时为了照相和摹写方便，竟将墓顶部分盖石拆掉，事后也不覆盖恢复，致使墓室长期敞开，由于在地下的墓室冬季较暖，为避风寒此墓即成为乞丐的住所，宝贵的画面，遭到磨损脱落，今已保存不多了。1944年棒台子一号墓发现后，也遭此厄运。中华人民共和国成立后，随着经济建设的需要，考古工作提上日程。1954年3月，东北区人民政府文化部举办考古训练班，笔者被分配到考古训练班学习，结业后由部分学员组建东北文物工作队，负责当时东北六省的文物考古工作。笔者成为考古队员后，随即投入工作，对辽南地区用了两年多的时间进行考古发掘。笔者在吾师、队长李文信先生主持下，参与三道壕四座壁画墓及棒台子二号壁画墓的发掘以及对被破坏的北园一号壁画墓、棒台子一号壁画墓的地上封土复原工作。同时，在三道壕等地壁画墓发掘工作完成后，对墓室也都采取必要的措施，原本封土已经全无的壁画墓，又在地上恢复其封土，使其完全封闭起来（图1-1）；如其不然，受各种自然或人为因素的干扰，如空气、光照、渗水、寒暑温差变化或进入人之后的抚摸等，壁画质量就会受到影响，产生脱落或褪色等问题，尤其墓室处在地下，壁石潮湿，水气内生，外浮石表，壁画的安全时刻受到威胁。对此，壁画墓只能就地覆土封存，保持现状，深埋地下，以保无虞，至今壁画墓已六十多年不曾开启，以免遭外界环境的不利影响；但即使如此严密封闭，内外隔绝，但毕竟中经开启，在时间的不断流逝中壁画也可能脱落或褪色，甚至逐渐消失。

图 1-1　辽阳三道壕令支令壁画墓（右）、一号壁画墓（中）、二号壁画墓（左）

在中华人民共和国成立前发现的辽阳壁画墓中，虽然有的规模较大、内容较丰富，但可惜多遭破坏。作为"国保"单位的辽阳壁画墓，都是1949年以后新发现的。在这些墓葬中，以辽阳旧城东门里壁画墓保存为最好，此前从未被盗掘过，出土遗物最多，是原葬面貌，在这一点上该墓比辽阳所有其他壁画墓的状况都要好，具有一定的代表性，而且其年代也比较早，可列为重点壁画墓之一。棒台子一号壁画墓，虽然过去也曾遭到过一些不利因素影响，但壁画内容丰富，保存仍然很好，今亦是辽阳壁画墓中之重要一座。再有就是三道壕村西辽阳冶建化工厂院内的"车骑墓"，其壁画无论是内容上，还是保存上，乃至绘画技法上，都是最好的。就现存的辽阳壁画墓中的壁画来说，其精美完整，无出其右者，应为辽阳壁画墓中之上品，首屈一指的遗存。因此，这三座墓，可为辽阳壁画墓之代表，了解这三座墓的壁画后，基本就可以了解辽阳壁画墓是怎样一种情况了。在辽阳的这些壁画墓的发掘和整理中，笔者曾参与并承担全队的摄影工作，拍摄了大量彩色照片。当时还没有认识其重要性，时至今日，六十五年过去之后，重拍已很难实现，笔者手上的这些壁画墓照片，应是无处可觅并且是唯一的珍贵资料了。

这种以南芬页岩巨大青石板建造起来的壁画墓，于石板壁面上直接作画，为国内其他地区所无，只存在于辽阳，特点突出。经近百年来的发现，证明这种壁画墓只在今辽阳市区的周围地方存在，因其比较集中，是以"群"的面貌出现，所以国务院在批准其为"国保"单位时，即以"辽阳壁画群"称之。因此，本书主旨虽然是探究过去从未面世的壁画，但为读者更好了解壁画墓的整体情况，本书对辽阳壁画墓的基本情况也作了相应说明。同时，为使读者全面了解辽阳壁画墓的面貌，对后来发现的几座壁画墓，也作了介绍。但本书对辽阳壁画墓未作专题研究，铺陈索隐，也为保存客观真实的原始壁画材料，择其要者加以描述，余下由读者自己认识理解，体会要旨。故本书只是一本"国保"单位辽阳汉、魏、晋时期壁画墓的翻检"工具书"。

最后还要说一下本书出版的一些情况。笔者在1954年以来的几十年时间里，在辽阳市发掘了许多古代遗址和墓葬，如辽阳三道壕前汉村落遗址，唐户屯村汉墓，桑园子汉墓，三道壕窑业五场汉墓，三道壕村北后汉墓，三道壕汉儿童瓮棺墓群，三道壕魏晋墓葬、辽墓、清墓等，袁家堡子村汉墓，大林子村辽墓，徐往子村汉墓，鹅房村战国墓、前汉墓、辽代窑址等。辽阳壁画墓，是笔者从1954年开始，多次参加发掘工作，其后当笔者对辽阳壁画墓的壁画拍摄彩色照片之后，恩师李文信先生曾与笔者说，应将辽阳壁画墓较为完整地介绍出去，笔者也愿意接受这个安排，准备写一本小书，发表壁画的彩色照片，使这处"国保"单位的辽阳壁画墓能广为人知。但后来不仅是笔者而是整个考古队承担各地的考古调查和发掘任务非常繁重，对以前发掘取得的考古材料，都无暇整理，直至今天当年发掘的遗址和墓葬仍多被放置，有许多地点连一个发掘的消息或简报都没有写，成为永远的遗憾，笔者原来想写的这本书也无限期地拖下来了，直到六十岁退休也没完成。但壁画材料太重要了，不能出版必将是一个损失，因此它始终是笔者欲完成的一个心愿，时刻在念。如今笔者退休都已经二十五年了，将壁画墓中的壁画整理出版仍面临许多困难，一时无法解决。后来有幸遇到辽海出版社的几位编辑，谈起此事，大家很快达成共识，要尽快推动这一图书的出版。辽海出版社就该项目申报了"国家出版基金项目"并获批准，得到了国家的大力支持，使辽阳壁画墓中历经沧桑保持原始状态的珍贵壁画，以彩色原版照片的形式面世，这对笔者来说是一件非常荣幸的事情！

第二章　辽阳附近的自然地理、历史发展概要和壁画墓发现情况

辽阳历史悠久，自新石器时代，经青铜时代到战国，各个时期的地下遗存都异常丰富，至战国燕时，在东北地区开始置郡，首先于今辽阳设郡治，郡曰辽东，治所首府称襄平，以此对辖境进行有效治理，辽阳遂成为我国东北地区行政建制最早的地方。而其所处地理位置十分优越，是交通必经之地，道路方便，山地平原兼有，河流纵横，气候适宜，文化与生产发达，长期以来经先民休养生息、开发建设，使之最早成为富庶之区，而为古代一方的政治、经济、军事、文化中心。

在这片沃土上，先民繁衍生息，但随着时光流逝，在生荣死哀的观念下，辽阳也和其他所有地方一样，留下了为死者安排的归宿——在"另一世界"的生活——建造出各种不同形式、不同质材、不同规模的墓葬。在距今约两千年以来的一段时间里，辽阳出现一种特殊的墓葬——汉、魏、晋时期的壁画墓，这种墓葬与国内其他地区的壁画墓相比，具有独特之处，表现出迥异的地域文化风格。

第二章 辽阳附近的自然地理、历史发展概要和壁画墓发现情况

一、辽阳附近的自然地理环境

辽阳市位于辽宁省中部,地理位置非常优越,因此,自古以来就是我国著名的形胜之区。

辽阳的地理位置,处在山区与平原的结合地带,在东北松辽平原的南端,境内河流纵横,自然环境具有极为良好的地理条件。从地面上看,境内东半部是千山山脉的丘陵山地,从南到北分布,其境内东部北面红纱岭海拔570米,南面娘娘宫山海拔804米,形势险峻,山区冈峦起伏,丘陵冈地海拔却不甚高,俱在50—300米;在西半部是广阔的平原,为辽河下游左岸与其支流浑河、太子河冲积平原之地,农田遍野,一望无边;在辖境内河流分布较密,大小河流数十道,水量充足。其主要的河流为辽河,自北面流来,在其西边不远处向南流去。东北方向有浑河,经沈阳后,在北境向西南流过,汇入辽河。境内中部还有太子河,由本溪流来,自东向西流去,横贯境内,并接受其南面的兰河、汤河等河流,均向北流汇入太子河,北面有沙河等河流,南流注入太子河;太子河自东流来,至辽阳市城区的东面,然后由东转北,又复转为西南流向,汇入辽河。辽河接浑河、太子河后流入渤海。境内地形呈东高西低状态,平原山地虽有"平分秋色"之意,但平原面积大于山地,平地辽阔,适于农耕,是辽宁水田、旱地农业丰产的地区。

现在辽阳的四邻在行政划分上,基本情况是北接辽宁省省会沈阳市,西为沈阳市所辖的辽中区(原辽中县),南邻鞍山市及其所辖海城市,东是本溪市所属本溪县。在此地域,其经纬度范围,经度东经122°35′至123°40′之间,纬度北纬40°42′至41°37′之间。这个地区的气候属北温带大陆性季风气候,一

年四季分明，春秋季节雨水较少，夏季多东南风，受海洋性气候影响，温度较高，潮湿多雨，冬天因受西伯利亚寒流南下影响，干燥寒冷，降雪量不定，有的时候较少。温度最高为38℃，最低是-33.7℃，年平均气温8.4℃。全年无霜期为160天，年平均降雨量717毫米。辽阳地区的生态环境比较好，物产丰富，东部是山区，有煤、铁等矿藏，西部为平原，良田沃野，农业发达，种植的农作物有水稻、玉米、高粱、大豆等，是重要农业产区。

辽阳市地理位置优越，由于地处辽宁中部地区，西有锦州，通辽西走廊，可达中原，东是本溪，去丹东而至鸭绿江，北为沈阳，可去往松花江、吉林等地，南为鞍山，可到大连由海路达山东及中原。辽阳市交通便利，道路纵横，四通八达，贯穿全境。

正是由于辽阳有地理位置等诸多优越条件，在早期中国进行有效管辖设置郡县时，战国燕在东北地区建了许多城，而辽东郡选择了襄平为其首府，此后经秦汉，再到魏晋，自辽至明，辽阳一直都是东北地政治、经济、文化、军事中心，历两千年而未变。

二、辽阳地区的历史发展概要

东北地区的南部,在战国燕时,就见于文献记载。司马迁《史记》中说燕昭王时,得到进一步开发,明文指出:"燕亦筑长城,自造阳至襄平。置上谷、渔阳、右北平、辽西、辽东郡以拒胡。"① 由设郡起,东北地区出现最早的行政建置。燕秦以来辽东郡的地域,是以医巫闾山为界,其西是辽西郡,其东为辽东郡。辽东郡的首府设在襄平,即今辽阳,其位置在今辽阳市内的旧城区范围。从燕设治开始,襄平这个建置名称持续了近千年;至辽代时,因误识而始弃襄平改称为辽阳,辽阳一名又历千年相沿至今。

襄平城因为是郡治所在,自战国燕以后,经过秦、汉、魏、晋几百年的发展,一直到清代,在两千年的时间里都是东北地区的政治、经济、军事、文化中心。

战国以后,秦始皇统一六国,废除分封,全国正式实行郡县制。秦时辽东郡没有变化,仍如燕旧,辽东郡首府还在襄平。

汉代,其行政建置仍和秦时相同,"汉因秦制"。因《汉书》有《地理志》,可见明确记载,汉时辽东郡辖十八县,襄平居首,仍是郡治。但汉后期略有改变,《汉书》谓:辽东郡首县"襄平,有牧师官,莽曰昌平。"② 前汉后期,王莽篡政,托古改制,改襄平为昌平。1955年,笔者在辽阳市北郊三道壕村发掘前汉村落遗址时,出土的红陶釜的口沿上有的就划有"昌平"二字款,另在三道壕村发掘由红陶釜组成的前汉儿童瓮棺墓,有的釜口沿上也划有"昌平"

---

① 司马迁:《史记》卷一一〇《匈奴列传》,中华书局点校本1959年9月版,第2886页。
② 班固:《汉书》卷二八《地理志》,中华书局点校本1962年6月版,第1626页。

二字款。由此划款，可证遗址和瓮棺墓的下限均可延到前汉晚期，即王莽篡政之时，也证实《汉书》谓王莽曾改襄平为昌平之说不误，同时二者之划款均可证今辽阳即燕、秦、前汉以来的襄平以及王莽时期的昌平。

前汉晚期，因王莽篡政，社会动乱，农民起义蜂起，经过一段时间的争战，最终刘秀获胜，消灭群雄，后汉建立。光武帝刘秀即皇帝位后，今东北地区的行政建置之设，大体仍依前汉。

后汉时，辽东郡仍如前汉，但辖县减少。据《后汉书》载："辽东郡，秦置"，建置数量减少，辖十一县，其首县仍是"襄平"[1]，可知后汉襄平仍是郡治。

但是到了后汉末期，天下大乱，群雄并起，后来形成魏、蜀、吴三国。当此之际，辽东公孙氏崛起，从公孙度于后汉灵帝刘宏中平元年（184年）起，即以襄平为中心，统治辽东地区，自己封侯称王。因此，汉末及魏于此时间内，均未实管其地，辽东成为公孙氏的天下。《后汉书·袁谭传》载："（公孙）康，辽东人，父度，初避吏为玄菟小吏，稍仕。中平元年（184年），还为本郡守。……时王室方乱，度恃其地远，阴独怀幸。会襄平社生大石丈余，下有三小石为足，度以为己瑞。初平元年（190年），乃分辽东为辽西、中辽郡，并置太守，越海收东莱诸县，为营州刺史，自立为辽东侯、平州牧，追封父延为建义侯。立汉二祖庙。承制设坛墠于襄平城南，郊祀天地，藉田理兵，乘鸾辂九旒旄头羽骑。建安九年（204年），司空曹操表为奋威将军，封永宁乡侯。度死，康嗣，故遂据辽土焉。"[2]

公孙氏据襄平，拥有辽东地，在历史上，对这个地区来说是一件很重要的事，缺少了它就没法了解当地此时间内的历史，这段历史应由公孙氏来说明。关于公孙氏据辽东，《三国志·魏书·公孙度传》有较详细的记载："公孙度，字升济，本辽东襄平人也。度父延，避吏居玄菟，任度为郡吏。……同郡徐荣为董卓中郎将，荐度为辽东太守。度起玄菟小吏，为辽东郡所轻。先时，属国公

---

[1] 司马彪：《后汉书志》志第二三《郡国五》，中华书局点校本1965年5月版，第3529页。
[2] 范晔：《后汉书》卷七四下《袁谭传》，中华书局点校本1962年6月版，第2418—2419页。

第二章 辽阳附近的自然地理、历史发展概要和壁画墓发现情况

孙昭守襄平令,召度子康为伍长。度到官,收昭,笞杀于襄平市。郡中名豪大姓田韶等宿遇无恩,皆以法诛,所夷灭百余家,郡中震慄。东伐高句丽,西击乌丸,威行海外。初平元年(190年),度知中国扰攘,语所亲吏柳毅、阳仪等曰:'汉祚将绝,当与诸卿图王耳。'时襄平延里社生大石,长丈余,下有三小石为之足。或谓度曰:'此汉宣帝冠石之祥,而里名与先君同。社主土地,当明有土地,而三公为辅也。'度益喜。……分辽东郡为辽西、中辽郡,置太守。越海收东莱诸县,置营州刺史,自立为辽东侯、平州牧,追封父延为建义侯。立汉二祖庙,承制设坛墠于襄平城南,郊祀天地,藉田,治兵,乘鸾辂,九旒,旄头羽骑。太祖表度为武威将军,封永宁乡侯,度曰:'我王辽东,何永宁也!'藏印绶武库。度死,子康嗣位,以永宁乡侯封弟恭。是岁建安九年(204年)也。十二年(207年),太祖征三郡乌丸,屠柳城。袁尚等奔辽东,康斩送尚首。语在《武纪》。封康襄平侯,拜左将军。康死,子晃、渊等皆小,众立恭为辽东太守。文帝践阼,遣使即拜恭为车骑将军、假节,封平郭侯;追赠康大司马。……太和二年(228年),渊胁夺恭位。明帝即(位),拜渊扬烈将军、辽东太守。……景初元年(237年),乃遣幽州刺史毌丘俭等赍玺书征渊。渊遂发兵,逆于辽隧,与俭等战。俭等不利而还。渊遂自立为燕王,置百官有司。遣使者持节,假鲜卑单于玺,封拜边民。诱呼鲜卑,侵扰北方。二年(238年)春,遣太尉司马宣王征渊。六月,军至辽东。……即趋襄平。……诸军进至首山,渊复遣衍等迎军殊死战。复击,大破之,遂进军造城下,为围堑。……(八月)壬午,渊众溃,与其子脩将数百骑突围东南走,大兵急击之,当流星所坠处,斩渊父子。"①

据史可知,公孙氏辽东襄平人,兴起于后汉末期,在获取郡守后,其势力发展起来,并成为辽东望族,后灭于魏。如按其"本传"说,公孙度是在后汉献帝刘协中平六年(189年)为辽东郡守,自此统治一方达五十年,在三国时代割据称雄,直到最后,亦甚有势力,起自后汉晚期,亡于魏前期明帝曹叡景

---

① 陈寿:《三国志》卷八《魏书》,中华书局点校本1959年12月版,第252—254页。

初二年（238年）。《三国志·魏书·公孙度传》最后说："始度，以中平六年（189年）据辽东，至渊三世，凡五十年而灭。"① 辽东的这段历史，由于公孙氏的存在，留有颇多的内容。

---

① 陈寿：《三国志》卷八《魏书》，中华书局点校本1959年12月版，第260—261页。

三、辽阳壁画墓的发现情况

壁画墓,这一名词过去是没有的,是近百年来由于考古发现(图2-1)而出现的命名,它是为一种在墓室内的墙壁上绘有彩色图画的这种墓葬而专指的名称。这种壁画墓的分布范围较广,在我国的北方地区从东到西多有发现,不过根据壁画墓较为集中发现的地域,又大体上可以分为几个不同的小区域,它们反映了一个时期的丧葬特点和相同文化背景因时间、地域不同而有所差别。辽阳的壁画墓,是其中的一个小区域,并因具有独特的区域特点而闻名于世。

在现在的辽阳市城区周围,地上地下分布有许多古代墓葬。从丧葬制度来说,作为一种标志,一般坟墓的上部都是有封土的。但随着时间的推移,地上的封土由于自然风雨剥蚀或人为关系,有的已不复存在,仅在地下保存有墓室,这种不见封土的墓葬,如果不经发现,是不易为人所知的。但若在地上有高大封土的墓葬,人们就能随时见到,是应该知道为坟墓的。不过,由于年代久远,后世人们有时也不一定能准确了解其为何物,只见一个处在地面上的大土堆,人们往往认为它就是个"土台子"。这种土台子在辽阳北郊有很多,当地人们就依其样态而分别取不同的名字,以便于称呼。如一个土台子很高大,当地人就管它叫"棒台子"——台子这么高大明显,当然是"很棒"的,因此,就以此命名此墓葬,后来在它附近形成的村庄——称为"棒台子村",村亦因此台而得名。还有的土台子,上面长满了青草,因此起名"青堆子",这也是个很形象的名称,殊不知这个青堆子却是存有封土的古墓。由于人们看到的这种封

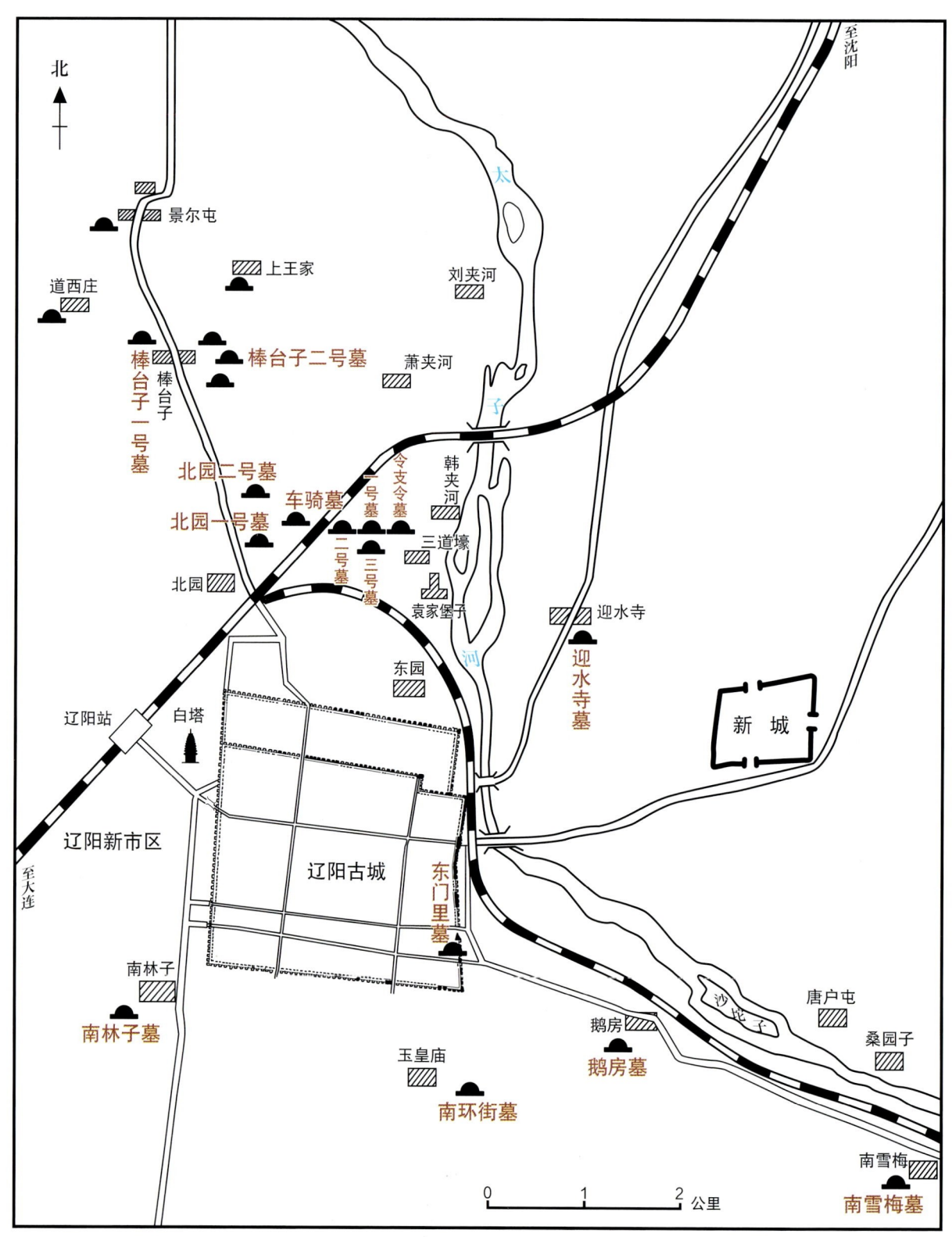

图 2-1 辽阳壁画墓分布位置图

土堆有大小不同，于是就分别名其为"大青堆子"和"小青堆子"。在现在的棒台子村北（即棒台子一号墓）、村东北、村东（即已发掘的棒台子二号墓）、村东南，都有这种封土大台子。这个"大青堆子"，位于棒台子村北，即棒台子一号墓，"小青堆子"，在景尔屯村。这些台子有的已经发掘，但还有数座至今尚未发掘，仍原位保存在其地，如棒台子村东北的土台子、村东南的"东台子"。东台子土台存高3米，底边直径20米（图2-2）；景尔屯的"小青堆子"，土台子存高3.9米，底边直径18米（图2-3至2-6）；还有棒台子村的"南台子"（图2-7、图2-8）等，都是现存很高大的土台子。这种未发掘的土台子，当是古墓，仍保留着自然颓坍后的样子。

图2-2　棒台子村"东台子"土堆现状

图2-3　景尔屯"小青堆子"1956年封土情况

我国最早发现有壁画墓，就是从辽阳开始的，在此之前人们并不了解什么是壁画墓。20世纪初，日本考古学者在我国东北进行考古调查和发掘，他们首先挖掘了多座辽阳汉魏时期的墓葬，地点有北园、棒台子、迎水寺、玉皇庙、南林子等，这些村庄附近的墓葬，多是壁画墓，于是知名，遂使外界知道了壁画墓。

关于辽阳发现的壁画墓，历时较久，下面依次略作介绍。

迎水寺壁画墓，在辽阳市旧城东北郊，迎水寺村距城五里，墓在村南。此墓发现时间较早，是在20世纪初发现的（图2-9）。日本八木奘三郎曾将辽阳迎水寺村壁画墓的材料发表于《满洲考古学》上。1943年，八木奘三郎、塚本靖等人对迎水寺村的壁画墓进行挖掘，其后将整座墓室的全部建筑石材运至"关东州博物馆"（今大连市旅顺历史博物馆）进行复建。但后来所迁壁画墓石面上的壁画全部褪色消失，壁画早已不复存在。此墓为淡青色南芬页岩大石板支筑，前有墓门，其内四面围有回廊，中间有四棺室，北部出一后小室，平面结构为"凸"字形（图2-10）。出土遗物有陶房、陶杯、陶勺等明器，还有"半两""五铢"与"货泉"铜钱。墓中的壁画，有男女主人对坐图，帷幔高悬，男子头戴黑帻，身穿红色长袍，衣上白缘领袖，左右侍者三人。另有一幅女人对坐图，二女身穿红袍，头戴发笄，拱手相对。牛车图，绘一黄牛驾轺车，车上圆篷，御者步行。在后室绘有庖厨图。

南林子壁画墓，在辽阳旧城西南近城郊处，是原田淑人、岛田正郎、三宅俊成等人于1941年挖掘，其后南林子村壁画墓材料，由原田淑人在1942年于《宝云》上发表。该墓原保存较好，但在1947年东北解放战争时期，国民党军队将壁画墓修成工事，作为地堡，使壁画墓遭到破坏。1956年东北文物工作队在辽阳发掘期间，曾对南林子壁画墓进行调查（图2-11），在石筑墓室的左壁上，还可见残存的庖厨图和一些人物图像，后对墓室进行封土复原保护。

棒台子一号壁画墓，在辽阳旧城之北，距城八里，壁画墓在棒台子村北一里处，原有高大封土，当地称为"大青堆子"。1944年因当地村民取土，露出石筑墓室，遂知为古墓，后覆土封存。

第二章 辽阳附近的自然地理、历史发展概要和壁画墓发现情况

图 2-4　小青堆子 2011 年封土情况

图 2-5　小青堆子全国重点文物保护标志

图 2-6　小青堆子文物保护标志（背面文字说明）

图 2-7 棒台子村"南台子"土堆现状

图 2-8 南台子墓 1962 年的文物保护牌

图 2-9　迎水寺村壁画墓石筑墓室外观

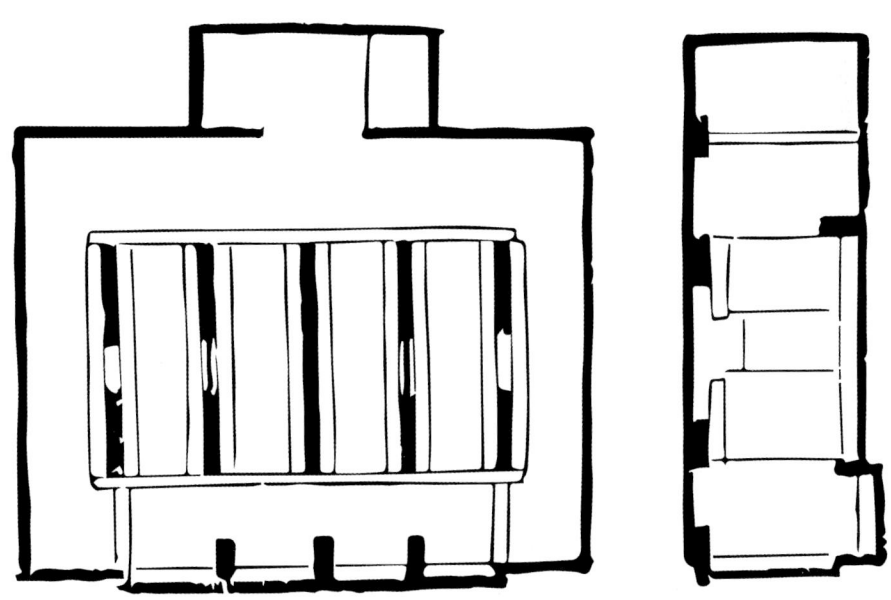

图 2-10　迎水寺村壁画墓平面及纵剖面图

图 2-11 南林子村壁画墓石筑墓室外部墓顶情况

北园一号壁画墓,在辽阳旧城西北近城郊的北园村东北部,当地原有三座大土堆,东南至西北方向排成一列,当地不知其为古墓封土,称其为"三台子"。1943年春,因当地用土,遂在最南端的大土堆上取土,露出石筑墓室,方知为古墓。消息传开,人们遂纷至沓来,进入墓室,石壁潮湿,人们用手摸,还有人用纸贴上,欲粘出壁画上的彩画,于是壁画受到极大损坏,虽有残存,已非原貌。

1949年中华人民共和国成立后,东北人民政府文化部于1954年3月举办"东北区第二届考古博物馆干部训练班",结业后,一部分学员入博物馆,另一部分学员成立东北文物工作队,负责当时东北六省的文物、考古的调查、发掘与保护工作;在队长、我国著名的老一辈考古学家李文信先生率领下,为配合当时东北各地的基本建设工程进行考古调查和发掘。笔者是此次训练班的学员,结业后即分配在新组建的东北文物工作队,从那时起至今笔者都

第二章 辽阳附近的自然地理、历史发展概要和壁画墓发现情况

没有改变这一专业,始终在从事考古调查、发掘和研究工作。1954年,东北文物工作队在鞍山发掘汉墓一段时间后,5月初全队转赴辽阳,此后在这里连续几年多地点进行考古调查和发掘工作,并有许多重要发现,仅在辽阳三道壕村就发掘了大面积的前汉村落遗址、数以百计的汉魏时期的各种墓葬等。其中也包括在辽阳市周围的汉魏时期壁画墓的调查、发掘和实施保护工作。这些壁画墓经过发掘后,不仅有大量的出土遗物与壁画等新资料的发现,并且在工作过程中对辽阳所有的壁画墓进行调查,同时还做了后续的许多壁画墓的保护工程,如就地封存,并对墓室做了加固处理和封土复原等,为壁画墓的永久性保护打下基础。由于发现的壁画墓较稀少,我们认识到其重要性和珍贵性,遂在发掘过程中做了必要的保护措施,使这些壁画墓都得到妥善保护,为后来国务院公布"辽阳壁画墓群"为全国重点文物保护单位做了最基础的准备工作。

在这期间及稍后的时间里,在辽阳发掘的壁画墓,有以下几座:

三道壕魏令支令张公墓,此墓在辽阳市北郊三道壕村北,是1953年因窑场做坯取土时发现的,当时未做发掘,后即封存等待处理。在东北文物工作队赴辽阳工作时,对此墓进行了正式发掘,结果得知这是一座壁画墓,且有墨书题记,是三国魏时令支县令张公之墓,其夫人是公孙氏,因有题记,蕴含许多史实,故此墓非常重要。

三道壕村一号、二号壁画墓,是在发掘魏令支令张公墓时发现的,其位置在三道壕村西北部,即在魏令支令张公墓的西侧田地里,各墓相距很近,各约30米,三墓并列,东西横向一排,二号墓在最西端,再往西即为沈(阳)大(连)铁路。1955年东北文物工作队对这两座古墓进行了考古发掘。

三道壕车骑壁画墓,即此前广为学术界所熟知的"辽阳车骑墓"。此墓位于三道壕村西的沈(阳)大(连)铁路西边的"辽阳冶建化工厂"院内。原有封土坟头。1951年夏,因当地窑场制坯取土时发现,后即封闭保存。1955年对其进行清理,壁画保存非常好,画幅完整,色彩鲜艳,内容丰富,绘画技法娴熟,尤其是有整壁大画,出行骑从图更为明显突出,令观者震撼,发掘后遂以"辽

阳车骑墓"闻名于世。

棒台子一号壁画墓，在辽阳市北郊八里棒台子村北一里处，原有异常高大的封土，因年代久远，不知其为古墓，望去绿草青青，称为"大青堆子"。1944年，村民因取用这个大土台子的土而露出石筑墓室，方知此土堆原来是古墓。此后不断有人进入墓内，达数年之久，使壁画受到一定程度的破坏，直到新中国成立后才堵住进入墓内的洞口。1955年，东北文物工作队在辽阳工作期间，又派出专业人员重新对此墓进行清理和保护。

南雪梅村一号壁画墓，位于辽阳市东南17公里辽阳县安平区小屯乡南雪梅村北稻田地中，这里原是一大墓群，1957年5月初清理发掘。壁画墓编为一号，早经盗掘，部分棺室被毁，发掘时，曾对残存部分壁画进行了摹绘，在清理后，地上加覆封土，就地保存。

棒台子二号壁画墓，是辽宁省博物馆考古队于1957年6月发掘的。墓在辽阳市北郊八里棒台子村东约200米的平地上，在此墓西北约2里为棒台子一号壁画墓，故将此墓编为二号。对此墓的清理工作完成之后，将壁画墓石迁运辽宁省博物馆复建保存，现在墓与壁面上的绘画都已不存。

上王家壁画墓，在辽阳市北郊约10里的上王家村园田地中，1957年9月因村民挖菜窖而被发现。其地南距棒台子村约1里，东南隔沈（阳）大（连）铁路距三道壕村约8里。此墓为辽宁省博物馆考古队清理发掘。

道西庄壁画墓，在辽阳市西北郊道西庄村南，1959年清理发掘。此墓为淡青色南芬页岩大石板支筑，墓室结构有前、后廊，前廊左右两端各向外突出一耳室，廊后并列三棺室，墓室平面呈"丁"字形。墓内所见遗物甚少，有灰色陶碗、陶盘、陶罐等明器。棺室中葬有人骨，发掘时见扰乱现象。墓内石壁上绘有壁画，主要在后廊、后壁上，内容为墓主人车骑出行图（图2-12），前呼后拥，车马鱼贯前行，场面甚大，气势恢宏，现在于画面上可辨认者有50余人，1人前导，后随4人举长旗，迎风飘扬，其后是横列骑队，武士在前，文吏在后，随后是步行随从，主人乘坐两辆白盖车，跟随骑从队伍进发，还绘有2人，捧物进献食品。此墓的年代，当为后汉时期。

第二章 辽阳附近的自然地理、历史发展概要和壁画墓发现情况

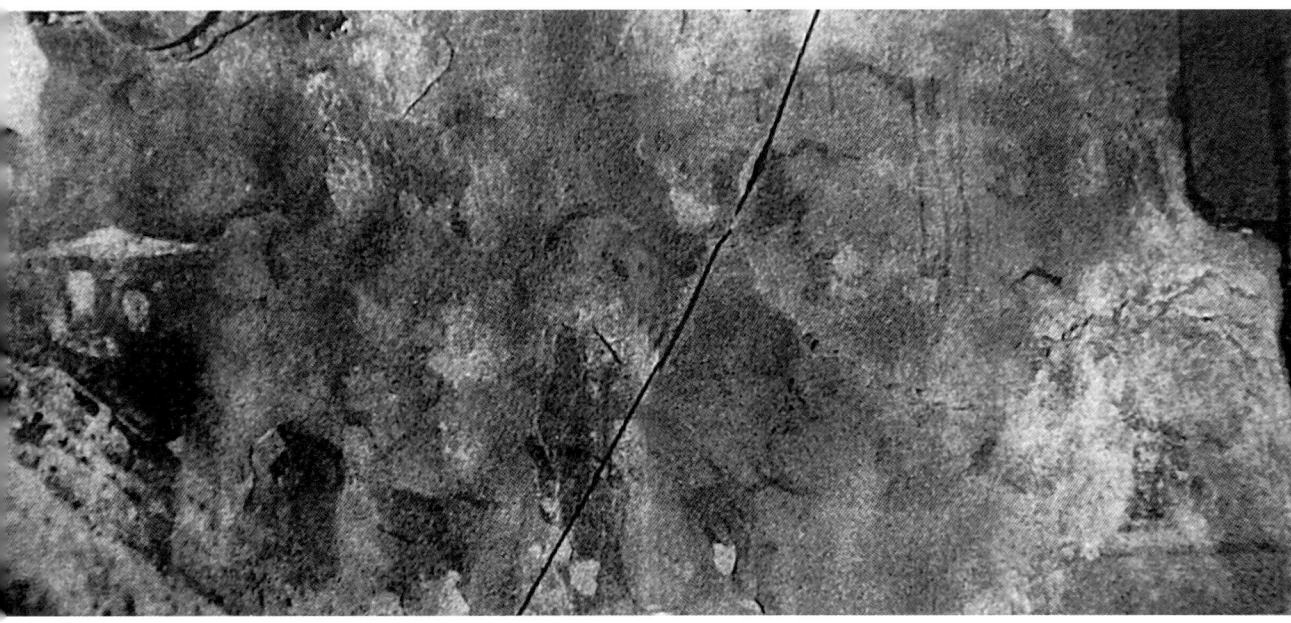

图 2-12 道西庄壁画墓车骑图

北园二号壁画墓，为 1959 年 11 月发现。墓葬位于北园一号壁画墓南 100 米处。墓为石板支筑，有前廊、后廊、棺室、两耳室和后室。墓内葬人骨殖，出土有遗物。墓室石板壁面上绘有彩色壁画。此墓年代约为三国魏时期。

在 1961 年国务院公布"全国重点文物保护单位"之后，辽阳又陆续发掘了不少汉魏时期的墓葬，其中也有壁画墓，现摘录几例于后。

三道壕三号墓，在辽阳市北郊 5 里太子河乡三道壕村西，北距三道壕一号壁画墓、二号壁画墓、魏令支令壁画墓约 100 米，向西过沈（阳）大（连）铁路西面即为三道壕车骑壁画墓。此墓为 1974 年秋三道壕村民在整修菜田时发现，后由辽阳市文物管理所清理。

鹅房一号壁画墓，在辽阳市东南部近郊鹅房村南。此墓于 1975 年 11 月发现，后由辽阳博物馆与辽宁省博物馆考古队进行清理发掘。墓为石板支筑，平面呈"工"字形，出土有遗物，石壁面上绘有彩色壁画，年代约为汉魏之际。

峨嵋壁画墓，在辽阳市城区东郊峨嵋庄村东 3 里太子河南岸。墓葬年代为晋代。墓室系用淡青色南芬页岩石板构筑，四面立壁石，下铺墓底，上盖顶板，墓室平面为"丁"字形，南部墓门内是横廊，两端为耳室，后部间壁为四个棺室，

较特殊处是在其左侧的耳室，室顶四角压石，上盖顶板，成方形室顶。有木棺，葬五人，出土有遗物。在前廊右侧的耳室石壁上绘有壁画，为男女对坐图。

北园三号壁画墓，为1986年发现，在北园村辽阳铁合金厂职工宿舍区。此墓为淡青色南芬页岩石板支筑墓室，前后有廊，左右两端并有耳室，后壁外有一小室，两廊中部并列三棺室（图2-13），墓室平面略呈"工"字形。墓内葬3人，葬具有木棺。墓内出土陶楼、陶井、陶灶等明器及漆器，以及铜镜、环首铁刀、五铢钱等。在墓室前后廊、左右耳室、后廊小室均绘有壁画。守门犬图，犬满身长毛，凶猛异常。门卒图（图2-14），作武士装束，形体高大，手持弓箭，恪尽职守。文吏图，有12人，著进贤冠，双手拢袖侍立

图2-13　北园村三号壁画墓　前廊与棺室

图2-14　北园村三号壁画墓
门卒图（摹本）

（图2-15）。对坐图，男女相对而坐，上部垂带，帷幔高悬。歌舞图，女歌舞者作跪坐姿势，一束长袖飘舞。楼阁庖厨图，画楼三幢，厨中绘有鱼、肉、野鸭等。庭院图，画面绘有一株桑树，上落5只乌鸦，一辆四系轺车，由车梯支立，树下二马，一俯首食草，一昂头向上，引颈长鸣。家畜图，绘牛、马、鸡、鸭、猪各种畜禽。天象图，绘一太阳，日内有金乌，另画明月一轮，月中蟾蜍与其相对，周围天空中绘6个圆点，表示浩瀚宇宙中的星座。此墓年代，根据其所在位置与当地各墓关系、墓室结构规格、出土遗物特点、壁画内容与绘画技法等诸方面考察，应是后汉时期的墓葬。

图2-15　北园村三号壁画墓　文吏图

北园四号壁画墓，1987年清理。在辽阳市西北部原北园村铁合社区。墓为南芬页岩石板支筑，平面呈"工"字形，前、后均有廊，左、右各有一耳室，廊中间为二棺室，室有棺床，葬以尸骨。出土陶井、陶灶、陶罐等明器20多件。墓室石壁上绘有彩色壁画，有宴饮、门卒及金乌等。此墓年代为汉魏时期。

三道壕太康十年墓，在辽阳市北郊三道壕村北约一里的窑场取土区内，其东南方为1955年发掘的三道壕前汉村落遗址。此墓为1983年5月发现，辽阳市文物管理所清理。后将此墓做了封土保护，现为市级文物保护单位。

辽阳壁画墓，埋藏数量是比较多的，除上面所述的各墓外，在最近几年相关部门还清理发掘了几座年代相近的墓葬。仅就壁画墓而言，1995年8月，辽阳市东南郊南环街开发建筑"香港花园"居民住宅小区时，发现一座石墓，由省、市文物考古部门进行清理。墓室结构有前廊、左右耳室和三棺室，墓内壁画多幅，是魏晋之际时的墓葬。[1] 2010年6月，辽阳市文圣区太子河东岸新城村南建居民住宅楼施工时，发现石墓一座，遭受一定的破坏，其后辽阳市文物保护中心进行清理，并做了封存保护，此墓的壁画内容和辽阳三道壕魏令支令张公墓与一号壁画墓、二号壁画墓相同，画法也相一致（图2-16、图2-17），应是三国魏时期的墓葬。

上述这些壁画墓，皆为已发现并经过发掘过的，在地下未出土的，应该还有。这些壁画墓都是极为珍贵的历史文化遗存。

---

① 辽宁省文物考古研究所：《辽宁辽阳南环街壁画墓》，《北方文物》1998年第3期。

第二章 辽阳附近的自然地理、历史发展概要和壁画墓发现情况

图 2-16 新城村壁画墓

图 2-17 新城村壁画墓

第三章　辽阳壁画墓

本章将依次叙述辽阳地区往年发现且较为重要的壁画墓，其中包括1961年经国务院批准公布的"全国重点文物保护单位"全部壁画墓在内。墓葬的时间安排上，既考虑了壁画墓发现的年代，同时也根据墓葬本身年代早晚，作了相应的排列，一般早期墓在前，晚期墓在后，以便了解和认识壁画墓的发展演变历程。

一、辽阳旧城东门里后汉壁画墓

辽阳旧城东门里墓，是辽阳所有已发现墓葬中距城区最近的一座古墓。1983年11月6日，辽阳市明清时期旧城东门里文庙街居民在庭院内建永久性菜窖时，在挖土过程中发现一座石板支筑的墓葬。发现后，当事者没有进入墓内，也没有对墓室作任何移动或干扰，并且出于保护文物的责任感而向辽阳市文化局报告。辽宁省文化厅得报后，至现场调查，建窖暂时停工，并采取了一定的保护措施。随即指派辽宁省博物馆考古队前往现场，并会同辽阳市文物管理所对此墓进行发掘。此墓保存完整，没有坍塌，墓内没有落进陷土，空如初葬之时，遗物人骨等均仍保持原位，没有任何人为扰动，墓内石壁上绘有彩色绘画。在发掘工作结束后，相关工作人员对墓室壁画作了临摹，并采取了墓室封存保护等措施。壁画墓的清理工作于当年11月16日结束。

（一）墓室结构与人骨情况

这座壁画墓位于辽阳市原明清时期旧城的东墙南端平夷门南边75米处的城墙内侧墙基下（图3-1-1）。城墙已被铲平，地表下还保存墙基2.15米。墙基底部再往下0.6米即为壁画墓的墓顶石板。此前石墓上部因有高大的城墙压着，墙土并经过夯打，外又砌砖，城墙对墓室的压力较大，墓内又中空，致使墓顶石板有数处断裂。墓葬地面因是辽阳旧城的城垣，墓上的封土已无痕迹。但在地表下墓室上部周围的土层均保持原状，在城基下的墓顶部仍可看到厚0.35米的夯土层，夯层厚0.25米，是残存的建墓时的原封土，因此可知此墓地上原来也是有封土的。

墓室平面呈"丁"字形，方向南偏西10度，由东、西并列两棺室和后部明器室组成。墓内通长3.6米、宽3.1米、高1.54米（图3-1-2、图3-1-3）。

墓门在南壁，分左右两门洞通向棺室。墓门通宽2.35米、高1.2米。墓门上架门楣，下横门槛，左右两边各立石条门框，门槛外铺条形石板，门用三块石板由外边封堵。墓门外部墓顶上用灰色绳纹长方砖砌成两边向前突出、中间回缩，平面呈"凵"字形的翼墙。

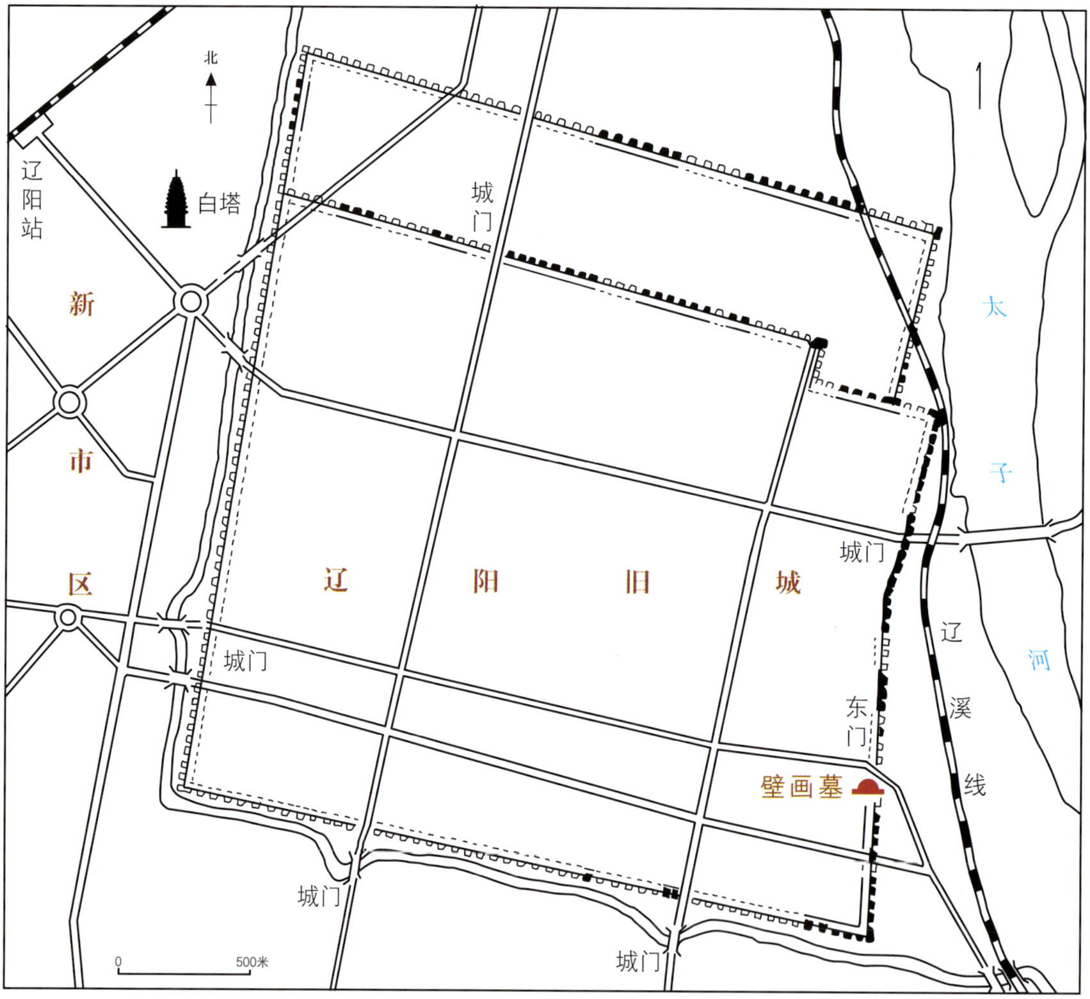

图3-1-1　辽阳旧城东门里后汉壁画墓位置图

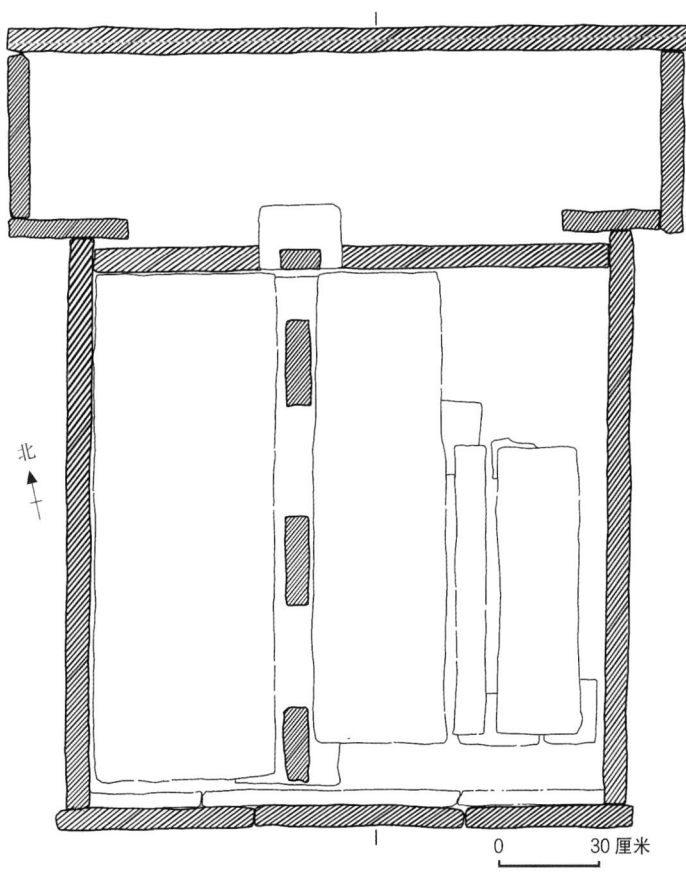

图 3-1-2 东门里壁画墓结构平面图

图 3-1-3 东门里壁画墓结构纵剖面图(由东视西)

墓室系用淡青色的南芬页岩石板支筑，白灰勾缝。建墓所用石板打制规整，壁面较为光滑，构筑坚固。左右两墓壁采用整块石板，下面铺石板做墓底，上面横搭石板为墓顶。墓室内中部纵向一列三根高 1.15 米的窄石条做柱，柱下部垫一块与墓室等长的长方形石条，柱上部各托以方形石块为坐斗，斗上承托纵向石梁，梁上横铺石板为墓顶。石柱将墓室隔成东、西两个棺室，两棺室由石柱间的间隙处相通。棺室长、宽均 2.55 米，高 1.54 米，东棺室宽 1.45 米，西棺室宽 0.95 米。

明器室在墓室后部，呈后廊式两端向外各横向延长出棺室（图 3-1-4、图 3-1-5）。明器室底较墓室底高起 0.5 米。底亦铺石板，明器室前部中间立一扁石柱，下垫方形石础，上托方形石斗，斗上承横枋，枋两端搭于墓室左右两壁上。明器室宽 3.10 米、进深 0.95 米、高 1.05 米。

两棺室中均置石板尸床。尸床与墓底间用扁平石块垫高 0.1 米。西棺室的石板尸床系一块整石板，其大小与棺室长宽相等，厚为 0.08 米；东棺室的尸床为三块石板构成，右边的一块较大，左边两块较小。棺室中在头骨位置均有白灰，应是白灰枕颓散后的遗存。

东棺室左（东）侧尸床上满铺白灰，厚约 3 厘米。在白灰面上有席纹痕迹。据此可知，入葬时在石板尸床上铺防潮的白灰，白灰上再铺一层席，用以敛尸。东棺室右（西）侧尸床上亦铺一层白灰，上葬人骨架一具，已腐朽，现仅剩有头骨残片和下肢骨，可辨出头北足南，由出土铜镜看，应是一名女性。

西棺室葬有人骨架两具。一具骨架保存完整，为女性，在右侧，头北足南，仰身直肢，年约 50 岁。另一具仅存残碎头骨，已非原位，其余骨殖已不存。

从出土人骨看，东棺室的左边尸床低矮又比较小，可能原葬儿童骨骸，因腐朽现已不存。两棺室的右侧所葬均为女性，西棺室左侧所葬人骨可能为男性。据此推知，此墓应为家族墓葬，儿童为祔葬于其父母墓中。

图 3-1-5 后部明器室前面与墓室东壁北端

图 3-1-4 后部明器室前面与墓室西壁北端

（二）随葬遗物

此墓未遭受任何扰乱，随葬品不仅保持原葬位置，而且大多完好（图3-1-6）。随葬品有陶、银、铁、漆器和铜钱，共计35种72件（其中"五铢"铜钱117枚，以1种1件计算），以陶器为主。因此墓系家族合葬，随葬品应该不是一次葬入的，从遗物种类、数量看，很可能是两次随葬。但是放置却很有规律：在墓室后部的明器室内，东半部是饮食起居的生活用品，如陶灶、陶镬、陶甑、陶勺、陶井、陶水斗、陶壶和陶罐等；西半部主要是祭奠器皿，如仿漆器的陶案、陶耳杯、陶锺、陶魁、陶盉、陶套盒、陶匜等；而一些比较贵重的或墓主生前实用的物品，如漆盒和铜镜等则置于尸骨的头旁，钱币则放在手边。墓门口的几件陶器（包括东棺室近墓门处的残陶片）当是最后一次入葬，是在封堵墓门时放置的（图3-1-7）。

图3-1-6　后部明器室内随葬遗物出土情况

图 3-1-7　东门里壁画墓出土遗物分布图

1、4、11、25、34、61、62 陶罐	16、21—24、26 陶器座	44 陶灯盏	58 Ⅱ型套盒
2 陶澄滤器	19、23、30、36、40 陶罐盖	45 陶灯座	59 陶锤
3 残铁刀	20、35 小陶盆	47 陶长柄勺	60 陶钵盖
5、38、41、53、54 陶盘	27 陶镂	48 陶博山炉座	63 陶壶
6 陶博山炉身	28 陶井	49 陶鼎耳	65 陶案
7 陶盉	29 陶灶（包括甑、瓢）	50 银指环	66 陶盂盖
8 陶奁	31、39 陶钵	51 陶瓮	69 陶把杯
9 陶鼎	32 陶水斗	52 陶魁	70、71 铜钱
10 铜镜	33 陶扁壶	55 陶博山炉盖	72—75 漆奁
12 Ⅰ型套盒	37 陶房	56、64 Ⅳ型套盒	76 陶俎
13—15、17、18 陶长颈瓶	42、43、46、67、68 陶耳杯	57 Ⅲ型套盒（内盛鱼）	77 铜乳钉

· 43 ·

1. 陶器

陶器计29种62件。大多数为泥质灰陶，少数为泥质黑灰陶。陶质细腻，火候较高，因此硬度较大。制作方法，除耳杯、器耳和足等模制，较难成型的器物辅以手制外，其余圆形器都是轮制的。做工精细，造型优美。陶器多为素面，陶罐和陶壶等的腹部一般饰弦纹。此外还有少量的器物上饰绳纹、水波纹、芒状纹和山形纹等。另有一些器物，如陶灯和陶熏炉，为分件制作后再插接组装成器。这些都是此墓陶器制作上的鲜明特点。陶器主要有陶罐、陶套盒、陶长颈瓶、陶壶、陶瓮，另有属于模型的陶房、陶灶、陶井、陶水斗以及仿漆器的陶案、陶耳杯等。

陶房 1件（遗物分布图编号37号；下同，不另注）。体扁而高。悬山顶，脊饰三个山形饰件，两面房顶坡上刻划方格纹，模拟板瓦，"排山"处划菱格纹饰。正面檐下壁上透雕仿木构的菱形镂孔，门额处是两扇透雕的斜格子窗，两侧是直棂窗。正中两扇板门向外开，上边门轴插入象征性的"鸡栖木"圆孔里，下边门轴落于门枢的槽中，门栓两侧划一斜方格纹带。门两侧壁上各划一柄棨戟，其形制与旅顺营城子壁画墓墓门上门卒所持之物相近[①]。两侧山墙上部各有一个方形的镂孔窗。门槛下距地表13厘米。陶房四角着地，体内中空，仅在距离底脚高8厘米的四个墙脚处，各有一个三角形的托板，示意于此铺置室底板。此房具有干栏式建筑特色。脊长38.1厘米，宽30.6厘米，壁厚0.9厘米，通高46.5厘米（图3-1-8、图3-1-55）。

陶灶 1件（29号）。平面略呈梯形。前壁有灶门，其上有遮檐。灶面后部有向后倾斜的烟囱。灶台面有五个锅孔，其上各置一镬，前后二镬最小，后部左右二镬稍大，中间一镬最大，其上又置一盆形甑。灶台后部放置一桃形瓢。台面两边各划一条鱼。灶门和遮檐上划菱形花纹。灶内中空，无底。灶面前宽28厘米、后宽20.3厘米，长26.5厘米，壁厚0.65厘米，通高23.8厘米（图3-1-9、图3-1-56）。

---

① ［日］森修：《营城子——前牧城驿附近的汉代壁画砖墓》，《东方考古学丛刊》甲种第四册，1934年。

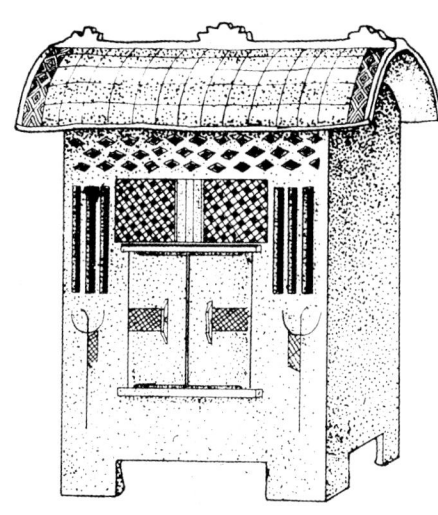
图 3-1-8　陶房

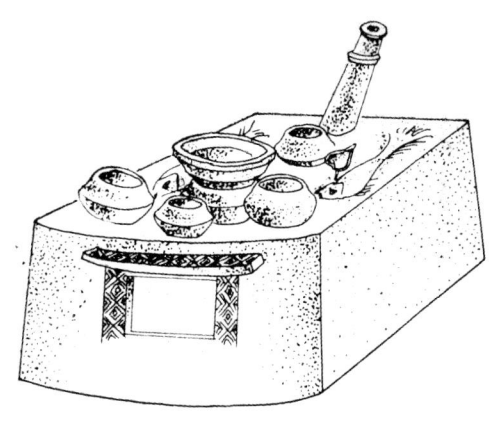
图 3-1-9　陶灶、陶鍑、陶甑、陶瓢

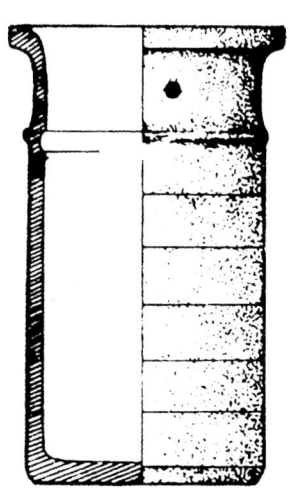
图 3-1-10　陶水井

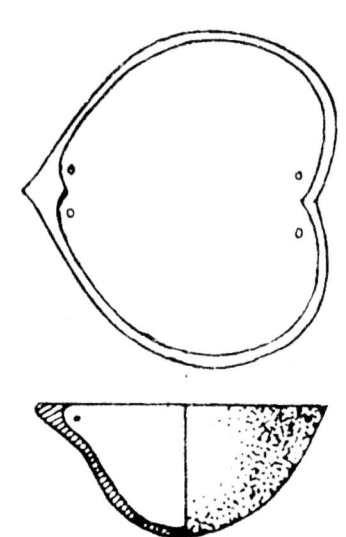
图 3-1-11　陶水斗

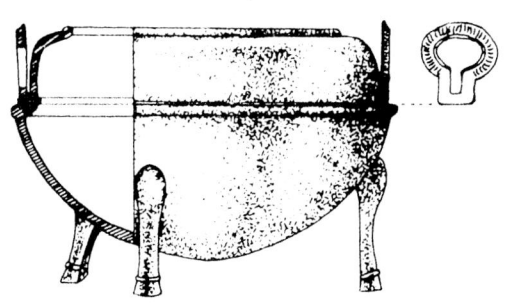
图 3-1-12　陶鼎

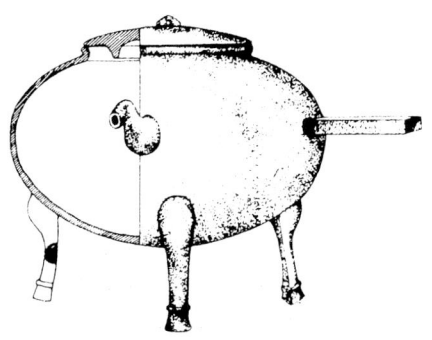
图 3-1-13　陶盉

陶镂　5件（27号）。敛口，折腹，尖底。小者口径3.5厘米、腹径5.5厘米、高2.5厘米；大者口径6厘米，腹径8.2厘米，高5.2厘米（图3-1-9、图3-1-56）。

陶甑　1件（29号）。盆形，敞口，折沿，平底，底部锥刺条形透孔20个。口径10.2厘米，底径4.7厘米，高3.7厘米（图3-1-9、图3-1-56）。

陶瓢　1件（29号）。桃形，口径3.2—4厘米（图3-1-9）。

陶井　1件（28号）。卷沿，方唇，束颈，筒腹，平底。颈部镂三个孔，其下一道凸棱纹，以上部分象征井栏；井腹壁上刻五道凹弦纹，计为六节，象征地面下用陶井圈相接而叠成的井甃。在辽阳三道壕村前汉村落遗址中就发现了五眼这种结构的陶管井实物，最多用20个陶管上下相接，井深达6米[①]。陶井口径13.6厘米，底径11厘米，壁厚0.8厘米，高22.5厘米（图3-1-10、图3-1-57）。

陶水斗　1件（32号）。出土于陶井旁。桃形，前端与尾端各穿二透孔，此为用以系绳汲水用。长宽均为5.6厘米，高2.4厘米（图3-1-11、图3-1-58）。

陶鼎　1件（9号）。轮制器身，耳与足为模制。敛口，圆唇，腹部外展，圆底。折腹上部对称镂方形小孔，以纳鼎耳。鼎耳作环形，外面模印芒状条纹。腹下粘接三个兽蹄式足。口径16.7厘米，腹径24.8厘米，壁厚0.35厘米，通高14.3厘米（图3-1-12、图3-1-59）。

陶盉　1件（7号）。立领，扁圆腹，圆底，前流，一侧有截面为扁方形的长柄，腹下粘接三个兽蹄式足。上有盖，纽上穿有小孔。盖为子母口，与盉扣合不甚紧密。口径8.5厘米，腹径14.5厘米，壁厚0.3厘米，通高14.3厘米（图3-1-13、图3-1-60）。

陶锤　1件（59号）。侈口，长颈，斜肩，圆腹，平底，假圈足。口外部饰一道凸棱纹，颈与腹部饰凹弦纹。口径20.2厘米，腹径31.7厘米，底径26厘米，壁厚0.7厘米，高43厘米（图3-1-14、图3-1-61）。

陶瓮　1件（51号）。敛口，立领，球腹，圆底。肩、腹部各饰二道凹弦纹，底部拍印细绳纹。口径14.2厘米，腹径30.4厘米，壁厚0.6厘米，高36厘米（图

---

① 李文信：《辽阳三道壕西汉村落遗址》，《考古学报》1957年第1期。

3-1-15、图 3-1-62）。

陶盖罐　7件。放置分散，出土时器盖大多与罐分离。其中一件陶罐（25号）出土于陶器座（21号）上，保存这种组合关系，这就是罐与器座配合成套使用的一个很好的出土例证。罐直口，球腹，平底，腹部饰凹弦纹。器盖类似倒置的碟形，两者扣合不甚紧密。罐口径10.5厘米，腹径18.5厘米，底径13厘米，壁厚0.6厘米，通高17.5厘米（图3-1-16、图3-1-63）。

陶器座　5件（21号）。集中放在明器室东部。器座为亚腰豆形，敛口，束腰，中空，圈足，口沿和圈足上各饰二道凹纹弦。口径14.2厘米，腰径8厘米，底径19.2厘米，壁厚0.6厘米，高12.8厘米（图3-1-17、图3-1-64、图3-1-65）。

陶壶　2件。分为两型。

Ⅰ型　1件（33号）。侈口，短颈，扁腹，腹部两大面雕出微凸的两片叶形饰，壶身侧面肩部各有一系，长方形假圈足，足下两侧边各贴条形的足脚。口径9.8厘米，腹径13.4—16.8厘米，圈足长8.8厘米，宽为6.4厘米，壁厚0.5厘米，高18厘米（图3-1-18、图3-1-66）。

Ⅱ型　1件（63号）。直口，短颈，鼓腹，圈足。肩部两侧对称各有一系，肩部饰三道凹弦纹。口径7.8厘米，腹径14.9厘米，底径12厘米，壁厚0.55厘米，高16.3厘米（图3-1-19、

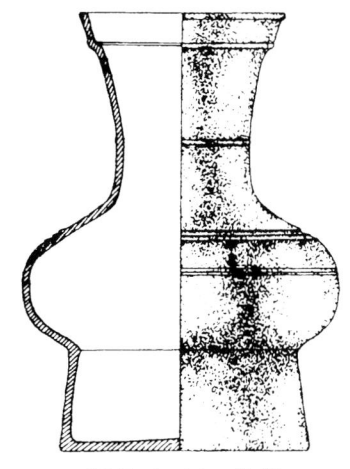

图 3-1-14　陶锺

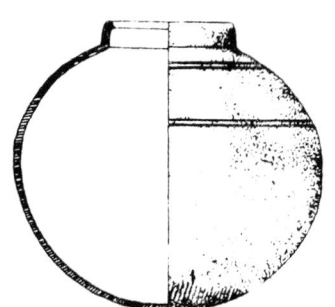

图 3-1-15　陶瓮

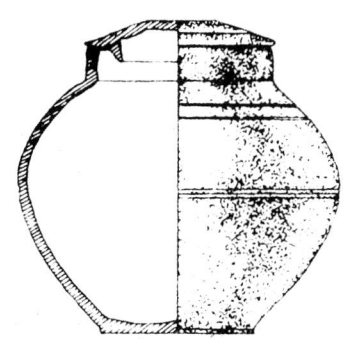

图 3-1-16　陶盖罐

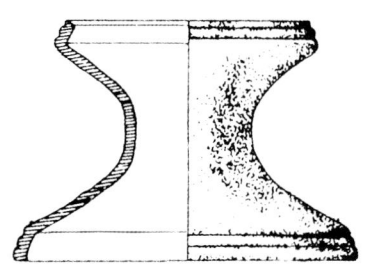

图 3-1-17　陶器座

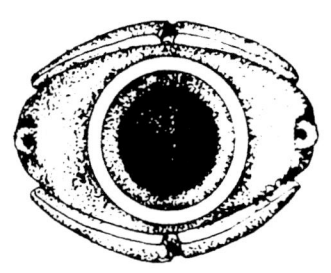

图 3-1-18　Ⅰ型陶壶

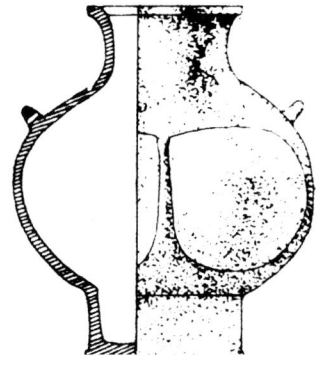

图 3-1-19　Ⅱ型陶壶

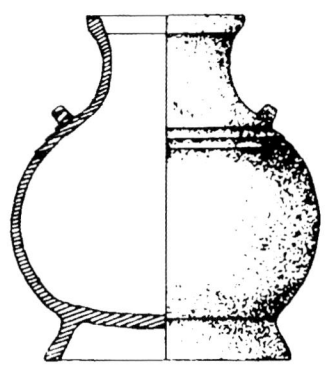

图 3-1-20　Ⅰ型陶套盒

图 3-1-67）。

陶套盒　5件。分为四型。

Ⅰ型　1件（12号）。圆形，盖为漫圆式顶，盒直壁，平底。盒口径与底径同为24厘米，壁厚0.5厘米，底厚0.8厘米，通高15.7厘米（图3-1-22、图3-1-68）。

Ⅱ型　1件（58号）。圆形，盖平顶，四周有斜坡，顶面饰三乳钉，盒直壁平底，下有三乳钉足。盒口径与底径同为24.5厘米，壁厚0.6厘米，通高23厘米（图3-1-22、图3-1-69）。

Ⅲ型　1件（57号）。长方形，盖为四阿式顶，盒直壁，平底。出土时盒内盛有鱼骨，可知随葬时盒内装有鱼。长42厘米，宽23.5厘米，壁厚0.6厘米，通高18.8厘米（图3-1-22、图3-1-70）。

Ⅳ型　2件（56号、64号）。平面为长椭圆中间内凹束腰形，一大一小，形制相同。盒盖平顶，四周有漫圆微凹斜坡，顶面饰五个乳钉（一盒乳钉脱落四个）；盒身直壁，平底。小者（64号）长19.6厘米，腰宽7厘米，壁厚0.35厘米，通高10.2厘米（图3-1-71）；大者（56号）在套盒内多出一层盒，形制较为少见，盒长29.5厘米，腰宽10.5厘米，壁厚0.6厘米，通高15.5厘米（图3-1-23、图3-1-72）。

陶奁　1件（8号）。圆形，直壁，平底，口略变形呈椭圆状。口径21—23.7厘米，底径 25 厘米，高 12.2 厘米，胎厚 0.4 厘米（图 3-1-24、图 3-1-73）。

陶案　1 件（65 号）。长方形，案面四周有窄边，四角各有一孔，原应为安置足用，现足缺，案面划二周凹纹。长 37 厘米，宽 26 厘米，厚 0.4 厘米（图 3-1-25、图 3-1-74）。

陶耳杯　5 件（42 号、43 号、46 号、67 号、68 号）。耳杯即觞。分大小两种，其中两件置于案上，两件置于盘中，一件出土在陶房旁边。长圆形，两侧有平耳。大耳杯（46 号）长 12 厘米、宽 9 厘米、壁厚 0.25 厘米、高 3.8 厘米（图 3-1-26，图 3-1-75 左）。小耳杯长 9.2 厘米，宽 7.4 厘米，壁厚 0.2 厘米，高 3 厘米（图 3-1-75 右）。

陶把杯　1 件（69 号）。出土于明器室西端。杯筒形，外壁上饰五道凹弦纹，一侧有立把，把上端有笠形顶。口径与底径均为 9.6 厘米，壁厚 0.3 厘米，通高 13.3 厘米（图 3-1-27、图 3-1-76）。

陶长颈瓶　5 件（13—15 号、17 号、18 号）。集中出土于明器室东端，大小相同。口外有唇，细长颈，扁圆腹，平底。底中心有一孔，腹壁上亦有孔。其中有三孔的一件，四孔的二件，五孔的二件。肩部饰二道凹弦纹。口径 5.8 厘米，腹径 15 厘米，底径 9 厘米，高 25.5 厘米（图 3-1-28、图 3-1-77）。

陶灯盏　1 件（盏 44 号，座 45 号）。出

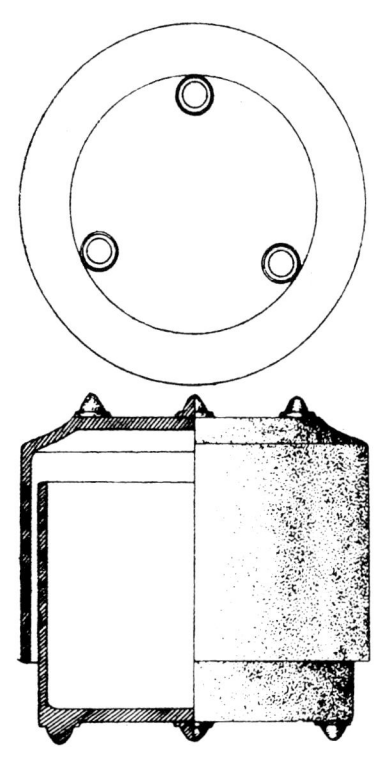

图 3-1-21　Ⅱ型陶套盒

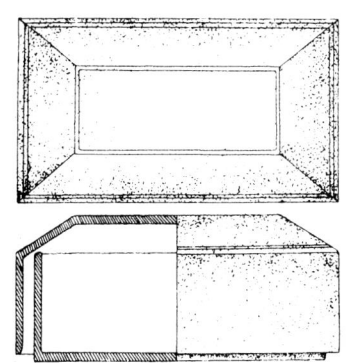

图 3-1-22　Ⅲ型陶套盒

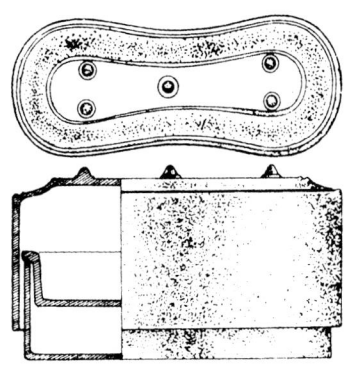

图 3-1-23　Ⅳ型陶套盒

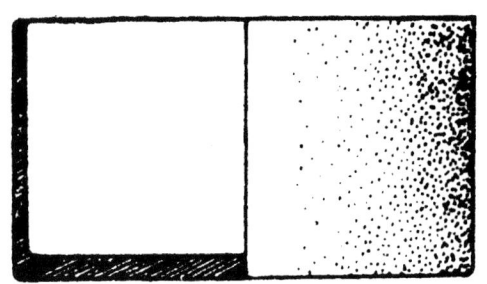

图 3-1-24 陶奁

图 3-1-25 陶案

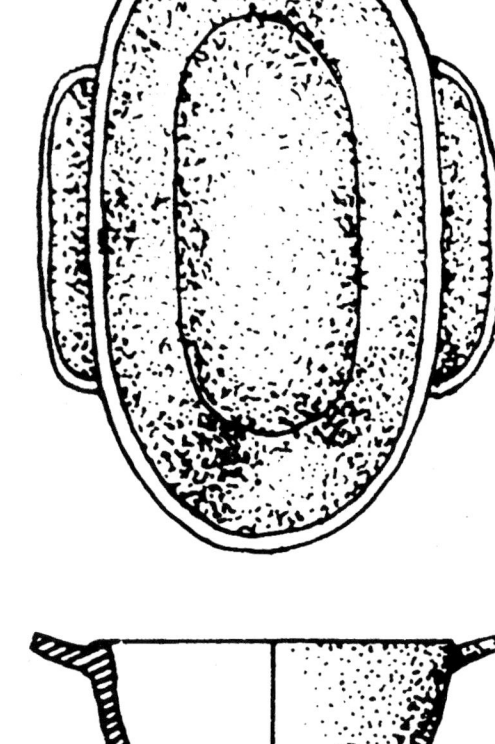

图 3-1-26 陶耳杯

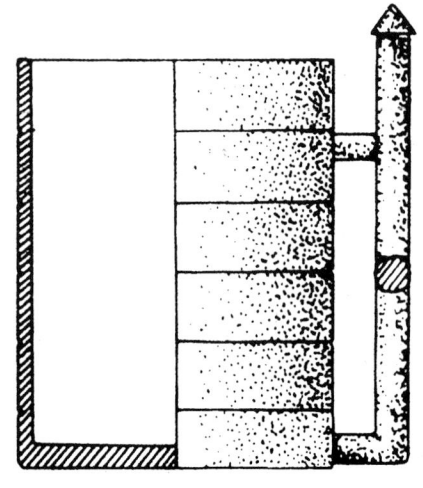

图 3-1-27 陶把杯

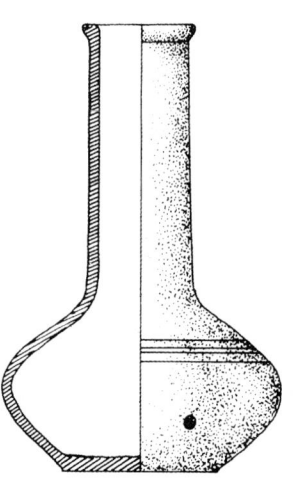

图 3-1-28 陶长颈瓶

图 3-1-29 陶灯盏

土时分为两处。由灯盏和灯座两部分插接组成。盏外形呈漏斗形，平口，浅腹，小平底，外壁有两道弦纹。盏外底中心有一榫，可插入喇叭形圈足底座的高柱顶端腔孔内。圈足座上饰二道凸弦纹。盏口径14.7厘米，底座径15.2厘米，通高30.5厘米（图3-1-29、图3-1-78）。

陶博山炉　1件（身6号、座48号、盖55号）。出土炉分于三处。炉由透孔盖、炉身和底座三部分组合而成，均为分件制作。盖为山形，中间主峰，四下为峰峦起伏状，此为用器具从盖的内壁向外戳刺烟孔，外壁遂即形成许多小的脊突，仿佛起伏的山峦；盖扣在小口钵形的炉身上，炉身底外部中心有榫，插入喇叭形圈足底座的细高柱腔孔内。盖面模印山形纹和短篦齿纹，圈足底座饰凹弦纹。炉身口径7厘米，腹径13.5厘米，底座径16厘米，壁厚0.35厘米，通高33厘米（图3-1-30、图3-1-79）。

陶钵　2件。一件（31号）较小，敛口，腹微鼓，矮圈足。钵口径15.5厘米，足径9厘米，壁厚0.45厘米，高6.5厘米（图3-1-31、图3-1-80）。另一件盖钵（39号、60号），稍大，附有盖。钵口径17厘米，足径9.9厘米，高7.3厘米。盖浅盆形，折沿，平顶。盖口径18.5厘米，底径8厘米，高4.5厘米（图3-1-32、图3-1-81、图3-1-82、图3-1-83）。

陶盆　2件（20号、35号）。大小相同。直口，折沿，深腹，平底。沿面饰一道凹弦纹。口径11厘米，底径4.5厘米，壁厚0.5厘米，高4.5厘米（图3-1-33、图3-1-84、图3-1-85）。

陶盘　5件（5号、38号、41号、53号、54号）。盘身极浅，方唇，斜腹，平底。壁有三道凸弦纹。41号盘口径21厘米，底径10.8厘米，壁厚0.45厘米，高2.6厘米（图3-1-34、图3-1-86、图3-1-87）。

陶魁　1件（52号）。略呈桃形，深腹，平底，后部有截面为八棱形的短柄。通长18厘米，宽20厘米，壁厚0.3厘米，高5.7厘米（图3-1-88）。

陶勺　1件（47号）。瓢形，长柄，柄端向下折弯，柄截面为方形。通长15厘米，宽6.4厘米，壁厚0.2厘米（图3-1-89）。

陶澄滤器　1件（2号）。上部为长方槽形，宽平沿，四壁斜收，平底，底

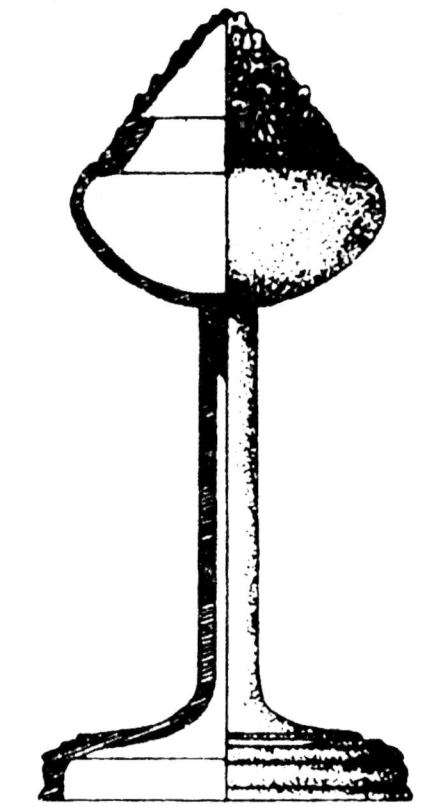

图 3-1-30　陶博山炉

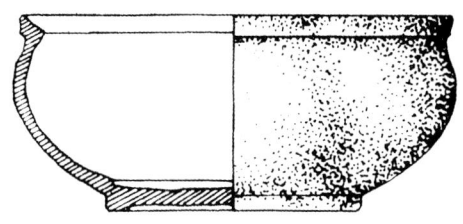

图 3-1-31　陶钵

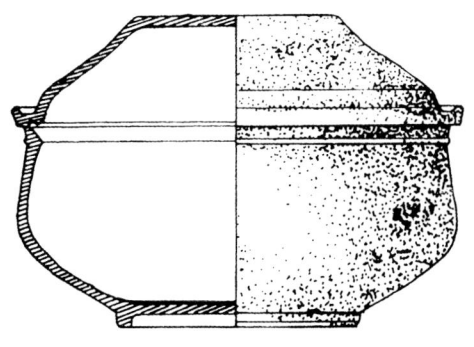

图 3-1-32　陶盖钵

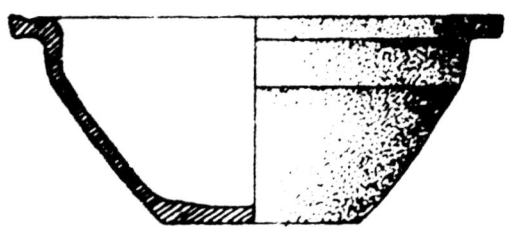

图 3-1-33　陶盆

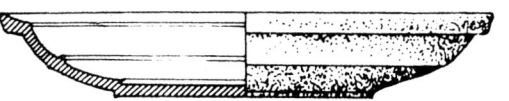

图 3-1-34　陶盘

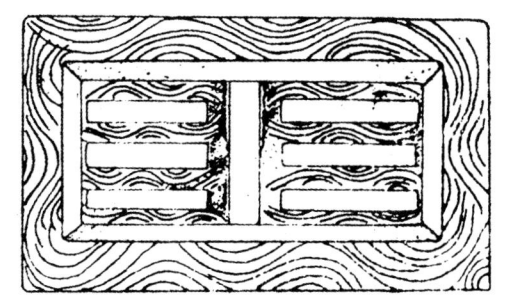

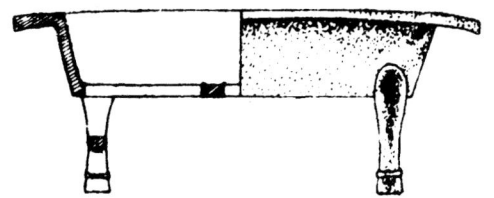

图 3-1-35　陶澄滤器

图 3-1-36　陶俎

镂纵横七条长方形漏水孔，下部有四个兽蹄式足。宽平沿面和器内底均划水波纹。长27.4厘米，宽16厘米，壁厚0.65厘米，高11厘米（图3-1-35、图3-1-90、图3-1-91）。

陶俎　1件（76号）。长凳形，俎面模制，其上模印浮雕一条大鱼，方形四足稍外撇。俎面长11.4厘米，宽3.8厘米，通高3.6厘米（图3-1-36、图3-1-92）。

2. 银、铜、铁、漆器

银指环　1件（50号）。出土于东棺室西侧尸床中部的手指骨部位。直径2.5厘米。

铁刀　1件（3号）。刀已残，出土于西棺室西侧尸骨的左臂旁。仅存刀锋的中段，锈蚀严重。残长5.6厘米，宽1.5厘米，厚0.2厘米。

漆奁　4件（72—75号）。出土于东棺室东侧北部墓底上，因已朽坏，形状不清，仅存底部残迹，留在墓底上。残迹为圆形，从可见遗痕看，髹黑漆，施朱绘。漆器较小的直径10厘米，较大的直径30厘米。

铜镜　1件（10号）。圆形。镜背宽缘，外圈饰卷勾纹，内圈饰锯齿纹；镜背中心在圆纽座上有半球状穿孔纽，纽外围为对称的两条奔龙，张口吞珠。龙纹外为一圈凸弦纹和芒状条纹。直径10.4厘米，缘厚0.7厘米（图3-1-37、图3-1-93）。

铜乳钉　2枚（77号）。出土于明器台中部陶魁附近，大约是漆奁饰件，脱落于此。

3. 铜钱

"半两"铜钱　1枚。无郭。书体扁平，已隶化。直径2.3厘米，重2.2克（图3-1-38-1）。这种四铢"半两"钱，铸于前汉初期，是文帝刘恒前元五年（前175年）至武帝元狩五年（前118年）期间的法钱。

"五铢"铜钱　117枚。出土时没有散乱，仍呈串状放置。在东棺室西尸床上，这一串五铢钱的孔中尚存有丝贯的残痕（图3-1-94）。这些五铢钱无论是钱径、重量还是钱面文字都不一致，差别较大，可分为五型。

Ⅰ型　仅1枚。铜色微紫红，文字宽放，"五"字交股两笔下端略向外撇，"金"

图 3-1-37 铜镜拓片

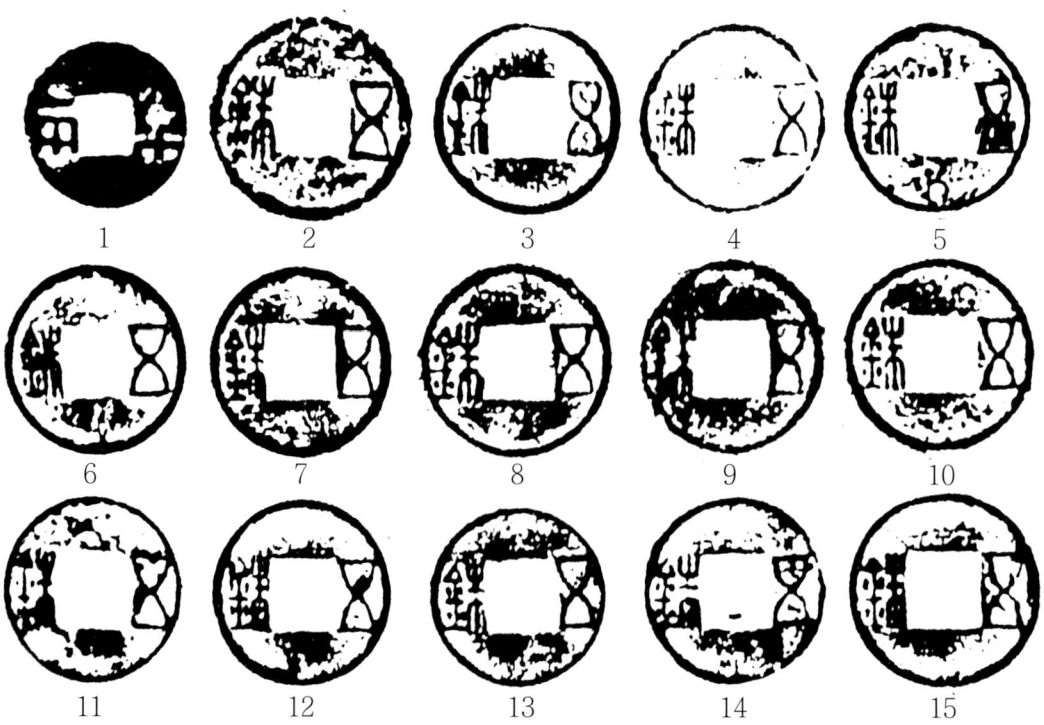

图 3-1-38 铜钱拓片

字头作三角形,"朱"字上笔方折。直径2.8厘米,重4.2克(图3-1-38-2)。此型钱为前汉武帝时的赤仄五铢,亦称子绀钱,是加大名目的当五钱。

Ⅱ型 铜质和铸造技术均显著提高,文字清晰工整,"五"字交股两笔上、下端近似垂直平行,"朱"字皆方折,"金"字头较小,有的呈矢镞形。直径分别为2.7厘米、2.6厘米、2.6厘米,重3.6克、3.3克、3.2克(图3-1-38-3至图3-1-38-5)。这种铜钱具有前汉早期的特点,根据洛阳烧沟汉墓和满城前汉中山王刘胜与其妻窦绾墓出土的铜钱,此型钱应为武帝至宣帝时期的。

Ⅲ型 铜质较好,铸造亦佳,钱面较平,文字凸起,边棱清晰,外郭较宽,"铢"字的"金"字头略高,"朱"字上笔方折。直径均为2.6厘米,分别重3.5克、2.5克(图3-1-38-6、图3-1-38-7)。此型五铢应为前汉晚期的。

Ⅳ型 铜质稍差。"五"字交股两笔的上、下端向外撇,"金"字头加大呈三角形,"朱"字上笔圆折。钱径分别为2.7厘米、2.6厘米、2.6厘米,重3.2克、2.8克、2.7克(图3-1-38-8至图3-1-38-10)。这种五铢钱根据其特点,应是后汉初期光武时期所铸造的。

Ⅴ型 铜质较差,钱面与文字均较前为逊。"五"字交股两笔的上、下端向外撇,"铢"的"金"字头呈三角形,"朱"字上笔圆折,有的两端并向外张,"朱"字头高于"金"字,具有明显的东汉时期的特点。这类铜钱直径分别为2.5厘米、2.5厘米、2.5厘米、2.5厘米、2.7厘米,重3.2克、2.8克、2.6克、2.5克、2.4克(图3-1-38-11至图3-1-38-15)。此型五铢钱虽较上述几种类型五铢稍差,但还不见后汉晚期货币的特征,因此大约不会晚于后汉中期。在后汉196年中,绝非只有光武和桓、灵时铸过五铢,其他各朝也当有铸钱,只是文献漏载而已。

(三)壁 画

在墓室的东西两壁、横枋、立柱及墓顶石板上,均绘有彩色壁画。壁画系直接绘于较为平整光滑的石面上,以墨线为骨,填以朱、青、黄、白等色。壁画因地下潮湿、年久水蚀,部分画面漫漶不清,影响对壁画的直观了解。此墓的壁画在石壁上部和横枋上的图案、西壁的出行图等保存较好,可见清晰的轮廓和彩色。墓室内各部位所绘壁画的内容，分述于下。

1. 门卒图

门卒图画在墓门内第一块板状立柱的东侧面，画幅高48厘米、宽30厘米。绘一面向墓门站立的男子，眦目猬须，结黑色牛心帻，着右衽短衣，黑缘领袖，右手执黑色长方形盾和环首铁刀，左手握拳上举。作全神贯注、目视前方的守卫状（图3-1-39、图3-1-40）。

2. 小吏图

小吏图画在墓室内第三块板状立柱东侧面，画幅高49厘米、宽30厘米。小吏头戴黑色单梁进贤冠，圆目，有须，着束腰青色长袍，下露双足，拱手执旗状物（棨戟），面向墓门，躬身而立（图3-1-41、图3-1-42）。

3. 出行图

出行图画在墓室西壁，画幅高71厘米、长230厘米。上部通幅画一道高锯齿形水波纹连续图案，高19厘米，用朱、白、黑三色，以黑色为主线，白、朱色靠黑线描画，白色外勾细黑线为廓，间有朱色云卷形点线填饰其间。在这道水波勾连纹的中部画一只白色马形飞廉（图3-1-43）。此图案下面为墨线勾画的帷幔，帷幔由帐带悬起，带头飘垂。幔下前（南）部，画二骑马男子，应为导骑（图3-1-44、图3-1-45）。一人头戴黑色屋形帻，着右衽白袍，黑缘领袖，回首向侧面望，右手握马缰，左手点招，似有所语。马黑色，被朱色鞍桥，剪鬃戴笼络，并有眼罩，马尾扎起，束以朱色球形网罩，举腿欲向前行（图3-1-46）。其后为另一人，坐于马背上，马头向墓外方，马尾部朝向墓内，此人豆目，短须，背朝墓外，面向内，是倒骑在马背上，颇为少见，微侧头向右看，与前面骑马回头招手的人相呼应，似在谈话。后面的人头戴与前人相同的黑色屋形帻，身着圆领长袍，右手倒挟一把环首铁刀，刀环上系一玉璧，璧上缚有红缨。马黄色，不见马首，只见臀部，身被红色鞍桥，马尾下垂（图3-1-44右）。此二骑马人的后边画面是一辆车，朱篷黑轮，轴头饰红色物，当为飞轮，双辕驾一黄牛（图3-1-47）。车前部为御者，仅残存些许彩色，因影像模糊不清，不可见其相貌。在这组画的下面，画有两道平行的黑线，从前到后，应是表示地面（图3-1-45、图3-1-48）。

图 3-1-39 门内第一块板状石柱门卒图

图 3-1-41 门内第三块板状石柱小吏图

图 3-1-40 门内第一块板状石柱门卒图（摹本）

图 3-1-42 门内第三块板状石柱小吏图（摹本）

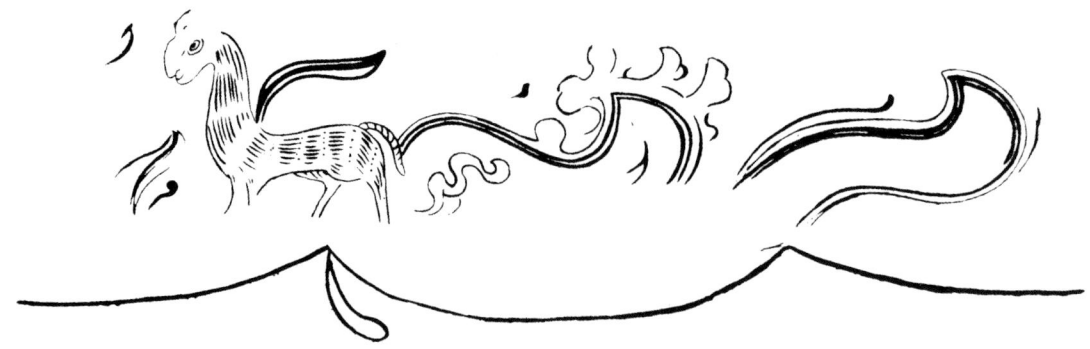

图 3-1-43　西壁上部飞廉图（摹本）

图 3-1-44　西壁出行图中导骑

图 3-1-45　西壁出行图中导骑（摹本）

图 3-1-46　西壁出行图中导骑

图 3-1-47　西壁出行图中牛车

图 3-1-48　西壁出行图中牛车（摹本）

4. 宴居图

宴居图在墓室东壁，画幅高 75 厘米、长 240 厘米。上部为一道高锯齿形的水波纹连续图案，形状、画法与西壁上部图案相同，只在中间绘有两只白色羊首人身的异兽，头有曲角，身被长毛，奔走追逐在波涛中（图 3-1-49，图 3-1-50）。其下为墨线勾画的帷幔，幔下绘人物。北端画一男子坐像，黑冠黑袍，面目漫漶不清。其南为一女子立像，高髻，戴红色簪饰，着红色束腰衣裙至足，面目亦模糊不可辨（图 3-1-51）。其南还有三个人物，似为二站一坐，较为清楚的是南端的男子，面北而坐，黑冠黑衣，其前置有一个束腰形器物。

图 3-1-49　东壁上部异兽图

图 3-1-50　东壁上部异兽图（摹本）

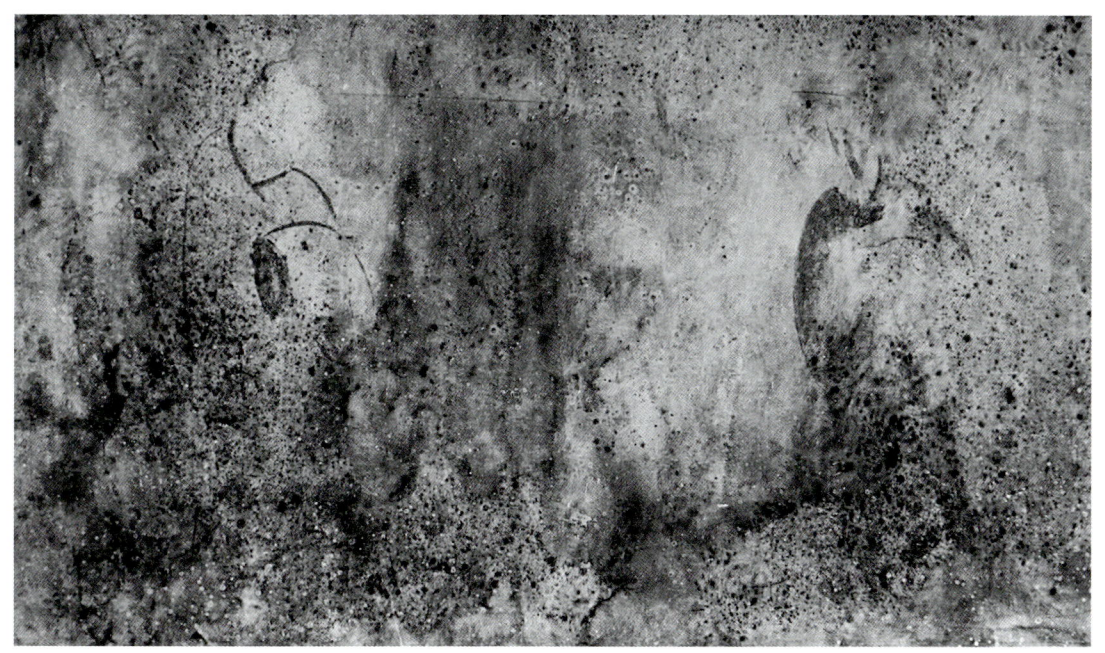

图 3-1-51　东壁北部宴居图

5. 勾连纹图案

勾连纹图案绘在墓内明器室前面的横枋南面上，因中间隔有柱与坐斗、横枋，故画面分成两部分。两组画幅分别为长82厘米、高18厘米和长136厘米、高18厘米。其形状、画法与东西两壁上部的水波勾连纹图案相同，形成除墓门一面外，墓室内东、西、北三面石壁上部都有互相衔接同一形式的连续图案，只是此处不见飞廉和异兽（图 3-1-52、图 3-1-53）。

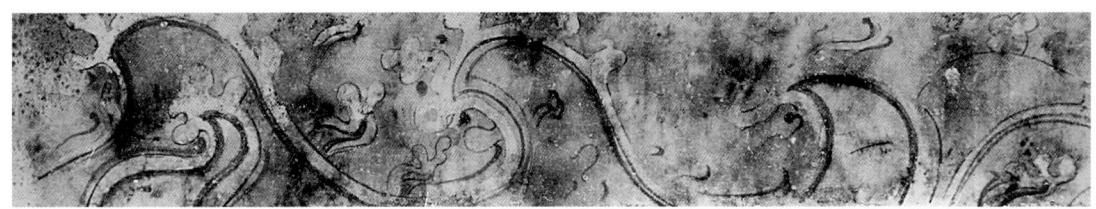

图 3-1-52　明器室前横枋水波勾连纹图案

图 3-1-53　东壁上部勾云纹帷幔

6. 流云图

流云图绘在墓内第二块板状石柱东侧面，画幅高 75 厘米、宽 18 厘米。以青、朱两色勾画出"S"形流云图案，再用细墨线勾勒边缘，以白色充填其间（图 3-1-54）。

7. 日、月、星座图

日、月、星座图分别绘在墓室南部即墓门内的墓顶上，在东棺室顶部画一直径 27 厘米的圆形红日，其中有黑色鸟形痕迹，应为金乌。西棺室顶部画同样大小的圆形赭色明月，其中现存有黑色点画，似为蟾蜍。圆月周围绘有 90 余个红色圆点，没有规律，也不符合天空星座的位置，因此所绘应是象征性的天象，只是用来表示夜空的繁星而已。

图 3-1-54　第二块板状石柱流云图

（四）壁画的特点与艺术风格

辽阳旧城东门里壁画墓的墓室结构，不及辽阳北园一号壁画墓①、棒台子一号壁画墓②、棒台子二号壁画墓③、三道壕一号壁画墓④、三道壕太康十年壁画墓⑤等墓室结构复杂，壁画内容也不及棒台子二号壁画墓、三道壕车骑壁画墓丰富，但却有其本身的特点，并与上述诸壁画墓有着密切的联系。因此，本墓对于研究汉代社会生活和风俗以及壁画墓的年代等，都提供了新的资料。

西壁的出行图，只画一辆牛车，比较简略。这是此墓一个特点。大红色船篷式的车篷艳丽夺目，车轴头饰红色飞轮，牛身亦为红色，颇为华丽。过去所见壁画墓的出行图中，一般均画多乘车仗，只画一辆牛车的，在汉魏时期的壁画中还是较为少见。如在辽阳三道壕车骑壁画墓的出行图行列里，有一辆相同的牛车⑥。辽阳棒台子二号壁画墓的车列图中，最后一辆也是船篷式车篷的黑轮牛车⑦。内蒙古自治区托克托县的汉代壁画墓中右室壁画车骑图也有牛车一辆，并题有"闵氏牛车一乘"⑧。这些壁画中的牛车，大都是在众多车辆和骑从之后。按制度，在汉代"太皇太后、皇太后"，"非法驾，则乘紫罽軿车"⑨，刘熙认为，"軿车，軿，屏也。四面屏蔽，妇人所乘牛车也。"⑩由此可知，軿车为妇人所乘之车。李文信先生考证，这种船篷式车篷的牛车，为軿车⑪。我们从内蒙古托克托县汉墓壁画中的这种牛车榜题"闵氏牛车一乘"看，恰好证明是妇人所乘的车。在辽阳旧城东门里墓壁画中，没有常见的为墓中男主人役使的车马骑从，

---

① 李文信：《辽阳北园画壁古墓记略》，《国立沈阳博物院筹备委员会汇刊》1947年第1期。
② 李文信：《辽阳发现的三座壁画古墓》，《文物参考资料》1955年第5期。
③ 王增新：《辽阳市棒台子二号壁画墓》，《考古》1960年第1期。
④ 东北博物馆：《辽阳三道壕两座壁画墓的清理简报》，《文物参考资料》1955年第12期。
⑤ 辽阳博物馆：《辽阳三道壕西晋墓清理简报》，《考古》1990年第4期。
⑥ 李文信：《辽阳发现的三座壁画古墓》，《文物参考资料》1955年第5期。
⑦ 王增新：《辽阳市棒台子二号壁画墓》，《考古》1960年第1期。
⑧ 罗福颐：《内蒙古自治区托克托县新发现的汉墓壁画》，《文物参考资料》1956年第9期。
⑨ 范晔、司马彪：《后汉书》志第二十九《舆服》上，中华书局点校本1965年9月版，第3647页。
⑩ 刘熙：《释名》卷七《释车》，光绪丙申刊本。
⑪ 李文信：《辽阳北园画壁古墓记略》，《国立沈阳博物院筹备委员会汇刊》1947年第1期。
　　李文信：《辽阳发现的三座壁画古墓》，《文物参考资料》1955年第5期。

仅有一牛车与二骑吏。可能与墓中女主人有关，或因女主人先死，壁画是为女主人施绘的。据文献记载，"古之贵者不乘牛车，汉武帝推恩之末，诸侯寡弱，贫者至乘牛车，其后稍见贵之。自灵、献以来，天子至士遂以为常乘"[1]。托克托县壁画墓断在前汉末，辽阳棒台子一号壁画墓、三道壕车骑墓等壁画墓，则属后汉中晚期。在年代上，辽阳旧城东门里壁画墓要早于上述两处墓葬。此墓所绘出行图中，有比较简单的船篷式红篷黑轮牛车，时代在后汉以后的辽阳上王家晋墓[2]、朝阳袁台子晋墓[3]以及朝鲜发现的东晋永和十三年冬寿墓[4]等，墓主人乘坐的牛幌车或偏幌牛车，车子高大，装饰华丽，与此相比变化很大，由此可以看出牛车的发展和演变过程。

壁画中牛车前面有两名导骑。从过去已发现的壁画墓看，一般这种画面都作骑马前行或飞奔状，但此墓却作一人骑马回身向后招手，另一人则倒骑马，马头朝向墓室外，马的臀部朝墓室里。这种人物形象和画面安排，在过去所发现的这类壁画中还是第一次见到。导骑的人头上戴的黑帻，前低后高，后面有两角翘起，而且较高。这种特征的冠帻在望都[5]、沂南[6]、辽阳棒台子、北园以及朝鲜发现的幽州刺史墓等墓葬壁画里，都可找到，在以后的魏晋时期的墓葬壁画里，表现得尤为突出。这为我们提供了有关汉魏时期冠服制度发展演变的新资料。

墓内棺室间柱上绘的持刀门卒与佩剑门吏，在汉代的画像石和壁画中是常见的。但较早些的门卒形象，往往是手中执彗，所谓拥彗以见尊者之礼[7]。东汉中期以后，门卒的形象发生了变化，往往是一手执环首刀，一手执盾。此墓壁画即是一例，其后时期墓葬的门卒，大体也是这种形象。

---

[1] 房玄龄等：《晋书》卷二五《舆服志》中华书局点校本1974年11月版，第756页。
[2] 李庆发：《辽阳上王家村晋代壁画墓清理简报》，《文物》1959年第7期。
[3] 辽宁省博物馆文物队等：《朝阳袁台子东晋壁画墓》，《文物》1984年6期。
[4] [朝] 金瑢俊：《关于安岳三号壁画坟墓主及其年代》，《美术研究》1958年第4期；洪晴玉：《关于冬寿墓的发现和研究》，《考古》1959年第1期。
[5] 北京历史博物馆等：《望都汉墓壁画》，中国古典艺术出版社1955年版。
[6] 曾昭燏等：《沂南古画像石墓发掘报告》，文化部文物管理局1956年3月版。
[7] 《史记》卷七四《孟子荀卿列传》载："（驺子）如燕，昭王拥彗先驱，请列弟子之座而受业，筑碣石宫，身亲往师之，作'主运'，其游诸侯见尊礼如此。"

墓室东壁的宴居图，已经模糊不清，从残存的彩色中可见有五个人的形象。其中有两个细腰长裙的侍女，还较清晰，其长裙曳地并向两侧卷起的画法，与棒台子二号墓壁画中的侍女相类似。但棒台子二号墓的侍女形体矮小，而这座墓的壁画中所画侍女身材较高，体态修长。与辽阳地区已发现的同类壁画相比，此墓壁画主人与侍者大小无别，表现技法也显粗拙，这正是壁画较早期的特征。

壁画中大量的流云图案装饰，活泼艳丽，中间并画有神兽，这也是汉墓壁画的一个特点。西壁出行图上面流云图案中的怪兽，身上有翼，尾巴细长，全身有长毛和红色斑点，头与眉眼毕具，其特点与马王堆帛画中神兽有些相似。这种神兽根据孙作云先生的考证，释为飞廉①。此外，在沂南画像石墓中，也出现了类似的形象②。据文献记载，飞廉"身似鹿，头如爵，有角而蛇尾，文如豹文"③。又"蜚廉，兽名，长毛有翼"④。此墓流云图案中的怪兽，正具有这些基本特征。因此，我们亦定此怪兽为"飞廉"。

东壁宴居图上面流云图案中还画有两只直立奔跑的羊，头上有卷曲的角，状如人身，上有长毛和斑点。许慎《说文》释，"羊，祥也。"汉代铜洗及其他器物上常见有"大吉羊"的铭文。由此可知，壁画中的羊是作为吉祥之物出现的。这在辽阳一带的汉魏墓葬壁画中是第一次出现，对我们考察这一时期人们的思想和社会生活，无疑是可贵的资料。

辽阳旧城东门里墓壁画具有线描简括流畅、色彩单纯浓艳等汉代绘画的特点。如出行图中的鞍马，用流畅的黑线勾勒出轮廓骨架，再涂颜色，用墨润染的黑马，浓淡均匀，表现出了马身的质感，再用醒目的朱砂点画鞍具、马饰，使画面静而不死，艳而不乱。人面等重要部位，则先涂白粉为地，然后染面色，点口唇，开眉眼，画须发，增强了主要部分的色彩明度和神韵。尽管对人物车马的描绘还显稚拙，但画风已较工整细致，具有一定的写实性。再从线描匀整

---

① 孙作云：《长沙马王堆一号汉墓出土画幡考释》，《考古》1973年第1期。
② 曾昭燏等：《沂南古画像石墓发掘报告》，文化部文物管理局1956年3月版。
③ 班固：《汉书·武帝纪》，颜师古注引晋灼语。
④ 刘安：《淮南子》卷二《俶真篇》高诱注。

遒劲看，与一般汉代壁画粗豪奔放的风格稍有不同，略显清秀圆润。这种线描的风格与辽阳棒台子、北园、三道壕的壁画基本一致。宴居图中两名侍女仅以朱砂阔笔涂绘，属不加勾勒的没骨画法，也较新鲜活泼。

辽阳旧城东门里墓壁画的勾连云纹、水波纹与星座图，是用蘸饱彩色的笔，快速地勾出水波与云气的流势，再用小笔描画细部和出没于水波云气中的神兽，使画面奔放而不失法度，浓艳而有规律。

辽阳旧城东门里墓壁画色彩浓艳、厚重，装饰效果强，大量使用鲜艳的红色，呈现出热烈、活泼的气氛。同时，往往用白色衬托其他色彩，愈发艳丽明快。这种白色的使用只限于局部。如在图案装饰画中用，白色做地又掺青色，将红色衬托得分外醒目。人物的颜面也用白色做地，加入赭色，很富有表现力。总的来看，色彩的运用表现了汉代的风尚，以黑、白、红三色为主调，保持较多的装饰意味。

（五）关于墓葬年代和墓主人的身份

如果从1954年算起，至1983年底发现辽阳旧城东门里壁画墓时止，三十年来，在今辽阳市区周围发掘的战国至魏晋时期的墓葬已近千座，其间壁画墓有二十余座，仅两座有大致纪年。有文字的墓，一座是北园一号壁画墓，题有"季春之月，汉……"[①]一座是三道壕壁画墓，题有"魏令支令张……"[②]这两座墓的年代，前者为后汉晚期，后者系三国曹魏时期。上述年代大体就是辽阳地区壁画墓的形成时间，其他的墓有的与前者相若，有的在两者之间，还有其后的晋墓。辽阳旧城东门里墓的年代，似较棒台子、北园等地壁画墓为早，大约在后汉中期。

从墓室结构看，东门里壁画墓墓室全部采用淡青色南芬页岩石板、石条支筑，平面布局呈"丁"字形，前部为并列的两棺室，后部为横向的明器室；无前廊、耳室等结构。这种墓室建筑，在辽阳地区壁画墓中是较为少见的。北园一号壁

---

① 李文信：《辽阳北园壁画古墓记略》，《国立沈阳博物院筹备委员会汇刊》1947年第1期。
② 李文信：《辽阳发现的三座壁画古墓》，《文物参考资料》1955年第5期。

画墓①、北园二号壁画墓②,棒台子一号壁画墓③、二号壁画墓④,三道壕一、二号壁画墓⑤、三号壁画墓⑥,"车骑"壁画墓⑦、"魏令支令张某"墓⑧、鹅房一号壁画墓⑨、南雪梅一号壁画墓⑩等,所有清理发掘的壁画墓,无一不是前有廊、后有室,左右各有耳室的,有的墓甚至是四面回廊、三面附有耳室,并且又大都为多棺室的墓葬。上述各墓与此墓从结构上看,有较明显的差异。根据辽阳地区壁画墓的年代与墓室结构的关系,可以看出存在着壁画墓形制由简向繁演变的过程。结构比较简单的东门里墓,比上述后汉晚期至魏晋时的"多室"诸壁画墓的时代要早。此墓内出土的遗物,大部是陶制模型器,基本是东汉墓中常见的,而一些器物的时代还较早。如壶为平底,无铺首和盖;鼎为釜形、椭圆耳、无盖;以及长方套盒、魁、勺、盘等器物的特点,均与河北定县北庄的后汉前期墓的出土同类遗物相同⑪。五锅孔的方形灶,台面并划两条鱼,与洛阳烧沟汉墓中出土的时间属于后汉中期第三型陶灶相近⑫。陶井的形制,一望而知是仿自出现在战国和前汉时期的陶管井,与辽阳城内前汉遗址和北郊三道壕前汉村落遗址出土的陶管井相一致。并且,辽阳旧城东门里墓除饮食器用模型外,不见家禽、家畜模型。金属器中的双龙纹镜,近似洛阳烧沟汉墓出土的出现于后汉中期的第十三型"三兽镜"⑬。辽阳旧城东门里墓出土的器物没有晚于后汉晚期的。

辽阳旧城东门里墓的壁画比较单纯,主要画面仅有出行图和宴居图,缺乏同一地区晚期壁画墓所具有的夫妻对坐、百戏、楼阁、庖厨等壁画。绘画技巧

---

① 李文信:《辽阳北园壁画古墓记略》,《国立沈阳博物院筹备委员会汇刊》1947年第1期。
② 辽阳市文物管理所:《辽阳发现三座壁画墓》,《考古》1980年第1期。
③ 李文信:《辽阳发现的三座壁画古墓》,《文物参考资料》1955年第5期。
④ 王增新:《辽阳市棒台子二号壁画墓》,《考古》1960年第1期。
⑤ 东北博物馆:《辽阳三道壕两座壁画墓的清理工作简报》,《文物参考资料》1955年第12期。
⑥ 辽阳市文物管理所:《辽阳发现三座壁画墓》,《考古》1980年第1期。
⑦ 李文信:《辽阳发现的三座壁画古墓》,《文物参考资料》1955年第5期。
⑧ 李文信:《辽阳发现的三座壁画古墓》,《文物参考资料》1955年第5期。
⑨ 辽阳市文物管理所:《辽阳发现三座壁画墓》,《考古》1980年第1期。
⑩ 王增新:《辽宁辽阳县南雪梅村壁画墓及石墓》,《考古》1960年第1期。
⑪ 河北省文化局文物工作队:《河北定县北庄汉墓发掘报告》,《考古学报》1964年第2期。
⑫ 洛阳区考古发掘队:《洛阳烧沟汉墓》,科学出版社1959年版。
⑬ 洛阳区考古发掘队:《洛阳烧沟汉墓》,科学出版社1959年版。

也显然具有早期的稚拙特征。除此之外，壁画中有羊和飞廉等神兽，这在同一地区较晚墓葬中是见不到的。仅时代为后汉晚期的北园一号壁画墓，云气中画有"红熊"，而飞廉等神兽却是较早墓葬中的绘画题材，最著名的要算长沙前汉时期马王堆软侯墓了。由此可见，辽阳旧城东门里壁画墓，在辽阳地区同类墓中，时间当是最早的一座。

在没有明确纪年的墓中，出土的钱币应是值得注意的材料。辽阳旧城东门里墓所出钱币有"半两"和"五铢"钱两类。"五铢"钱均保持早期的特征，最晚也不会晚于后汉中期，前文已述。"剪轮""綖环"和"榆荚"钱，在辽阳地区稍晚的壁画墓中都有存在。如属于汉魏之际的南雪梅村壁画墓，出土86枚"五铢"钱，其中有9枚"剪轮五铢"[1]，属于后汉末到西晋间的三道壕一、二号壁画墓，在出土的"五铢"钱中，不仅有相当数量"剪轮"钱，而且还有"榆荚"钱[2]。辽阳旧城东门里墓没有被盗，钱币未曾损失，但却没有这种现象，可证此墓不会晚到后汉晚期。

从上述比较材料看，我们认为辽阳旧城东门里壁画墓的年代，大致为东汉中期。

辽阳旧城东门里壁画墓，在两棺室中葬有四具骨骸，根据人骨葬式，应是一座家族合葬墓。

从中华人民共和国成立以来，辽阳市周围已发掘汉、魏、晋时期的墓葬近千座，以土墓、砖墓和小型石墓为多。但像前述包括辽阳旧城东门里墓在内的属于这一时期的壁画墓，却只有二十余座，其所占的比例甚小，可以看出这类墓有特殊的地位。同时，凡是这种壁画墓的墓室，都是用淡青色南芬页岩石板构筑，墓室较大，随葬遗物也较多，而墓室内壁又绘彩色壁画，这在当时应不是一般人所能办得到的。辽阳（即古襄平）是战国以迄秦、汉、魏、晋时期辽东郡的首府，因此这些壁画墓与当时当地的行政建置有密切的关系，应是辽东地区官员和望族的墓葬。

---

[1] 王增新：《辽宁辽阳县南雪梅村壁画墓及石墓》，《考古》1960年第1期。
[2] 东北博物馆：《辽阳三道壕两座壁画墓的清理工作简报》，《文物参考资料》1955年第12期。

按当时百官骑吏人数规定,"自四百石以下至二百石皆二人"或"千石以下至三百石,县长二人"①,辽阳旧城东门里墓西壁的出行图中,軿车前为二骑吏,根据规定,应相当于三百石官阶的人所用。

棺室的间柱上,画一头戴一梁进贤冠的人像,据北园一号壁画墓中戴进贤冠人像下题"小府史"②,可知此图人像为"小史",系文官。依汉代制度,一梁进贤冠不只限小史,上至博士百官皆服③。但墓内壁画绘小史,墓主人当有一定官阶。北园一号壁画墓墓主,依其制度,当为辽东郡守一级的官吏,而辽阳旧城东门里墓主身份若与之相比,其官阶自然要小。三道壕魏令支令张某墓,其身份为令支县县令,两者差别不大,或可为同级。因此,推断辽阳旧城东门里壁画墓主人约是辽东郡属下一个三百石文职或相当于县令一级的官员。

(六)结 语

辽阳旧城东门里壁画墓,在辽阳地区历年来所发掘的壁画墓中,是一座较为重要的墓葬。过去在辽阳发现已被公布为全国重点文物保护单位的那些壁画墓,不是随葬遗物较少,就是在发现前已遭到程度不同的扰乱。而这座墓葬在发现前墓室未遭受任何扰动,保存完好,墓室内渗入的淤土很少,随葬品与人骨等基本保持原位,这是非常难得的。更重要的是遗物十分丰富,仅陶器一项即达62件之多,并且各类器物齐备,组合关系明确,是我们了解这一时期墓葬随葬器物类型不可多得的材料。墓室内的多幅壁画基本得到保存。从壁画内容、技法等方面看,不少是过去所不见的材料,颇值得珍视。因此,辽阳旧城东门里壁画墓在辽阳地区来说,是一个较为重要的考古发现,具有标尺的意义。

---

① 范晔、司马彪:《后汉书》志第二十九《舆服上》,中华书局点校本1965年5月版,第3652页。
② 李文信:《辽阳北园壁画古墓记略》,《国立沈阳博物院筹备委员会汇刊》1947年第1期。
③ 范晔、司马彪撰《后汉书》志第三十《舆服下》:"进贤冠,古缁布冠也,文儒者之服。前高七寸,后高三寸,长八寸。公侯三梁,中二千石以下至博士两梁,自博士以下至小史私学弟子,皆一梁",中华书局点校本1965年5月版,第3666页。

图 3-1-55　陶房

第三章 辽阳壁画墓

图 3-1-56 陶灶、陶镂、陶甗

图 3-1-58 陶水斗

图 3-1-57 陶水井

图 3-1-59 陶鼎

第三章 辽阳壁画墓

图 3-1-60 陶盉

图 3-1-61 陶锺

图 3-1-63 陶盖罐

图 3-1-62 陶瓮

图 3-1-65 陶罐、陶器座

图 3-1-64 陶器座

图 3-1-66　Ⅰ型陶壶

图 3-1-67　Ⅱ型陶壶

图 3-1-68　Ⅰ型陶套盒

图 3-1-69　Ⅱ型陶套盒

图 3-1-70　Ⅲ型陶套盒

图 3-1-71　Ⅳ型陶套盒（小盒）

图 3-1-72　Ⅳ型陶套盒（大盒）

图 3-1-73　陶奁

图 3-1-74　陶案

图 3-1-75　陶耳杯

图 3-1-76 陶把杯

图 3-1-77 陶长颈瓶

图 3-1-78 陶灯

图 3-1-79 陶博山炉

图 3-1-80　陶钵

图 3-1-81　陶钵

图 3-1-82　陶盖

图 3-1-83　陶盖钵

图 3-1-84　陶盆

图 3-1-85　陶盆

图 3-1-86　陶盘

图 3-1-87 陶盘

图 3-1-88　陶魁

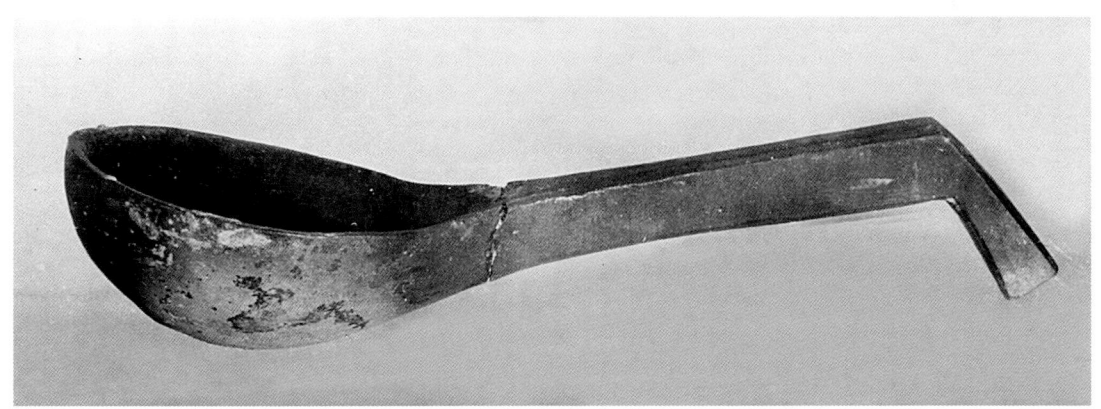

图 3-1-89　陶勺

图 3-1-90　陶澄滤器（俯视）

图 3-1-91　陶澄滤器

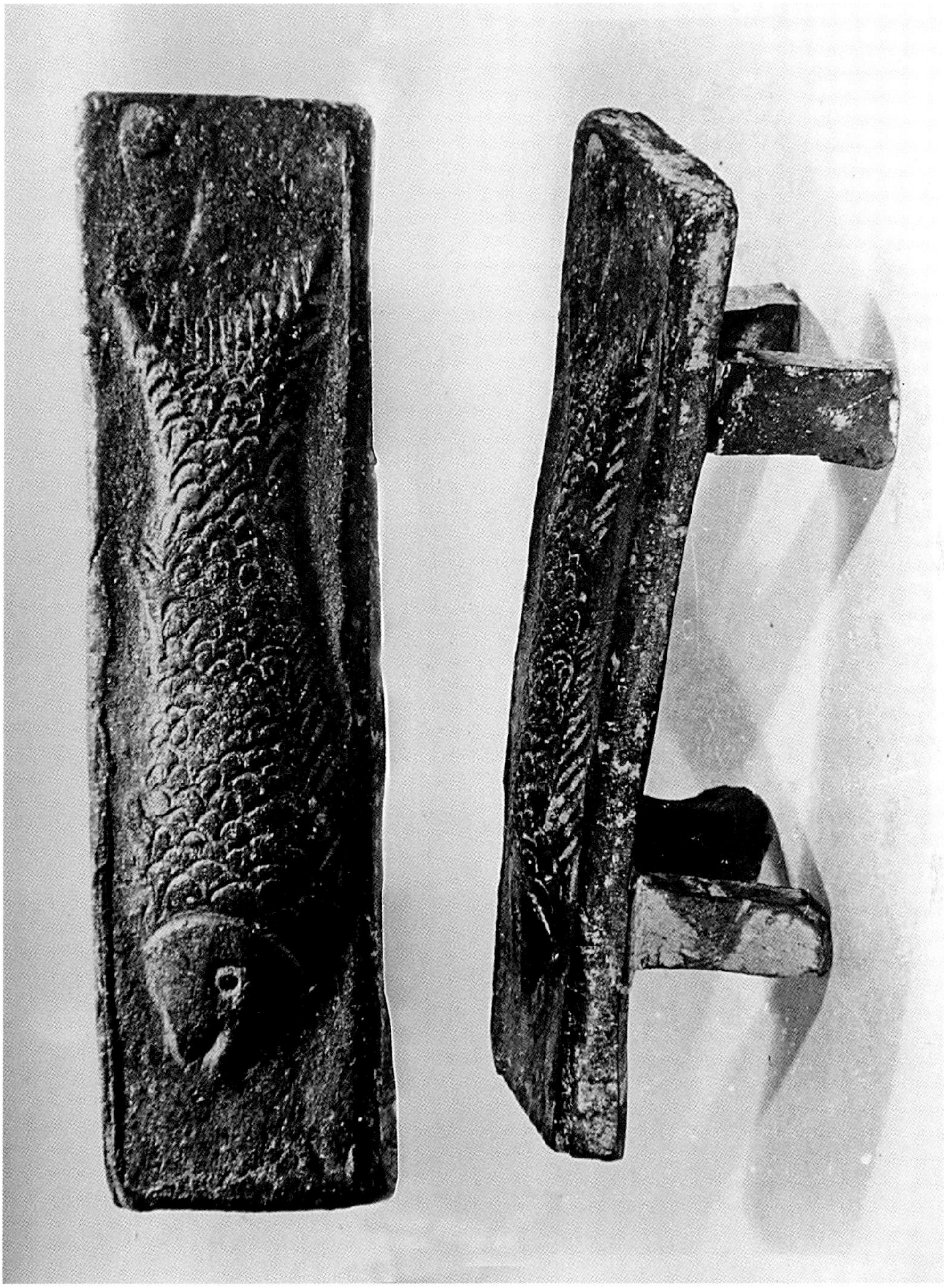

图 3-1-92 陶俎

图 3-1-93 铜镜

图 3-1-94 铜钱

二、北园一号后汉壁画墓

辽阳市区的北部，是一广阔的平原地区，其间无任何丘陵冈地，在这里分布有大小村庄，其中在辽阳城区西北有一村名为北园瓦窑子，是一处较大的村落。在北园村的东南面，从南到北一列有三个大土堆，甚为高大，但当地人不知其为何时形成，多少年来一直存在着。

1943年春，因辽阳当地的一项工程需要用土，就从三大土堆中的最南面一个土堆上进行取土。取土是从土堆南面进行的，当取土至地面后，于3月12日发现地下是一个用石板搭建的如地下仓库状的东西，后知为古墓。这座墓发现后，保存完好。只可惜，当时将墓顶石板揭开一角，多人进入墓内进行观看，后见石壁上面有画，就用手摸索辨认，甚至有的人用纸往下粘拓颜色。由于这些原因，壁画完整性受到很大影响，画面遭到很大破坏，造成不可弥补的损失。

李文信先生得到辽阳友人陈德门的信了解这一情况后，于当年3月18日至现场进行考古调查，在没有照明的困难情况下，仅凭如豆的烛光，对古墓进行了测量，并对石壁上的彩色绘画详加了解，同时手绘下来全部壁画内容，之后将壁画墓上揭开的墓顶石板盖上，进行封存。1955年东北文物工作队在辽阳三道壕村进行考古发掘时，又对此墓进行封土复原，在墓室上部恢复了高大封土，使墓葬得到有效的保护（图3-2-1）。

李文信先生对北园壁画墓进行了详细的了解，后将其研究和考证公之于世，这是国内第一次关于辽阳壁画墓的全面报告，使人们认识了辽阳壁画墓的详细内容。

图 3-2-1　北园壁画墓封土外貌

（一）墓葬情况

此墓在发现之后，当时揭开墓顶一角，即有许多人进入墓内。但在墓中未发现遗物，是一座空墓，原因是此墓在早年被盗。据了解，此墓原封土的顶部留有一个深坑，这是盗墓者挖土进入墓室的遗留。由于墓室建筑结构严密精良，使得墓室没有进入淤土。随葬遗物已全部被盗取，没有孑遗。

墓室内石壁上绘有彩画，原本保存较好，未有破坏，但在发现后进入墓内的人较多，不知保护，致使画面受损。

（二）墓室结构

此墓处在平地之上，地表存有封土，即原所见之大土堆。封土呈不规则圆丘形状，高达 10 米。按此墓高度已是经历两千年的风雨剥蚀之后的遗留，如若建墓时培护封土，当更高于此。封土为黄色土壤，较为纯净，不杂沙砾。在墓室的顶盖上二尺处，有石灰一层，呈弧状封土形式，厚约 10 厘米。在封土的下面是墓室，此墓的墓室形体庞大，设置多室，且有围廊，结构复杂。发现时，墓室保存仍然完好，没有遭受到任何毁坏，建筑结构明确完整，是辽阳地区壁画墓中墓室最大的一座。

建墓时，先挖出土槽形墓圹，深入地下，然后于其中建造墓室。墓门朝向西偏南方向，墓顶在地表下 50 厘米，其上为封土。

墓为石筑，全部采用淡青色南芬页岩厚大石板筑成，先立壁石，使成不同空间，然后铺地面石板，最后于其上面再搭压盖石，俱为不同规格整块石板，结构严密。墓室通长 7.85 米、通宽 6.85 米，墓室高 1.7 米。墓室平面整体作长方形，外缘互有出入，呈多边直角折曲形状。

墓门朝向西，偏南 11 度，中间辟有三门，用三块石板封堵。墓室内的具体结构是：门后前部为横廊，左右两端突出，形成左右二耳室。前廊后部中间为墓室，三棺室并列，其构筑方法是左右两外侧置通长大石板，上接石板墓顶，其内中间各用三块较窄立石板，间隔出三个棺室，分别葬以尸体。棺室左右两外侧，为南北相通的外廊，外廊中间向外突出，各建一小室。棺室北部为后横廊，两端亦向外突出，形成较宽的后廊，后廊中部向外突出，形成一个后部小室。此墓的结构，是在棺室外侧的前、后、左、右均各有廊，即前廊、后廊、左侧廊、右侧廊，四面包围棺室，形成一个环绕三棺室的围廊。围廊地面低于棺室；在围廊外侧，前廊左右两端各有一长方形耳室，在左右围廊外侧各有一方形小耳室，在后廊左右两端均各向外突出，而其外延长度大小不等，状亦如室，是为廊的延伸，在后廊中间外侧亦突出一个方形小室。整个墓室内的地面，均铺有石板，棺室与耳室、小室均高于围廊，铺石平齐，方整规制（图 3-2-2）。

墓室从建筑角度看，梁、柱、栌斗、横楣、门扉、四壁与顶盖等，均采用大小不等的厚重石板、石块构成，浑然一体，十分稳定坚固，可知其建造应是经过精心设计，各部构件作用非常明显，担搭相压，石板、石块根据需要打凿成适宜尺寸，互嵌互倚，咬合严实，支撑形成整体，结构紧密，坚实牢靠，石间缝隙敷以白灰，使墓室更加坚固，因此尽管地面有高大封土重压，历两千年毫无残毁，至今未有损坏，可见其结构设计之合理和建筑施工之准确（图 3-2-3）。这种石构壁画墓，也是辽阳地区所独有的特征明显的汉魏时期的墓葬。

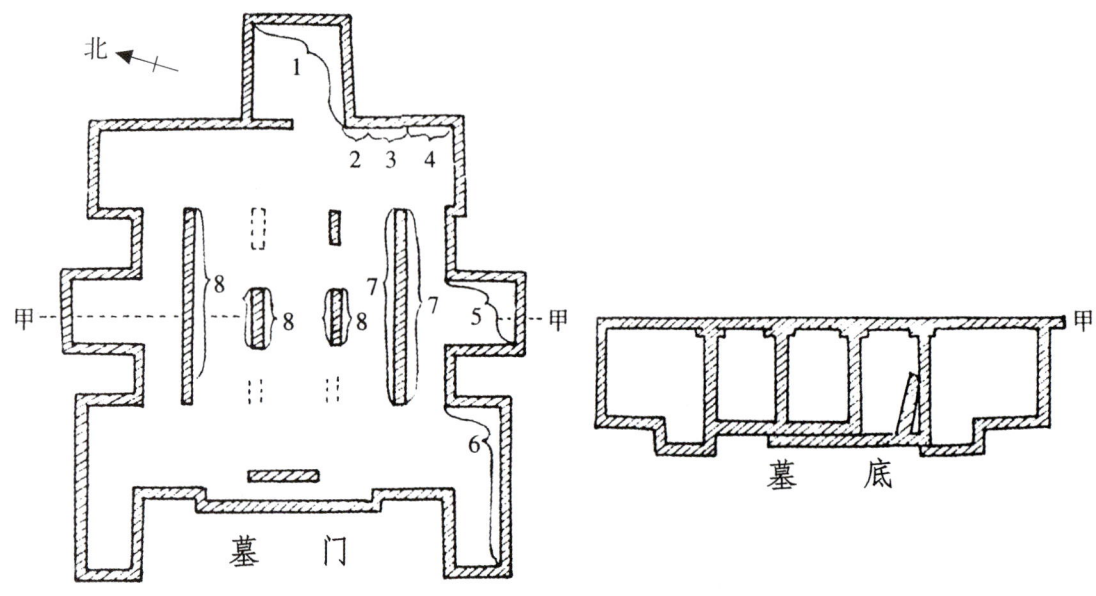

图 3-2-2　北园壁画墓结构平面图、横剖面图

图 3-2-3　北园壁画墓结构模型图

（三）墓室壁画

此墓因早期被盗，墓中空无一物，发现后，留给人们的除保存完整、结构复杂而庞大的墓室本身外，值得称道的具有非常突出特点的遗存，就是绘满墓室的十分罕见、内容丰富、色彩鲜艳的壁画。这些绘于石壁上的彩色壁画，分布于墓室各部位的石壁上，场景宏大，内容丰富，充分反映了当时人们的心理状态与社会生活的各个方面。

壁画绘于墓室内的石壁上。辽阳壁画墓的墓室建造采用的是南芬页岩，这种岩石的石质非常细腻，由于水成岩的成因关系，岩石开凿后即水平成层，石面无须研磨，即光洁润滑。壁画就是直接用颜料在这种淡青色的墓石壁面上绘成，技法独特，表现力强，效果非常好。

壁画在墓室中的分布是，在后廊外侧的小室、后廊左侧东部后壁、左侧廊方室及前耳室、三棺室的石壁上，因其内容和性质不同，分别绘于相应的墓室相关位置。其情况如下：

1. 后廊外小室

在后廊外小室的后壁、左壁的石面上，绘宴饮图。内容为在高堂之上一人独坐，此应为墓主人，帷幄高悬，前置食器数事，热气蒸腾，上飘檐际。其左二人对坐，旁有二小史捧瓶恭侍。堂左有绿树一株，枝连小室左壁，其侧有二小史持瓶欲入堂上（图3-2-4）。此室所绘，当为墓主人宴饮图。

后小室北壁右侧与右（西）壁，原来也有壁画，但因遭到破坏，红黑模糊一片，不明原状。

从后小室情况看，此处壁画应是墓主人生前生活宴饮的一个情景。在左（东）壁上部有粉书题记，文字较多，但因系粉书，字易脱落，现仅保存四个半字，余下因漫漶不清，不可辨识，保存的字为"季春之月汉"，而"汉"字仅存上半部分。

图 3-2-4　宴饮图（摹本）

2. 后廊后壁左侧

后廊后壁的左（东）侧东部石壁上，壁画所绘内容较多，自右向左分别绘有不同内容的壁画四幅：

（1）右边为"属吏图"。此图在后横廊左边北壁西端层楼之右下部（墓室平面图2处，参见李文信先生文所附之图，下同）。在前宴饮图之左，此画似与后小室左壁的壁画内容相衔接。画中二人右向端拱而立，着冠，长袍，袖手，面向右侧立，冠服袍带均墨廓傅色，人作侧面，颇为传神。依据服饰特点，当是掾史之属，班列侍事者（图3-2-5）。像高60厘米。在二人头上部题有墨书"小府史"三字。

（2）中间是"楼阁图"。内容为一栋楼阁（墓室平面图3处），是画正面三层高楼，青黑色瓦，红色栏杆，朱色门户，铁青色锁，下有石阶，在楼顶正中立一大铜凤，左右为红色有游长旗，旗结朱绶，随风飘扬。上层楼的左侧垂脊上立一鸟，长尾巨目，作回首惊顾欲飞状（图3-2-6、图3-2-7）。远处有一人，持弓箭欲向鸟发射。楼阁中层坐一妇人。在此楼阁图射鸟者之左侧题款墨书有"教以勤化以诚"六字。

图 3-2-5 楼阁左下"小府史"图（摹本）

图 3-2-6 楼阁、杂技、乐舞图（摹本）

图 3-2-7　楼阁、杂技、乐舞图（摹本）

（3）左侧为"乐舞图"。此图在楼阁图的下方，系杂技之一部分（墓室平面图 4 处）。前置建鼓，鼓置于木架上，下有重层架座，鼓上立柱，端缀红缨，周植锥尾状物四垂，旁立一人，作击鼓状。左有乐师九人，各职其事，呈坐姿趋前状。舞者二人，在鼓侧，一人作舞，长袖飞扬，身姿灵活，另有一人躬身昂首，手足着地，腰背呈弓状，姿态从容，舞步和谐，轻灵曼妙。

（4）在高楼射鸟者左下方是"杂技图"。此图在后横廊东侧北壁下部（墓室平面图 4 处）。人物较多，表演形式有弄丸、跳剑、舞轮、反弓、兽舞、倒立等，这组壁画人物均作动态的表现，展演灵活，非常生动。内容不同，现分别描述如下：

A. 倒立。此画面表演者为一人，穿短衣大裤，两手履地，头微前昂，双足朝上，作行走状与伫立前看，以应观者谓表演之能。

B. 舞轮。画面在高空中转一巨轮，下面为一人屈膝半蹲半跪之姿，仰视被抛掷到空中的巨轮下落，双臂上举，欲以手承接之状。器如单轮，中贯短轴，根据画面看，轮大而重。

C. 反弓。画面为二人表演。其中右边一人，头朝下，反观前面，手足四肢着地，腰背反弓，等待另一人的动作，表现出体肢柔软。其左边一人，蓄势待发，欲起跑，双臂一前举一上弯，张臂作势，两腿前后用力，要快而稳地登上反弓者之腹。画面动感十足，神采飞扬，栩栩如生。

D. 跳剑。此图为一人舞弄三刀，仰面张口，向上注视虚空的飞刀，左右手各有一柄，正在作接一刀发一刀之状。神情贯注，仪态生动，描写了舞剑的紧张场面。

E. 弄丸。画一人侧身独立表演，双手抛出空中六丸，目注上下飞落，双手抛收有致，神态自然。

F. 兽舞。一人穿用服装为特制之瘦窄粉红色衣，掌趾履地作兽走状，后拖长尾，手足腕间各系红色小绶带一条，头前昂，作进退状。此为一种化装的兽舞。

3. 左廊外侧小室

在墓室左（南）廊外侧小室后（东）壁及左（南）壁石面上，绘"斗鸡图"（墓室平面图5处）。根据壁面观察，在正壁上画二雄鸡，其一高冠赤羽，张口相向，两翼微展，颈毛皆立，斗胜的姿态可见，另一鸡敛羽败北，回首惊顾，地上则血迹斑斑，间有残羽（图3-2-8）。在小室左壁上画一老者，着短衣大袴，双手捧物趋前，是斗鸡的指挥者，当为鸡使（图3-2-9）。

4. 前廊左端耳室

在墓室前横廊左（南）端长方形耳室，在正（长）壁与后（东）壁绘"仓廪图"（墓室平面图6处）。壁画内容是绘如房屋之仓，下有台阶，上有红色栏杆，留有出入口，仓门户偏左半启，一小史双手捧物，走出仓之右檐下，另一人在仓门处作欲出状。左边仓门下卧一白犬，方口微露舌端，双耳微圆而竖，长尾若龙蛇，双目眈眈，注视仓门（图3-2-10）。后（东）壁上绘一人，身着冠服，向仓而立，双手前出，似有捧物，仪态优雅，或为仓官（图3-2-11）。图旁题有"代郡廪"三字。

5. 左棺室长石壁两侧面

在墓室左棺室长石壁两侧面绘"车列图"（墓室平面图7处）。此墓的车

图3-2-8 左耳室至正壁及右壁斗鸡图之一（摹本）

图 3-2-9 右壁斗鸡图 之二（摹本）

图 3-2-10 仓廪图

图 3-2-11　左耳室左壁仓官图（摹本）

列图，在长石壁的两面绘出，壁画内容以车骑为标志，两壁面共绘车八乘，骑从二十四人。八车中，驾一马而坐乘者七辆，这七车中有高盖前后垂帷者，有二高盖单驾的五辆车，每车右侧骑从二或三人、车后一或二人不等。在此车队中，有一车驾三马，黑盖赤帷，后拖长绶，其形近似后世轿子，后有簇拥着骑从五人，此车显然与另七车的车制仪卫不同，当为主车，其余前后皆为从乘之车（图3-2-12至图3-2-20）。

6. 墓室内棺室右侧长壁石及中间两小壁石

棺室右（北）侧长石壁里侧及中间两小石壁的两石壁面，绘"骑从图"（墓室平面图8处）。此图绘于三石壁面上，其内容有仪仗、骑卫，画面可见者为横排六人，每二骑并进，约有百骑。壁画中武士做前队，兜鍪重札，马有雕鞍饰勒。列队执长兵器与佩剑者数十人为先导，后有冠服乘者数人，一骑士持朱色大麾，委地甚长，一杖幢从之。继以持伞盖，有数骑，再又为鞍后附以奁箧，或手捧器物，相随于后。马的毛色不一，甚为骠壮。复次，则宽衣博带，类似从官，神态雍容，气度闲适，时现相顾话语及指点注视之状。从全队看，骑从应是武士先驱，文吏后卫，秩序井然（图3-2-21至图3-2-23）。壁画人物神态雍容，气度闲适，各肖其性，在骑从仪卫中充分反映出来。

上列壁画是可见者，还有的因脱落等情况未得观察，所见仅是其中的一部分，这是因为墓室被发现后，揭开墓顶石，长时间很多人进入其中，手抚纸粘，致使壁画若干部分受损脱落。墓室北侧回廊与各小室，现未见壁画。但根据壁画内容推测，如仓廪图相对的前廊右端长方形耳室，应是庖厨图，斗鸡图相对的右廊中间外侧的方室、后廊右边后壁，均应有相应壁画，惜未得见。但现所见者，已是主要部分，缺者只是一小部分而已。

（四）墓葬年代

此墓保存完好，结合地表封土高大、墓内多室、结构复杂与壁画内容丰富、绘画技法高超、文字结体等诸多情况考虑，墓葬年代当在后汉中期或稍晚。

图 3-2-12　车马出行图

图 3-2-13　车马出行图（摹本）

图3-2-14 车马出行图 之二 左部分（摹本）

图 3-2-15　车马出行图 之二 中间部分（摹本）

图 3-2-16　车马出行图 之二 右部分（摹本）

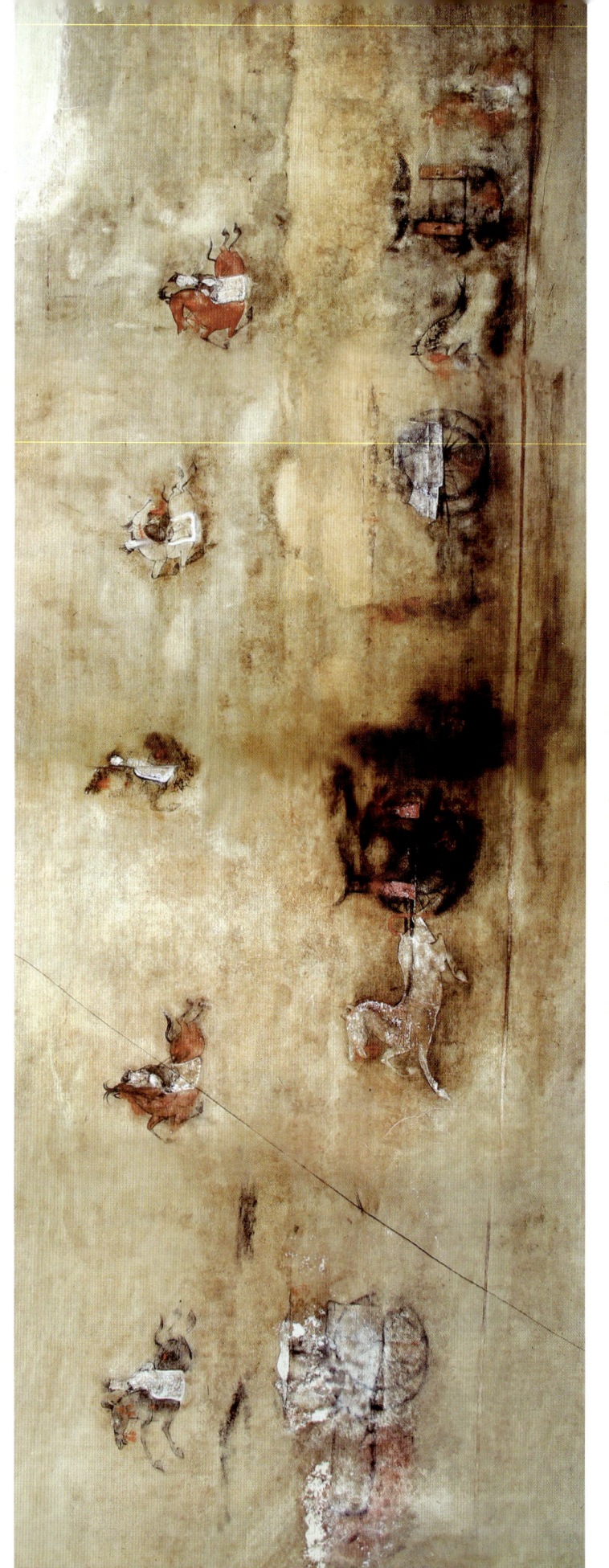

图 3-2-17 墓内大壁车马出行图 之一（摹本）

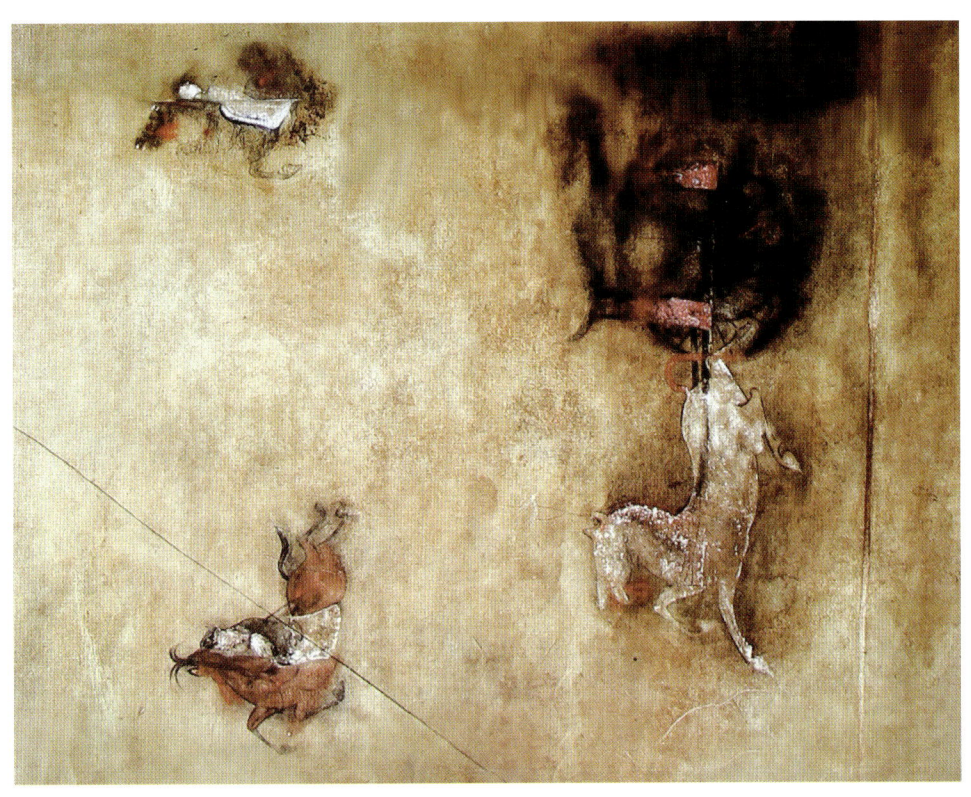

图 3-2-19 墓内大壁车马出行图 之二 中间部分（摹本）

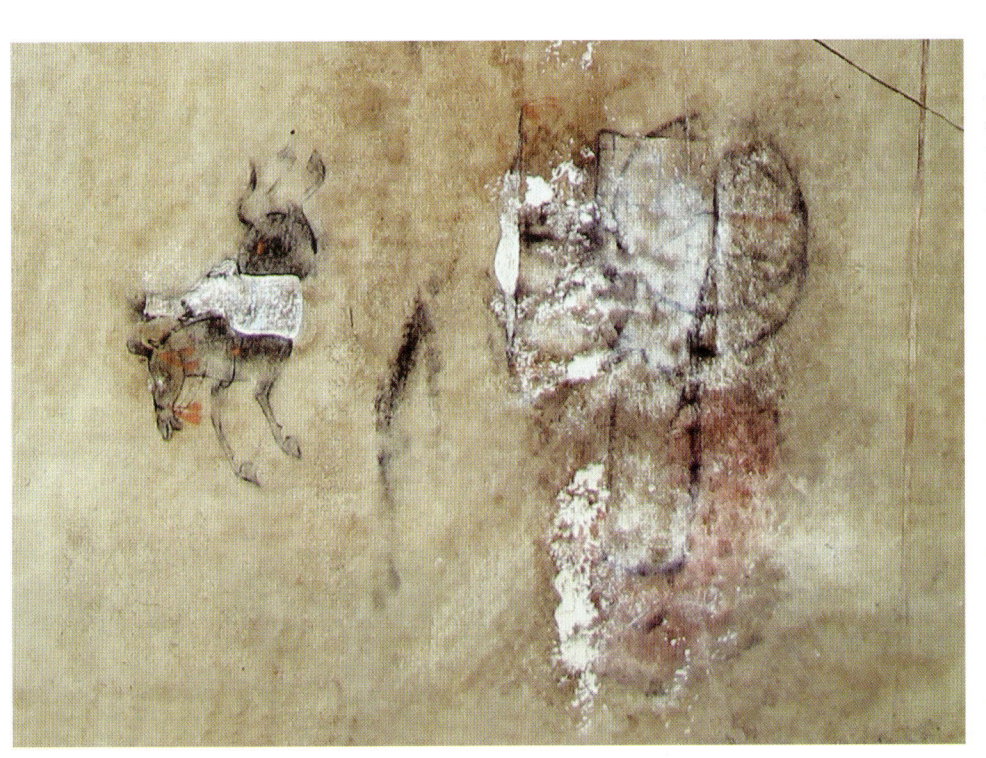

图 3-2-18 墓内大壁车马出行图 之一 左部分（摹本）

图 3-2-20 墓内大壁车马出行图

图 3-2-21 骑从图

图 3-2-23 骑从图 右部分（摹本）

图 3-2-22 骑从图 左部分（摹本）

三、棒台子一号后汉壁画墓

棒台子村一号壁画墓，其发现时间是1944年秋天。当时因村民在村后一个大土堆上取土，露出巨大石板建筑的墓室，知道此土堆原来是一座古墓。当此墓发现后，从墓室西南角揭开了墓顶，人们从此处进入到墓室里面去进行观看。这种情况持续了十余年，直到1955年，东北文物工作队在辽阳三道壕村发掘前汉村落遗址和其他墓葬时，抽出专业人员进行调查，最后用土将墓室的破口封闭，地上原被挖开的封土也作了复原，墓葬又完整地保存下来。1961年，国务院公布辽阳壁画墓群为全国重点文物保护单位（图3-3-1至图3-3-3），棒台子一号壁画墓即为其中重要的一座墓葬。

图3-3-1　棒台子一号壁画墓
（1961年设立文物保护标志）

图3-3-2　棒台子一号壁画墓
（2011年设立文物保护标志）

图 3-3-3　棒台子一号壁画墓 2011 年设立文物保护标志现状

（一）墓葬位置

墓葬所在，为辽阳市区西北方向相距八里的棒台子村北一里处的平地上（图 3-3-4），这里地处太子河左岸冲积平原，平坦辽阔，如有土丘之类，特别明显。此墓在未发现前，就是一个很高大的土堆，非常引人注目，但当地村民不知此土堆是什么，春夏时节土堆上面长满了野草，一眼望去，绿草青青，就称其为"大青堆子"。

棒台子村附近是一望无际的冲积平原，土堆原是墓葬在地面上的封土，墓室就在此土堆之下。

在"大青堆子"所在棒台子村的东北、东和东南面，各有一座和其相类似的高大土堆，从此墓的情况看，这三个相同的土堆，也应是墓葬，但均未发掘，不了解具体情况，现也将它们保护起来，并包括在公布的全国重点文物保护单位的"辽阳壁画墓群"中。

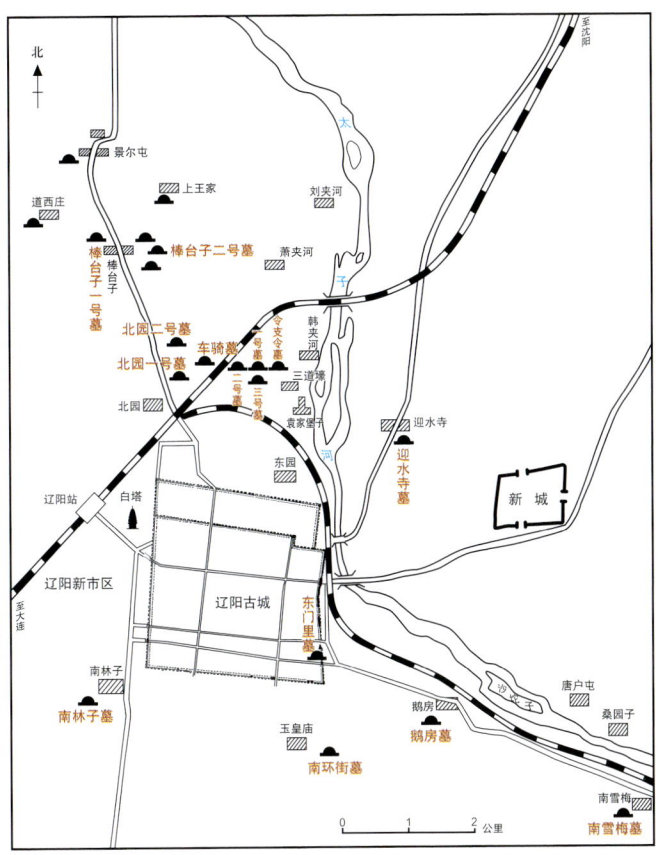

图 3-3-4　棒台子一号壁画墓地理位置图

（二）墓室结构

　　这座墓在早年被发现后，曾长时间有人进入墓室，但封土等未受到较大的破坏，故保存仍较完好。封土的形状，从现存看为略作平顶方锥形，存高 7 米，底边每面长 22 米。

　　此墓葬为石筑的多室墓，很庞大，其结构与著名的北园一号壁画墓相似，是辽阳壁画墓的代表之一。此墓系采用石灰质属南芬页岩的淡青色大石板建成，大小石板、石块的打制均很规制，表面极为光滑，石板支筑咬合紧密，白灰勾缝，墓室非常坚固。

　　墓的前部有墓门，方向为东偏南 10 度。墓门的结构，是在墓室前端立板状石柱四根，辟成三个墓门，埋葬完毕，门从外面用三块大石板封闭，墓门封堵极为严密。

墓室平面呈"凸"字形，前大后小，由围廊和棺室组成。墓室的左右宽为8米，前后进深为6.6米，室内高1.4米。墓室的具体构建过程是，先挖墓圹，然后于圹内建墓室，底铺石板，四周用石板立支，形成墓壁，壁石上面置石条为横枋，增大与顶石接触面积，其上再搭盖石板为墓顶。墓内各部分具体情况是，前部从墓门进入后，即为前廊，廊的两端为突出于墓壁的左右耳室，前廊后面是左右两廊，再后为后廊，在四周围廊的中部是棺室。后廊的外部，凸出于墓壁建一小室。中部棺室纵向立有两列石板，组成三个棺室，棺室间壁石板各用两块，均不相衔接，中间留出孔洞相通（图3-3-5）。

墓室筑造得很是整齐牢固，密闭性很好，墓内地面仅微有积土，只存于右后角盖石处，因被盗后存有一个大破孔，略有进土，其余均甚完好（图3-3-6）。

（三）墓室壁画

在此墓石板壁面上，不作任何修饰，直接绘有彩色壁画。此墓壁画主要内容有门卒、饮食、出行、宅第、庖厨等。有的一面石壁绘画一个主题，有的几个壁面连画一个内容，也有一个壁面分上下两层分绘不同内容（图3-3-7），还有的石壁上没有绘画。

1. 墓门壁画

在墓门上绘有门卒和门犬。墓门用四根板状石柱隔成三个门洞，在中间的两个门柱上，分别绘有门卒和门犬。石门柱高1米，左柱侧面宽24厘米，右柱侧面宽53厘米。在石柱外侧面各绘门卒一人，石柱相对的内侧面各绘一守门犬。

两门卒的姿势动态和服饰器物基本相同，作武士装束，头戴红白帻，着朱红袍，皂缘领袖。右手持长方形盾牌，左手执环首长刀，上出左肩，刀环系有红缨。浓眉大眼，白齿朱唇，须眉猬立，面向外站立，神态威猛（图3-3-8、图3-3-24）。

守门双犬，所绘姿态动势也相近似，作蹲坐状，前腿直立，后腿曲肢，长尾后拖，俱为黑线轮廓，粉白身躯，其耳、目、口、鼻用朱红勾画。瘦身长腿，细颈竖耳，肌肉凸起，劲健有力。颈系红绳，张口向门外作吠叫状，非常传神（图3-3-9、图3-3-25）。

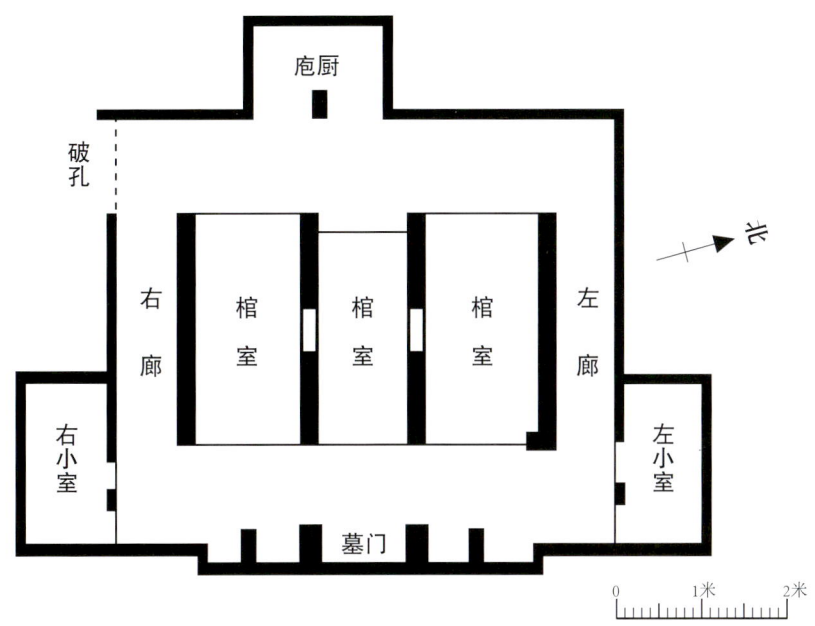

图 3-3-5　棒台子一号壁画墓结构平面图

图 3-3-6　棒台子一号壁画墓结构模型图（封土下，半挖开状态）

图 3-3-7　棒台子村一号墓前廊及顶部天象图

图 3-3-8　门卒图（摹本）　　　　图 3-3-9　门犬图（摹本）

2. 墓门内前廊左右内壁壁画

在墓门内前廊左右内壁上绘杂技图。这一组杂技图，画在两处，分别绘于墓门内左右两壁上，布局构图大致相同，表演的节目并不重复，各表演自己的内容。这两壁的杂技图，在全部结构上看，是与饮食图相配合的，在左右两耳室的壁上分别绘宴饮图，则此杂技壁画是为墓主人表演的，即主人一面饮食，一面观赏杂技。

（1）前廊右壁

前廊右壁，所画杂技表演，人的面部都朝着右边，即向右耳室壁画中床上高坐的主人。右壁高1.3米，壁面横长2米，壁上共画25人，有23人各自有各自的表演动态和神情，分为上、中、下三层。

上层壁画，横列一席，面向左而坐歌手五人，戴黑帻，穿杂色衣，二人手持短杖。第一人和第三人席前列方案，案上各放置耳杯四件。席前左边立置一个红色鼓，下连木座，上树白盖，盖上立一鸟。次一席坐乐师四人，均黑帻长袍。三人分奏琵琶、洞箫和古筝（或琴瑟），另一人持有乐器，已漫漶不清。席前三圆案，中盛杯箸（图3-3-10上层）。

图 3-3-10 杂技图（摹本）

中层壁画，左起一妇人，面右向坐于方席上，顶梳高髻，裙带飞舞，左手执短杖作指挥状，前置杯案。次一人倒立前行，一人化装作兽走，后竖长尾。双丫髻红衣女童五人，协助表演。次为一女童，服饰相同，在黑漆朱彩细腰鼓式木台上，作弓腰反立，衣带髻发都如随风飘动。又次一短柱状木台，旁放草束，一人在台下袒背跪地，左腕系红带欲有表演（图3-3-10中层）。

下层壁画共画六人（图3-3-10下层）。左起舞盘者一人，两细杆旋弄一个大盘，盘中置耳杯一只，次舞轮一人，黑帻襦衣，一手上托，注意空中大轮（图3-3-26）。掷丸者一人，黑帻襦衣，张手注意飞丸，旁一人，露背张手注意飞丸（图3-3-26）。右边二人，体形较大，作跪坐姿势，面向外，一人手执长柄勺，一人双手捧一圆盘。

（2）前廊左壁

前廊左壁，所画杂技表演，人的面向都朝着左边，即朝向左耳室壁画中床上高坐的主人。左壁高1.3米，壁面横长2米，壁上共画26人，人都面向左方表演。壁画也分上下两层，具体情况为：

上层壁画，横列两席，前席跪坐女乐工五人，梳高髻，穿杂色衣裙，弹琴、吹洞箫、奏琵琶的各一人，二人张手作势，前置内盛杯箸的圆案三件（图3-3-11、图3-3-28）。次一席跪坐歌手五人，都头戴朱顶黑帻，着朱色衣，黑白领袖，

图3-3-11　乐伎图（摹本）

席前置杯盘两件，席左端立有一鼓，形式与花饰均和右壁的相同。鼓后一壮汉，着短裤，手腕处系红带，欲有表演。中段右起为一妇人，坐于方席上执杖指挥，前方表演兽走、倒立的各一人，助演的丫髻红衣女童四人。又次裸背男子二人，相对弄红色圆形器，画面模糊。次一人，其形象不清。再次丫髻红衣女童，在细腰木台上作反弓表演。复次有一裸背壮汉，面右半跪，右臂系红带，左手平托长铜链一条，状似与鼓后壮汉相呼应。

下层壁画，绘出舞轮的一人，仰面上视转动的飞轮。另二人，正在表演，但演示的内容已模糊不清。

3. 右耳室壁画

在右耳室中绘饮食图。右耳室右壁高1.2米，壁长1.93米，共画六人。壁画中的人像都很高大，占据壁面较大面积。其壁画内容是：中间画一个男子，面向左坐于床上，黑帻红袍，黑缘领袖，白中单衣，后有屏障，前设短榻和方案、食器。在榻前面依次跪进食者三人，一人捧盘进耳杯，一人进大盘，一人执瓢勺，三人都黑帻长袍，神态恭谨。屏障后侍立二人，屏障遮挡住身体，仅露胸部以上，均黑帻长袍，其中一人抱持一个红色物，似装弓的鞬盒（图3-3-12）。

4. 左耳室壁画

在左耳室中绘饮食图。左耳室左壁高1.2米，壁长1.83米，共画九人。壁画人物均较高大。其壁画内容是：画面中间一男子拱手坐于榻上，黑帻红袍，面向左边。短榻前面一人跪陈食器，后有三人依次跪进食品，榻左一人执盘进耳杯。床屏后侍立三人，一人拱手而立，一人怀抱弓鞬，一人手执团扇（图3-3-13）。这些进食和侍立的人，都头戴黑帻，穿灰黑色长袍，其形象较主人稍小。现在壁画中的人物眉目，有些模糊不清。

5. 右廊、左廊壁画

右廊、左廊壁画，共为出行图。壁画分绘于右廊的左、右、后三壁及左廊左壁上。壁高1.22米，壁面最长的为2.7米。除右廊后壁外，每壁的壁画都分上、下两层，排列依次画出，有的壁面上加朱红色粗线为界栏。所画出行图的车骑导从人等，其次第如下：

图 3-3-12 饮食图（摹本）

图 3-3-13 饮食图（摹本）

在出行图中，队伍前头有骑吏七人，黑帻长袍，一骑在中间，六骑在两侧。其后是头戴兜鍪身穿铁甲手执长旗的五人，排为横队行进。次为戴黑帻穿长袍骑吏，在路中间。次约三四人，因彩色模糊，观看不清。次为十八人，身穿黑襦衣，头戴三尖帽，作奔跑状态。稍后二人，装束相同。次为戴黑帻穿长袍骑吏，走在路中间。次为头戴兜鍪身衣甲胄手执长矛者十人，执朱、黑两色长旗的二人。次黄钺车一辆，车上树大斧（图3-3-14），车后斜插二物已模糊不清。次鼓车一辆，车上立大鼓，上加圆盖，后出二长枝缀红缨为饰（图3-3-15）；车后斜插棨戟二支（图3-3-29）。次为金钲车一辆，车上方架悬一钟，车后斜插棨戟（图3-3-16），三车均各驾一马，一人坐，一人驾车，一人随行。次为黑帻长袍骑吏五人，前三人后二人（图3-3-30）。次骑为执长兵甲士二人，徒步持物随从四人。次骑吏四人，衣帽与前述同。次路侧两两相对骑士十二人，各执长矛。次黑盖车一辆，驾三马，一人坐一人驾车，车旁随行二人，车后骑从二人。次仪仗骑士三人，为横排，右曲柄华盖，中黑幢，左朱色长旗。次执长矛骑士四人。次黑帻长袍骑吏七人，五人为横队，前后各一骑。次仗马一匹，身被鞍具，朱绳束尾，作奔驰状（图3-3-17、图3-3-31）。次骑吏二人，在路左右两侧，白盖车一辆，一人坐一人驾车；后随骑从五人，前后两两相对，中间一骑在路中央。次为一车，驾红马，仅存马腹及车辆。次白盖车一辆，驾红马，一人坐一人驾车，左方人物像已模糊（图3-3-32）。次红马白盖车一辆，坐二人，均着黑帻。次黑盖有帷单耳车一辆，驾三马，坐一人，一人驾车（图3-3-18）；车前后方各一人，形象已模糊，后左方骑马抱鞭随从一人。次骑士十六人，其中执曲盖及朱色长旗各一人。次骑士五人，前三人后二人。次黑盖车一辆，车夫在马右牵扯行进（图3-3-19）；左右随从二人，车后持物随从二人，一人黑帽长袍束带，一人红帽短衣。次从吏三骑在前，执红缨长矛骑士三人在后。次红帽骑士一人。次头戴红缨兜鍪执朱红长旗甲士四人。次骑士一人在前，十二人横排在后。次一段画面模糊不清，仅见人马痕迹。根据明确画面统计，全队人数共有一百七十三名，马一百二十七匹，车十辆，矛、戟、幢、盖、棨戟、旗帜等，其数目也不少，队列十分壮观。

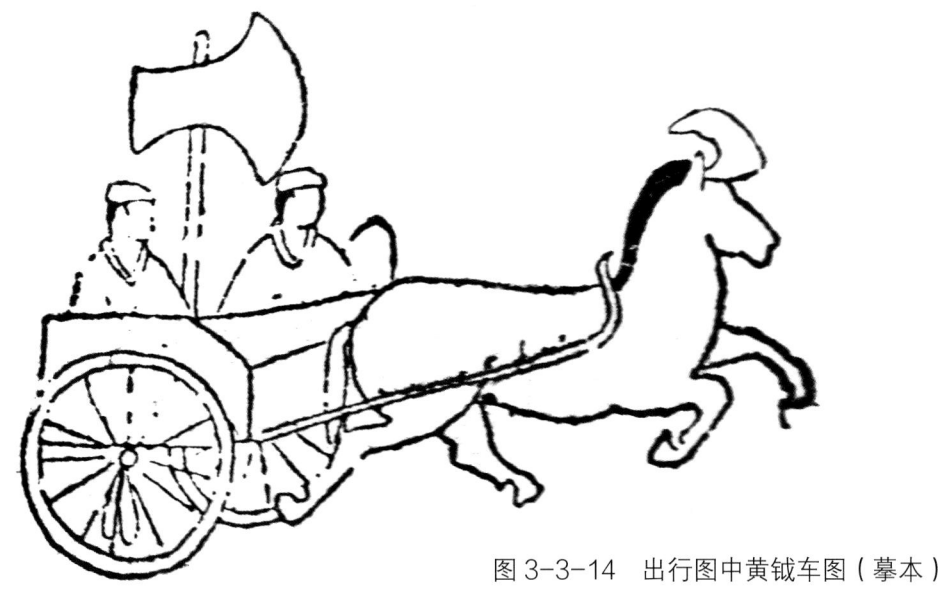

图 3-3-14　出行图中黄钺车图（摹本）

图 3-3-15　出行图中鼓车图（摹本）

图 3-3-16　出行图中金钲车图（摹本）

图 3-3-17　仗马图（摹本）

图 3-3-18　帷车图（摹本）

图 3-3-19　黑盖车图（摹本）

6. 后廊左壁壁画

在墓室后廊后左壁,绘宅第图。左壁高 1.25 米,其北半部因积土堆积侵蚀损及壁画,故现今所存的下半部分的画面较为模糊。

此处宅第图绘庑殿式三层高楼一座,位于壁面中央,黑楼顶,红柱枋,白窗扇。楼下左向,有石阶四五层,楼顶上面有白、红、黑三色高大装饰物。楼左后方,现存屋舍一部分,灰房顶,红柱,黑墙,较为清楚。楼右前方,存朱色井亭一座,两柱支亭盖,盖下有辘轳垂长绳,下部已模糊(图 3-3-20)。

图 3-3-20　楼阁水井图(摹本)

7. 后小室壁画

后小室壁画,绘庖厨图。画幅分别绘于右、后、左三壁上,壁高 1.1 米,各壁宽分别在 1.12 米至 1.53 米。

右壁:画双釜长方灶一座,一个长袍丫鬟双手取器于灶台上。左方有庑殿式顶的木橱一座,一个丫鬟正在开门,内露黑壶一部分;橱足旁有黑盆二。灶前四足大木方盘一,筒状圆器三,叠置四足方案四,四足圆案五,圆筐笼一,

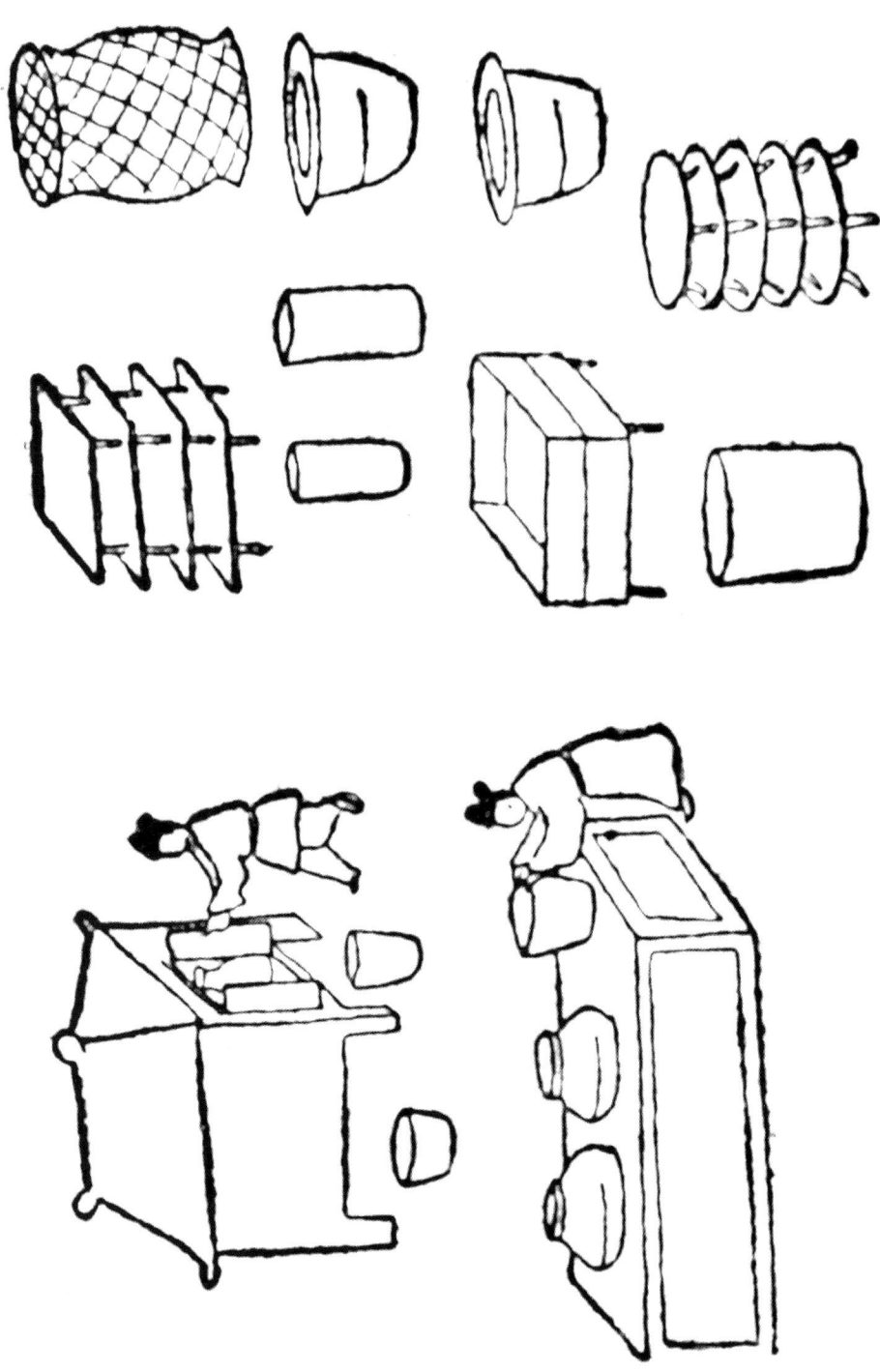

图 3-3-21 庖厨图（摹本）

黑色铁镬二（图3-3-21）。

后壁：上边画一横枋，枋上铁钩十一个，分悬龟、兽首、鹅、双雉、双鸟、猴、心肺、猪崽、干鱼、鲜鱼等。下边第一排，从左起画，一长袍人在方架上榨汁，架下以盆盛之，旁有铁镬。次一人面右坐，前置方案，旁一圆案，正在调理食物，对面坐女子二人，也在操作。次二人对面坐，前各有方案及圆案，旁有四节长方形盖盒，一人背后置黑盆。第二排，左端一人，在桌上取筐篮，身后一铁镬。次一人坐水桶旁洗一圆器，背后四足圆案一。次一人黑帻长袍坐方炉旁，双手持穿物铁棍烤炙食品，背后放一大木盘。第三排左一人坐地，次一人跪铁镬前以杵捣物。次一人席地坐，一人黑帻长袍正在圆盆中脱鸭毛，右侧笼中仍有活鸭三只，对面一人黑帻短衣双手捧物前来（图3-3-22）。

左壁：右上角一黑帻短衣束带人，手持长刀肢解一兽。下一黑帻长袍束带人弯腰在俎上细切肠肉，左有方盘盛之，背后一人抱物前来。中央立一高竿，顶二横竿挂满肉块，一男子两手持长竿钩取，男子背后一狗蹲地仰望架上肉，馋涎欲滴。次黑帻短衣男子双手握角牵扯一牛至大铁镬前，牛似惧而不前；镬右短足方案上置一肥猪，绳束四足；旁一短衣壮汉斜持木竿，似在准备屠宰猪牛用具（图3-3-23）。庖厨图中共计有二十二人，包括屠宰、烹饪、清理整顿器什等一系列工作，食物种类、器具形式、处理和烹调方法等也都得到了很细致具体的表现。

8. 墓顶石面、石壁顶端、棺室前部壁画

这部分壁画绘于墓顶石面、壁端、棺头及壁画边缘部分。

前廊墓顶石盖内面，绘日月云气，表示为天宇，日月朗照，辉耀天空。石壁顶端，画垂壁云气，色彩多样，都极为鲜明，线条流畅，运笔自然。棺头，在黑地上横画粗细线组成的蟠虺式云纹，与当时漆器纹饰相近，达到了高度的装饰目的（图3-3-33）。

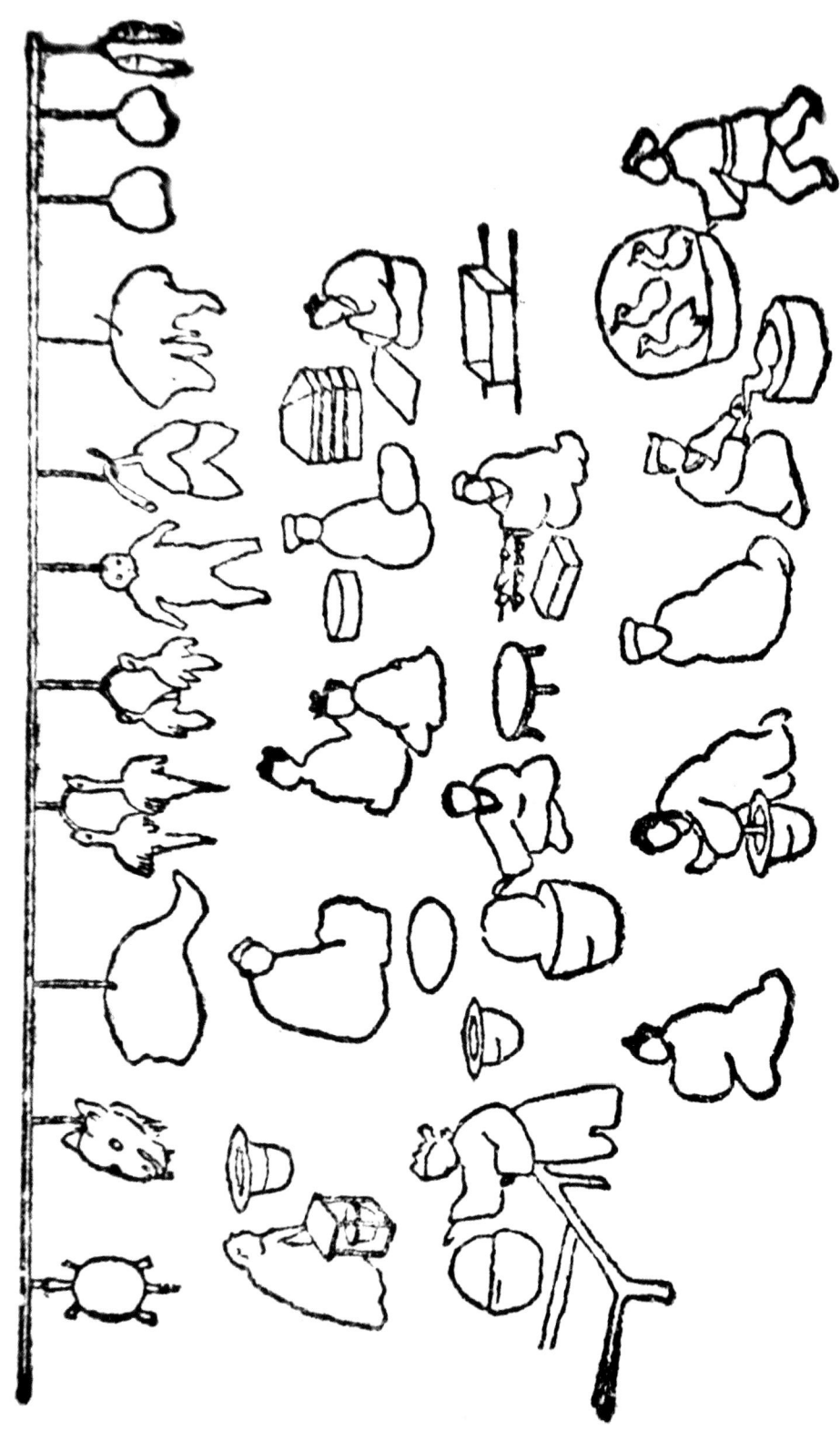

图3-3-22 庖厨图（摹本）

图3-3-23 庖厨图（摹本）

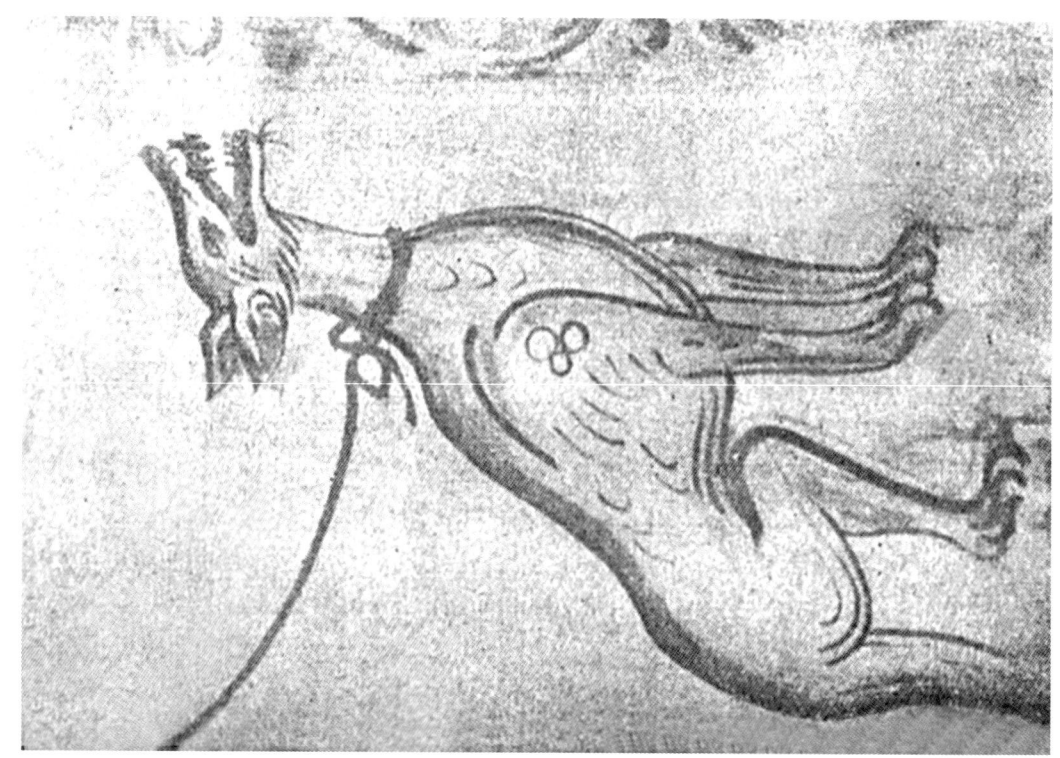

图3-3-25 壁画门大图（摹本）

图3-3-24 壁画门卒头像图（摹本）

图 3-3-26 壁画杂技旋盘、舞轮图（摹本）

图 3-3-27 壁画杂技掷丸反弓图（摹本）

图 3-3-28　壁画乐伎图（摹本）

图 3-3-29　壁画鼓车图（摹本）

第三章 辽阳壁画墓

图 3-3-30　壁画骑吏图（摹本）

图 3-3-31　壁画仗马图（摹本）

图 3-3-32　壁画白盖车图（摹本）

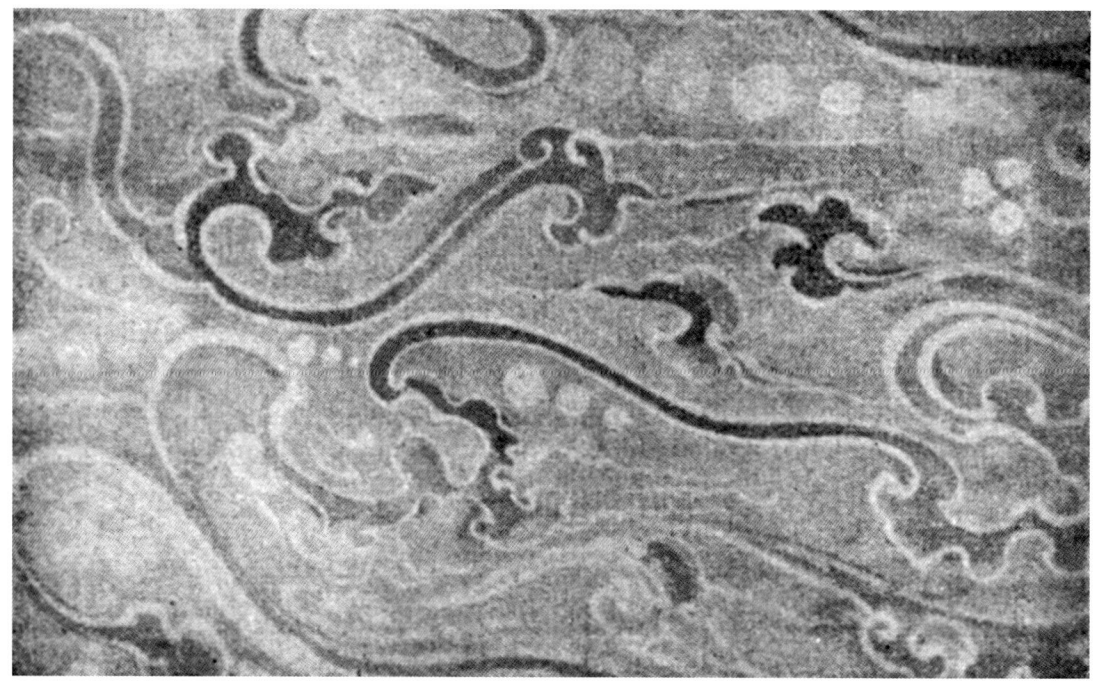

图 3-3-33　壁画云气图（摹本）

（四）墓葬年代

这座壁画古墓是什么时代的遗构？我们根据古墓分布、椁室构造、壁画所表现的制度内容和技法风格，以及与各地发现的时代明确的壁画古墓进行比较，约略的年代可以估计。

首先从古墓分布上看，位于辽阳市北郊、太子河左岸肥沃平原上，附近有北园壁画墓，太子河东有迎水寺壁画墓，南面有三道壕壁画墓，在辽阳市东郊和南郊也曾发现过不少壁画墓，它们的椁室结构规模虽有繁简大小的不同，但用材、构造和营造手法则可说是完全一致，如都用淡青色石灰岩板支筑，白灰勾缝，椁室平面略成方形，都有相同的水平式盖顶和底石，一般都具备两洞墓门、前廊、耳室、棺室等主要部分。从壁画全部构成的主题上看，都有家居饮食、出行车马、厨房宰割等。不过有的椁室规模较大，壁画内容较多，增加了杂技、宅院和为数很多的仪仗车骑，这当是官阶地位不同的差异，应不是时代先后的表征。由绘画技法上说，各墓相同的主题，多取相同的构图和表现法。家居饮食图，都是方床对坐，短几陈食，屏风曲列，帷幕高悬，僮侍进食打扇；庖厨图，都是横枋钩悬海陆食品，宰割蒸炙，多人忙碌；出行车骑图，都是前导后从，僮侍夹毂。在这些生活内容上表现的变革不大，标志着这座墓的年代与上述壁画墓的年代是较为接近的。

如果进一步考虑，其年代还可由壁画的具体内容来讨论。此墓壁画，可帮助我们认识的特点，首先是此墓的车骑仪仗图，是较为典型的，绘制技法也有很独到之处，具有相当的时代特征，画中金钲车、黄钺车、黄门鼓车各一辆，此种车辆是汉代封建统治者皇帝或高级官吏、将军出行时，在仪仗队中才能有的车辆，因此，其时代为汉无疑。其次是家居饮食图，此墓壁画的男主人和侍者，都头戴黑帻而无冠，其他各图中的男子也都是如此。据汉人文献记载，这种在冠下韬裹乱发的帻，由前汉中期开始流行，到晚期新莽时始正式成型，后汉末期，人喜简易，又多单戴帻而不加冠了。从壁画人物冠服、神情和线条色调上看，特别是门卒和门犬，和河北省望都县发现约是后汉浮阳侯孙程墓的壁画极为近似，其当为后汉的墓。第三是从墓内壁画的楼阁、杂技、车骑、仪仗、冠服、器物上看，又与在其南二里余的辽阳北园发现题有汉代字样的古墓壁画有些不同，而此墓壁画在技法上则较为进步，如楼阁、方形器物、人物像构图等，已不像北园墓，只描绘对象单纯的侧影，而是采取了更进步的与描写物成某种角度，能很正确地表示出远近深度的画法了。从壁画本身特点看，上述这些情况，都证明这座墓葬的年代当在后汉晚期。

四、三道壕后汉车骑壁画墓

此墓发现较早,原来这里有一座非常高大的土堆,十分明显。1951年夏天,因当地窑厂工人挖掘此土堆取土时,露出石筑墓室,因而被发现。上报后不久,文化部社会文化事业管理局即派人前来了解情况,并协同地方有关部门对墓室破孔封闭,加以复原,封土保护。直到1955年,在东北文物工作队来辽阳发掘三道壕村前汉村落遗址与墓葬时,才又抽出时间对此墓进行清理。此时墓室上部的封土虽经窑场取土,但仍有残存,存封土高为1.8米(图3-4-1)。发掘后,进行恢复封土,对墓葬作了长期保存的措施(图3-4-2、图3-4-3)。此墓因墓内壁画在辽阳地区保存最为完好,色彩艳丽,绘画技法高超,且壁画中的"车列骑从"非常突出,遂名此墓为车骑墓。

(一)墓葬位置

车骑墓在辽阳市北郊五里三道壕村西长大铁路西一里的窑厂第四现场的取土场中,此地后为辽阳冶建化工厂的院内。其东二里处为三道壕前汉村落遗址,西北约二里有1943年发现的北园后汉时期的壁画墓,再西北三里许即棒台子村后汉壁画墓。其东一里即为长大铁路,路东不远处有三道壕村"魏令支令张公"墓和一号、二号壁画墓。

此壁画墓所在地是太子河左岸平原地带,从战国到汉、魏、晋时期的遗址、墓葬很多,发掘有大面积的遗址和数百座不同时期的墓葬。壁画墓只是其中极小的一部分,附近还发现有汉魏时期没有壁画的石墓。

图 3-4-1　三道壕村西车骑墓发现时情况

图 3-4-2　车骑墓（1955 年设立保护标志）

图 3-4-3　三道壕车骑墓近年保存状况

（二）墓室结构

墓室用质材极为细腻的淡青色南芬页岩大石板支筑搭盖而成，白灰勾缝，墓室较大，结构严密，稳定坚固。

墓门朝南，具体方向为南偏东 15 度。墓门在前壁中部，正中一方石柱，分门为左右两洞，外面用大石板封堵。

墓室平面呈"凸"字形，前宽后窄。墓室前后各长 3.36 米，左右各宽 4.13 米，室内高 1.2 米。墓室前部有两墓门，门分别由两块大石板封堵。门内为前廊，廊两端左右各有一长方形耳室，前廊后部与两耳室间为并列二棺室。此墓建造非常对称，结构均匀整齐。

墓室前廊横宽 2.36 米，进深 1.03 米。前廊左右两端各相连有长方形耳室；右室中加横石板，分为上下两层，宽 0.81 米，长 1.94 米；左室没有横板，宽

0.96米，长1.92米。左右两耳室之间的两棺室，共横宽为2.01米，纵长为2.33米。棺室结构为中间纵向前后立两块大石板，间隔成两棺室，两棺室中间相通，立石板上面加长方石条，状如柱斗，用以承接负荷墓顶盖石（图3-4-4）。

在棺室内有用石板支立的石棺，棺盖与墓室顶部盖石相距0.72米，现棺盖已部分破碎。另在墓门的一扇石门板上部也破坏有一大孔洞，这两处破损，是此墓早年被盗时导致的。

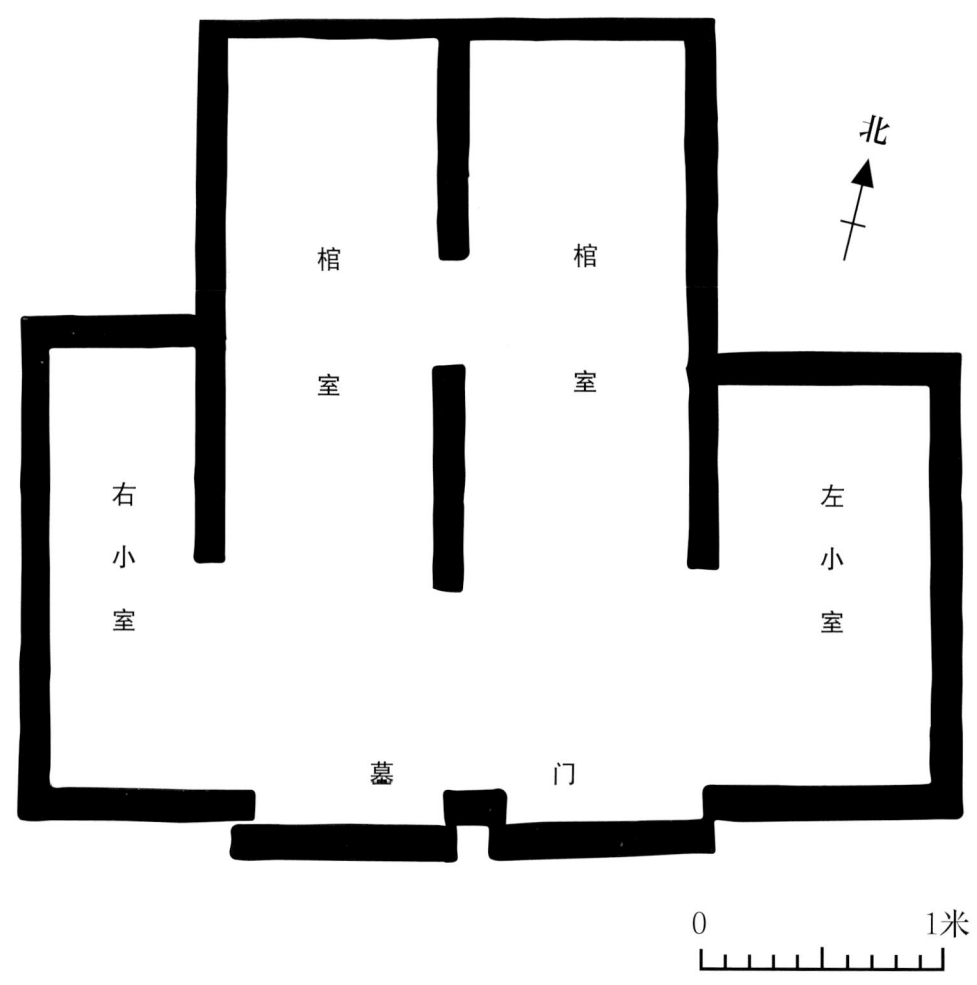

图3-4-4　三道壕车骑壁画墓平面图

（三）壁画分布

车骑墓的壁画保存较好，其内容也不仅是"车骑"画面，而是内涵丰富，极具特点。壁画分布于墓室内的一部分壁面上，主要在左、右耳室各壁、右棺室右壁和前廊墓顶上，这些部位均绘有彩色壁画，其余各壁却没有绘壁画。壁画用色较多，有朱、赭、黄、绿、青、白、黑等色，都直接画于石板壁面上，颜色鲜明，亮丽悦目。在画面上下边处，都画有红色粗线作为界栏。

1. 左耳室壁画

在左耳室中，壁画以左（东）壁为中心，室之前、后、右三壁，均有绘画，共为"家居宴饮图"。此耳室壁高1.2米，壁面全长4.74米。画面绘有五男八女共十三人。

左壁为左耳室大壁，画男女二人对坐饮食，应为夫妻，堂上高悬朱色帷幕。男子头戴黑帻，身穿长袍，白色中衣，拱手坐于方床之上，前设短几，几上右端倒插毛笔一支。背后有屏障，屏障后面立侍者二人，均为黑帻长袍，右者捧黄色包袱，左者怀抱红色弓鞭。对面床上坐一妇人，头戴簪笄，红色耳饰，身穿红花衣、白素裙，前置圆案，案上放置食器多件。后设屏风，屏风后有一女侍，高髻长袍，左手执团扇，似在打扇，下身形象模糊。在两床之间，站立一高髻长袍女侍，左手执盘，盘上有杯，送向男主人，女侍同时伸出右手，面向女主人，似在说什么（图3-4-5）。

左耳室前壁（即男主人背后），有另一男子，也面向右，头戴黑帻，身穿长袍，黑缘领袖，拱手端坐，后有屏风。面前有一高髻长袍女侍，右手执器进食，下部画面因清理前为泥土淤浸，色彩受到影响（图3-4-6）。

左耳室后壁（即女主人背后），朱幕下，有一男子，面向左方，头戴黑帻，身穿长袍，拱手坐于方床上，前设短几，上有圆案，盛耳杯多件，后围屏障，屏后高髻女侍二人，前一人正在打扇，后一人拱手立，女侍二人下身处画面模糊不清（图3-4-7）。

图 3-4-5　左耳室左壁家居宴饮图（摹本）

图 3-4-6　左耳室前壁壁画（摹本）

图 3-4-7　左耳室后壁家居图（摹本）

左耳室右壁，在高悬的朱幕下，有一高髻妇人身着衣裙坐于方席上，前设圆案、耳杯诸食器。后有一女侍，高髻长裙，左手举团扇（图 3-4-8）。

2. 右耳室壁画

右耳室壁画，绘于右耳室的右（西）壁后半部及后壁全部，此室为"庖厨图"，分上下两层，画面每层高约 0.5 米，右壁长约 1 米，后壁长 0.81 米。全画计有男女十二人，食物八品，井灶各一，器什十五种。画面内容较多，其分层绘画情况如下：

右壁上层，画面分作两部分：上部画一横木枋，有铁钩八只，依次挂猪头、猪腿、猪肚、双兔、双雉、干鱼、圆壶、鲜鱼。下部左侧画一人，右边后方画二人，面向墓门站立，均头戴黑帻，身穿青衣，双手执物在圆器横板上操作（图 3-4-9）。对面三人成一列，衣帽相同，均各持器物在劳动，其下半身为横石板所掩。

右壁下层，画一长形有脚木架，架上横排圆底大陶瓮五件，瓮外有绳索或

图 3-4-8　左耳室右壁家居图（摹本）

图 3-4-9　右耳室右壁庖厨图（摹本）

籐竹捆缚，下有圆垫。这些厨房中的陶瓷，当是盛藏油脂酱菜和酒浆盐豉用的。

后壁上层，画一男人，只露腰部以上，戴黑帻，穿淡青衣，正在劳作。

后壁下层，画面分为三部分：

左方，为一高髻绿袍女子，在井上挽绳汲水，姿态动作熟练自然。黄色方形井栏，竖立双柱，上建井亭，二柱间有细腰辘轳，绳系水桶尚在井栏上。

右方，地上放一黑色盛水器（图 3-4-10）。

中央，上方画黑衣白袴女子二人，用有脚木架抬一大黑器，前方女子回头，似与人语。下方画一黑帻白衣人，双手高举黄色风轮状物，似在操作，面前有一堆黑色物品（图 3-4-11）。右方一黄色锅灶，上有一黑色大蒸器，小镞三件，二男子一在灶上操作，一伏地向灶口内加柴，均着黑缘短衣。稍下，有一黑器上置木架，架上放一黄色圆器，似在过滤食物（图 3-4-12）。

3. 右耳室、右棺室壁画

在右耳室、右棺室的壁画，为"车马出行图"。其画分别画于右耳室前壁和右壁前半段、右棺室的右壁上。画面高 38—60 厘米，全长 3.7 米。全画计人像二十，车乘五辆，马牛十七匹。壁画内容如下：

右耳室前壁上段，画人物车马面向左行。前有头戴黑帻导骑四人，分在路两侧，前二骑右黄马左紫马，后二骑左黑马右红马。次为黑盖车一辆，驾黄马，一人坐车一人驾车（图 3-4-13）。又次为二骑，在路的两侧，左白马右黑马，骑吏皆头戴黑帻，身穿白袍。复次为无盖小车一辆，御者戴黑帻着白衣，驾黄马，后载二瓮（图 3-4-14）。再次朱红马驾一车，黑轮，黄车帷，车上载有圆形物，但朱墨模糊难以辨认。

右棺室右壁，画车马人物面向墓门。首为骑吏二人，皆头为平帻、身着红衣白袴，左手持短杖状物，右红马左白马，夹道前驱。次又二骑，左紫马右黄马，骑吏皆身穿红衣白袴，戴黑缨朱红帽，各执棨戟。又次黑盖车一辆，驾紫马，车上坐黑帻朱衣一人，有御者一人，黑帻红衣，此车当是男主人车。其后从骑二人，在路之两侧，右白马左紫红马，人皆黑帻黑衣，左手抱鞭从行（图 3-4-15）。

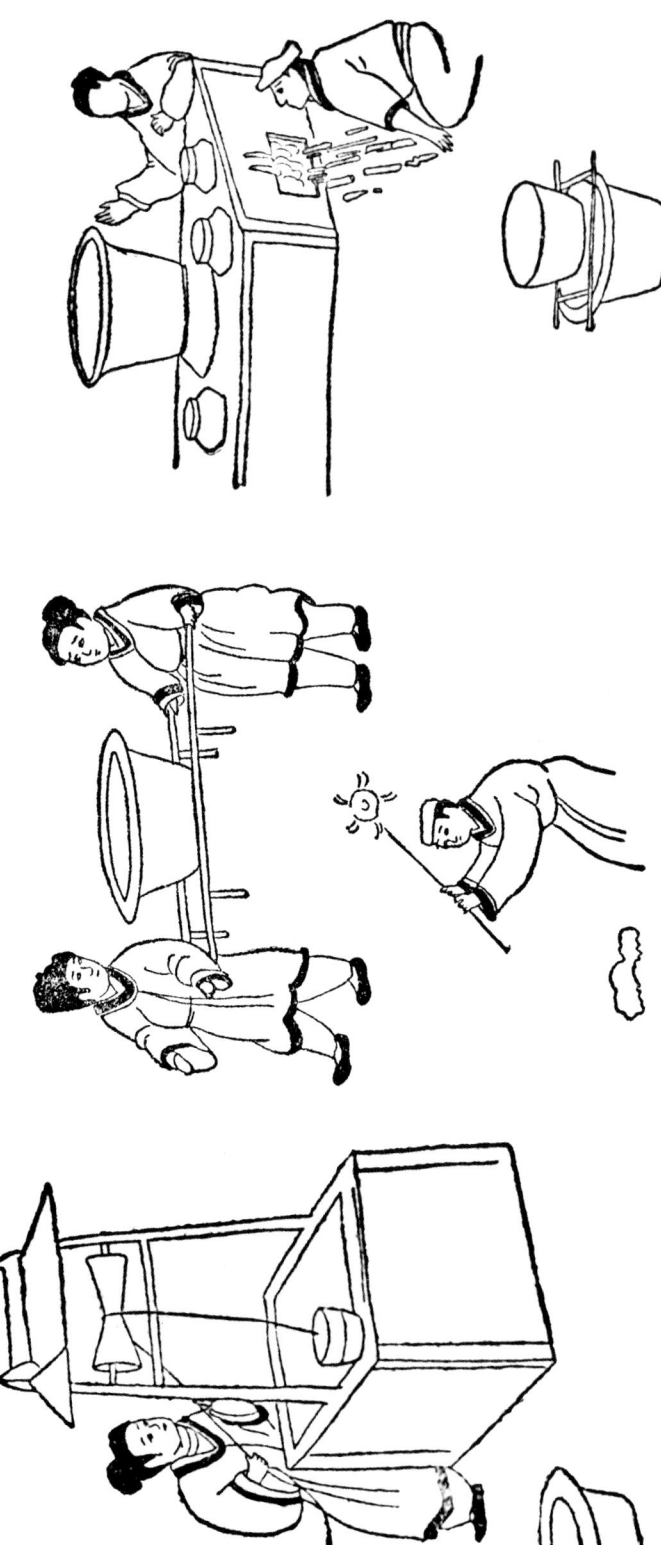

图 3-4-12
右耳室右壁下层右侧庖厨图（摹本）

图 3-4-11
右耳室右壁下层中部备炊图（摹本）

图 3-4-10
右耳室右壁下层左侧汲水图（摹本）

次黄牛黑轮红䡝车一辆，一戴黑帽穿黑衣白裤的人，是御者，在牛右侧持鞭而行；其后右边一人，头戴黑色牛心帻，身穿白襦紫裤，左边也有一人，头戴黑牛心帻，身穿白襦裤，二人皆左手执杖夹毂从行（图3-4-16、图3-4-17），此车当是女主人车。

图3-4-13　右耳室前壁（墓门右壁）上部出行图之黑盖车图（摹本）

图3-4-14　右耳室前壁（墓门右壁）上部出行图之载瓮车图（摹本）

图 3-4-15　右棺室右壁出行图之骑吏图（摹本）

图 3-4-16
右棺室右壁出行图之三骈车图（摹本）

图 3-4-17
左棺室左壁出行图之骑吏图（摹本）

4. 墓门、墓顶壁画

墓门和墓顶部绘有壁画，为门卒图和天象图，分别画于墓门右方壁面及前廊墓顶和柱头上。

墓门内侧，绘门卒，作武士装束，像较高大，但上部为坍塌的石板所掩，下部被积土影响，有些色彩浸蚀脱落，形态不能全部明了。

前廊墓顶石面，画日、月、云气图，表示天象，色彩有脱落。

棺室中央壁上架石枋，类柱头，上宽下窄，状如斗形，上画张口露齿的兽面，极为生动，较为少见。

（四）墓葬年代

关于这座壁画墓的时代，虽然在墓中未发现明确纪年文物或有关文字，但我们根据古墓的分布、椁室构造、壁画所表现的制度内容和技法风格，以及与时代明确的同期壁画墓进行比较，年代还是可以大致确定的。

第一，从古墓分布上看，北园壁画墓、棒台子壁画墓与本墓都分布在辽阳市的北郊、太子河左岸土地肥沃的平原上，三者距离很近，仅有两三里，地域相连，其埋葬时间为汉代，据此，则本墓应与其相当。

第二，再从椁室结构和规模看，虽略有繁简大小的不同，但用材、构造和营造手法上则完全一致，都选用淡青色质地细腻的石灰岩石板搭盖支筑，白灰勾缝，椁室平面形状相近，墓铺石板，四壁立支，上盖平板墓顶，前有墓门并设前廊、耳室、棺室等，结构相同，时代特点明显。

第三，再从壁画的内容和主题上看，都有家居饮食、车马出行、庖厨供应等，只是有的椁室规模较大，壁画内容稍多，增加有杂技、宅院和仪仗车骑诸事，但这些差异并非时代先后的表征。

第四，由绘画技法上说，各墓相同的主题，多取相同的构图和表现手法，如家居饮食图，都是方床对坐，短几陈食，屏风曲列，帷幕高悬，僮侍进食打扇；庖厨图，都是横枋钩悬海陆食品，宰割蒸炙，多人忙碌；出行车骑图，都是前导后从,僮侍夹毂。在这些生活内容的表现上,变化不大,墓的年代距离也不会很远,应是同一时代的墓葬。

综上所述,三道壕村车骑墓与北园村一号壁画墓和棒台子村一号壁画墓的年代相接近,约为后汉中晚期的墓葬。

五、三道壕一号汉魏壁画墓

1955年5月4日，东北博物馆文物工作队在辽阳市北郊三道壕村考古发掘时，因当地窑厂取土，发现了东西并列的两座壁画古墓，遂请示辽宁省文化局批准进行清理。发掘工作进行得比较快，只是后来临摹壁画延长了时间，前后历时52天结束。经过近两个月的工作，最后在壁画临摹完成后，对墓葬进行了复原封土，就地保存（图3-5-1）。此墓与二号壁画墓等，都被列为全国重点文物保护单位（图3-5-2至图3-5-4）。

（一）墓葬位置

墓葬位于辽阳市城区北五里的三道壕村西北部，这里是当时辽阳窑业二厂的第二取土现场，位于长窑的西侧。在取土前，墓室上部已经没有了高大的封土，取土烧砖就是在平地上大面积下挖，当地表上部土层被窑厂取尽之后，露出了墓室。此墓位置稍东即是有壁画的魏令支令张公墓，与三道壕村一号、二号汉魏壁画墓东西向排成一列，中间距离约30余米（图3-5-5）。向西60余米，即是曾发现有"太康二年八月造"瓦当的小型晋代石椁墓群。

（二）墓室结构

墓室上有覆土，顶部距现地表约1米。发掘时，清理墓室前面的墓道，打开墓门封堵的石板，发现墓内无塌陷，也没有人为扰动，仅在地面上有厚达50厘米的淤土。

图 3-5-1　三道壕村一号壁画墓发掘后进行封土保护

图 3-5-2　三道壕一号壁画墓近年封土现状

第三章 辽阳壁画墓

图 3-5-3 三道壕壁画墓全国重点文物保护标志

图 3-5-4 三道壕壁画墓保护标志

墓室用淡青色南芬页岩大石板支筑，白灰勾缝，结构清楚，建筑得很是整齐牢固。墓室规模较大，平面呈"凸"字形。纵深3.4米，横宽4.65米。

墓门南向，南偏西22度，在南壁中间以三根方石柱支撑，将门分成四洞，柱头上置方形石块为柱斗，上、下、左、右各有石条仿造木构建筑的楣、槛、门框各部分。墓门外面用四块整块大石板，坚实封堵，石灰勾缝，非常严密。

门内为一窄长而地面稍低的横廊，地面较墓室为低。

在横廊的左右两端外突，各为一耳室，左耳室较小，右耳室长方形，耳室的地面高起。

在前廊的后部，为并列的棺室。棺室是在墓室后部即左右两壁内，用纵向三块大石板做立壁间隔而成，为同式的四个棺室，在间隔棺室的两壁石板的中部，各留有半墙透窗式通洞，使左边二室间和右边二室间可以相通，这种窗洞的设置，在辽阳用南芬页岩大石板搭建的这种结构的墓中是常见的，应该是建造此类墓的一种结构特点。

棺室中各置大石板为尸床，前有高的石板挡头。墓底地面用石板平铺。墓室的顶部用更加规格的石板搭盖于上，墓室建筑极为精致（图3-5-6、图3-5-7）。

（三）葬　式

在墓内共发现有人骨架三具，分葬于右（西）起第一棺室、第三棺室的两棺室内，均保持原位。第二和第四两棺室，仅铺有苇席和压席的大型砾石，余无他物。

第一棺室，出有老年女性人骨架一具，头骨、脚骨保存较好，是头北脚南的仰面伸展葬。头骨旁有石灰质元宝形枕一个，骨架上下都有残存的苇席片，左右有大型砾石两块，石块的上下面也都粘有席片。根据所见这些情况来看，尸体是放置在尸床上，头枕是用石灰做成的白灰枕，铺苇席，也盖苇席，苇席编织作"人"字纹（图3-5-8），和辽宁地区使用的席纹是一样的。尸骨两侧压以砾石，不见用木棺的痕迹。

第三棺室，葬二人，骨架保存完整。右方系三四十岁的男性骨架，为头北

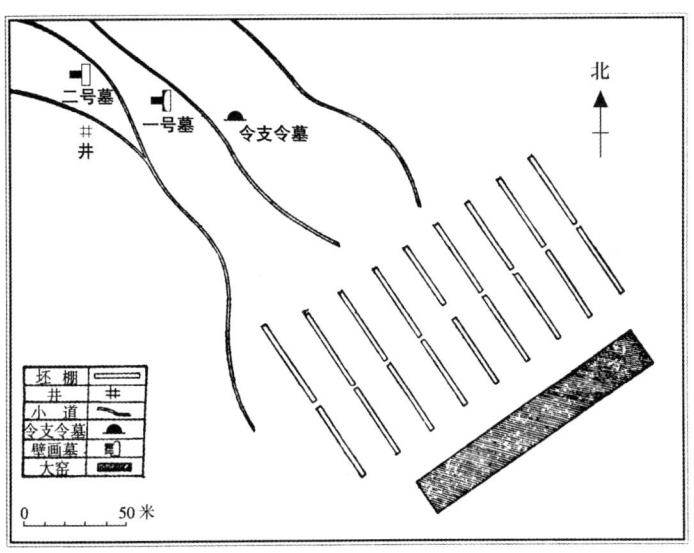

图 3-5-5　三道壕村令支令墓、一、二号壁画墓位置图

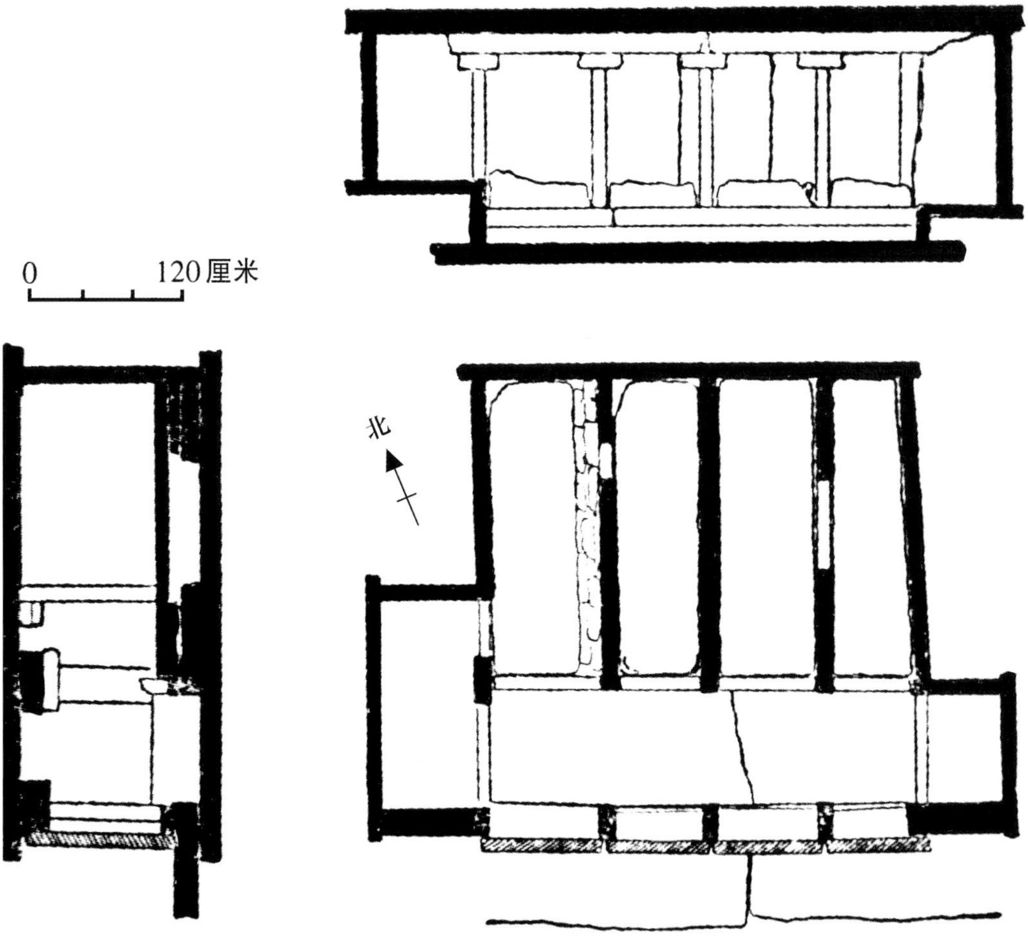

图 3-5-6　三道壕一号壁画墓结构平面、横剖、纵剖面图

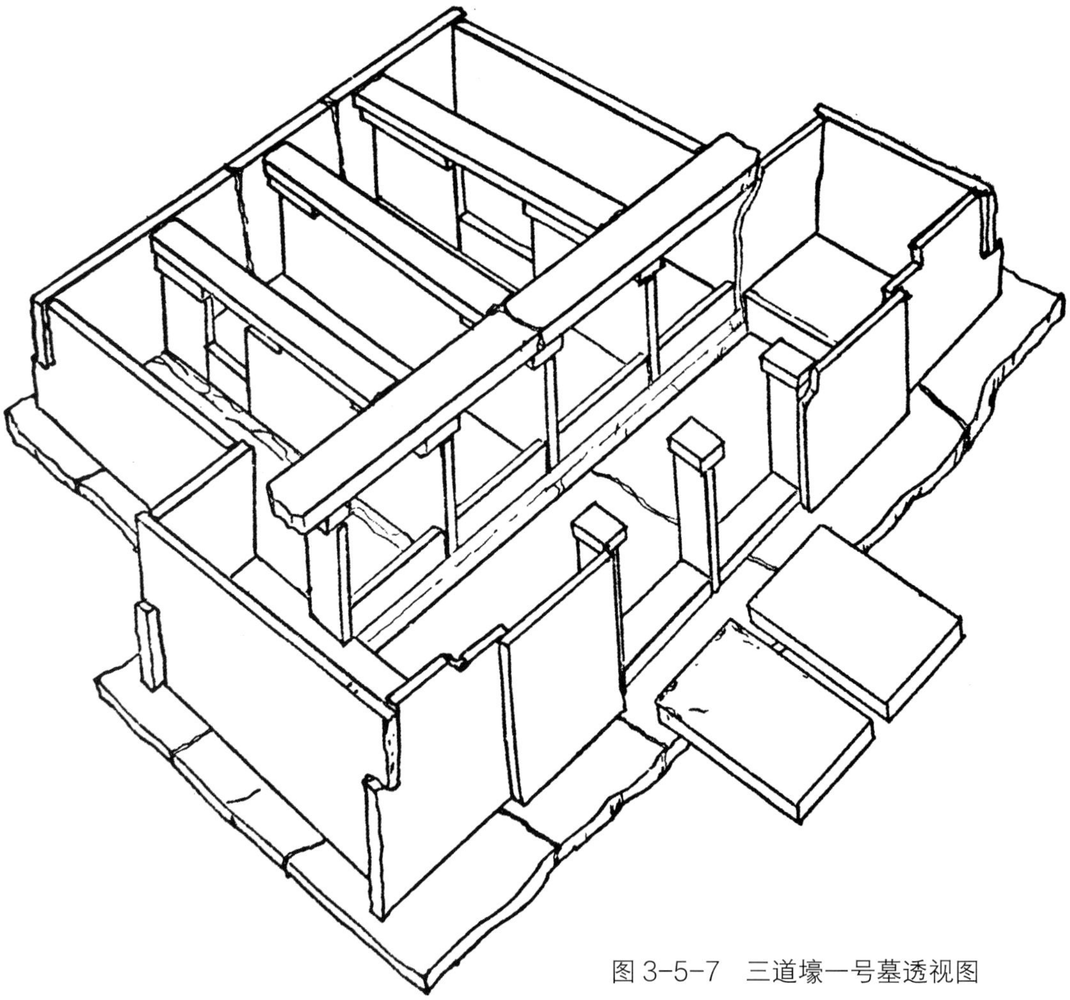

图 3-5-7 三道壕一号墓透视图

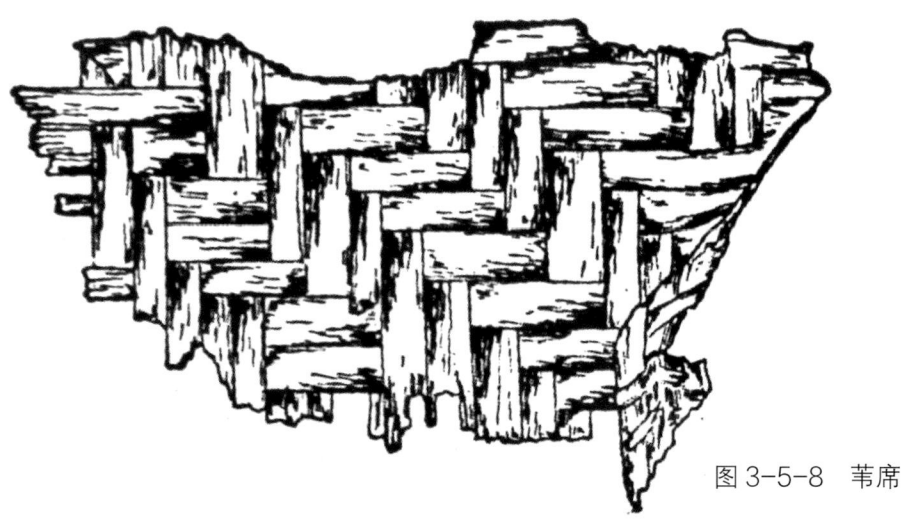

图 3-5-8 苇席

足南的仰面伸展葬。左方系三四十岁的女性骨架，由该骨殖放置错乱颠倒错误来看，应是捡骨葬。在人骨架上，都存有苇席残片。在女骨架左侧有大型砾石一块，当是用来压住铺盖尸体的苇席用的。

四、出土遗物

墓中出土的随葬遗物不多，现分记于下。

在第一棺室中出土遗物有：

白灰枕　1件。出于头骨位置旁。

铜镜　1件。在白灰枕的后边平置，用绢包裹着。铜镜宽边，锯齿规矩鸟纹，八乳细小而尖。镜上有铭文："吾作大竟真是好，同出余州清且明兮。"铜镜铸铭文较为草率。直径16.8厘米（图3-5-9）。

朱漆盒　1件。现为残片。

骨尺　1件。骨尺较为少见，现略有残缺，但寸分刻度分明，全长为一尺二寸（图3-5-10-1、图3-5-13）。一尺恰合公尺二十四厘米，即今市尺七寸二分，

图3-5-9　铜镜拓片

较汉建初铜尺略大，而稍小于魏正始弩机尺。

环股铁剪刀　1件。出土于人骨架左肩旁边。剪刀为环股式，长22厘米（图3-5-10-2、图3-5-13）。

银钗　1件。在头骨下部出土（图3-5-10-3），长18厘米。此为随葬的装饰品。当是簪笄。

"五铢"钱　53枚。在人骨架右胫骨旁出土，其中有剪轮"五铢"及薄小的"五铢"钱（图3-5-11：左1、左3、左4）。

"货泉"钱　2枚。与"五铢"钱一起出土（图3-5-11：左2）。

银手镯　1副。在人骨架左手腕部出土（图3-5-12：左），从出土位置看，此镯不是分戴两手腕处，而是系两只并合后戴于左手的。

金指环　10件，其中4件，出土于人骨架左手指骨附近（图3-5-12：中左、中右下）；另有6件，在上述指环旁侧出土，而此指环出土时都两两相叠，估计当时是两件并合后戴用的。

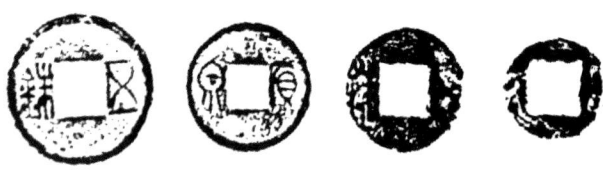

图 3-5-11　五铢、货泉拓片

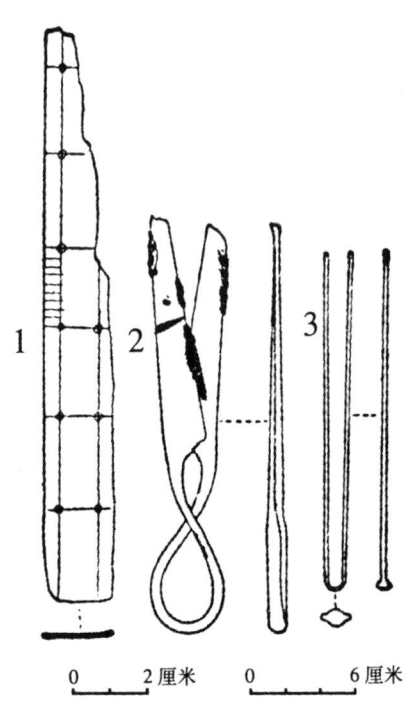

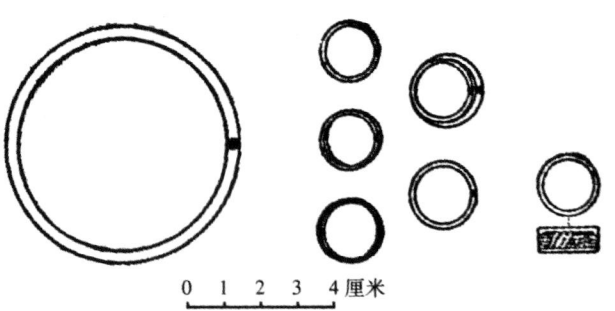

图 3-5-10
1. 骨尺　2. 环股铁剪刀　3. 银钗

图 3-5-12
左：银手镯　中：金指环　右：银顶针

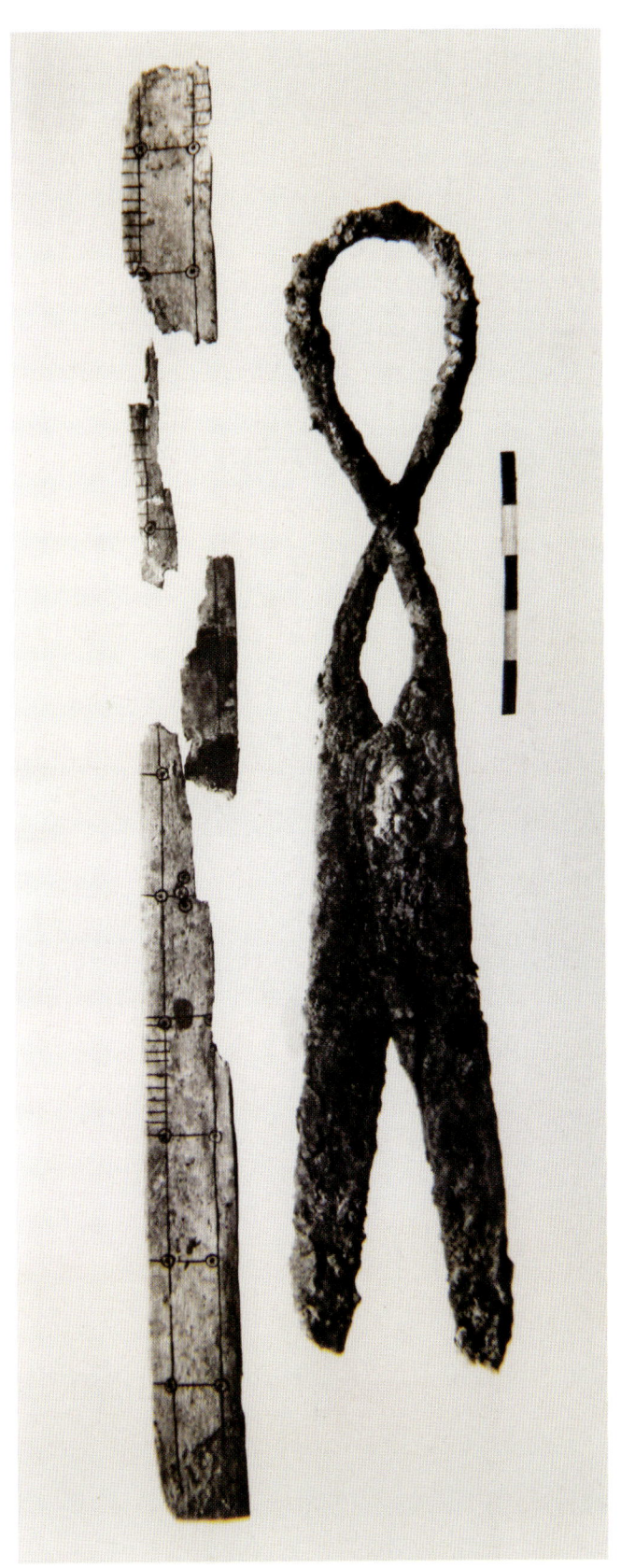

图 3-5-13 骨尺（上）、铁剪（下）

银指环　2件。与金指环相同位置出土（图3-5-12：中右上）。

银顶针　1件。出土于人骨架右手指骨部，宽面，上有凹坑（图3-5-12：右）。

在第三棺室中出土遗物有：

铁簪　2件。在棺室左边女性头旁出土。

苇席　残片。在人骨架上出土（图3-5-14）。

大砾石　1块。在女性人骨架左侧出土。

右耳室中出土遗物有：

长方形石板　1件。长25厘米、宽16厘米、厚9厘米。

图3-5-14　苇席

漆器　都已残坏，所存为漆器残片。另还有木炭渣。

前廊中部出土遗物：

灰白色大陶罐　1件。陶罐胎质呈灰白色，立领，圆腹，圆底而较平（图3-5-15：右）。

灰陶钵　2件。陶钵两件大小不同，均为灰陶胎，直腹，平底（图3-5-15：左）。

上述这三件陶器，从出土情况看，不是原葬的位置，似为因水漂移过来的，原可能在左耳室。

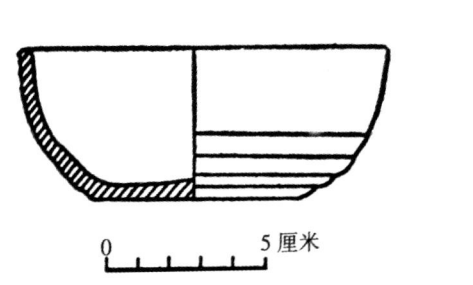
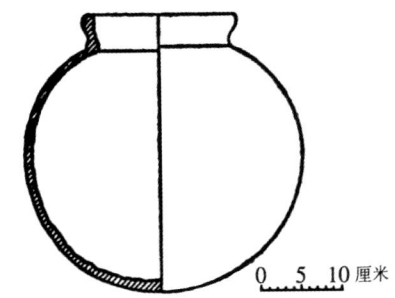

图 3-5-15　左：陶钵　右：陶罐

（五）墓室壁画

壁画分别画于左、右两耳室各壁及门柱的侧面和枋、柱的前面。画面大部分都还清晰。画面系直接绘于石壁上，使用朱、墨、青、黄、赭、白等色，勾勒涂色，技法熟练，明快自然。构图和线条略显有些粗率，但仍具有民族绘画传统风格。

1. 墓门壁画

在墓门的左柱右侧，上部画守门犬一只，这只犬颈部系一条绳索，双耳竖起，蹲坐姿势，后腿微立，张口向外，红舌外伸，似要扑过去的样子，姿态凶猛。

墓门的石柱、柱上栌斗、石楣、横枋上，也都画有朱色流动的云水状花纹。

2. 右耳室壁画

右耳室前、右、后三壁的壁画，描绘的是墓主人的生活。

前壁高 1.05 米，宽 80 厘米。画二人对坐于小方榻上，前置短几（图 3-5-16）。一人头戴黑帻，一人裹黄角巾，皆衣袖宽博，拱手相对，面前各放短几，中间似陈有物品，其余画面不甚清楚。

右壁高 1.05 米，宽 1.4 米。画男女二人对坐在两张小方榻上，男子微有髭须，戴黑帻，穿淡青色袍，白领袖，拱手端坐。榻前置短几，上置有物，几左端似有侍者一人，但形象不太清楚。榻右边地上置黑鞋一双。对面方榻上坐一妇人，穿橙色花衣，下系白裙，头上戴发帻，以巾束发，上面簪着一大朵花饰（图 3-5-17）。榻为四足，足间的壶门式牙子清楚可辨。榻前各置

图 3-5-16 三道壕一号墓 右耳室前壁对坐饮食图（摹本）

图 3-5-17 三道壕一号墓 右耳室右壁夫妇对坐图（摹本）

短几，二人的两榻中间地上放置一个三足食器。二人的头上方高悬着幔帐，帐幅半垂，用笔流畅自然。

后壁高 1.05 米，宽 80 厘米。画面保存得较好，色彩也很鲜明。男女二人对坐于方榻上，前置短几，中间地上置食器，器口上露有长勺柄，可以想见器中盛的应是汤食。男人戴黑帻，宽袖大袍，拱手端坐，榻左地上有黑鞋一双。女人头戴发帼，后插步摇，红衣花裙，白缘领袖。榻右地上放红鞋一双。男女鞋的样式和今日便鞋相似。二人中间似有侍者，但形象已很模糊。上部高悬赭红色帷幕（图 3-5-18）。

这一室在三壁上所画的对坐人物，很可能是与此墓中四个棺室的家族葬相适应的。

3. 左耳室壁画

左耳室的前、左、后三壁的壁画为表示墓主人优裕生活的庖厨图及车马图。

前壁高 95 厘米、宽 60 厘米。左侧画黄红色长方大灶一座，灶口火焰清晰，灶上似有一大甑，有的地方色彩模糊不清。右侧画黄色上有滑车的井栏一座。这两种井、灶同出现于一个画面，其情况和辽南地区一般汉墓中都出土随葬明器陶井、陶灶的葬俗相同，说明它们的关系密切，从器形看，和后汉的同类遗物极为近似。

左壁高 116 厘米，宽 90 厘米。壁画分两层：上部画一根横杆，分挂肉块、雉鸡、野兔、心、肺等食物。下部画圆底灰白陶罐四个，横列为一行（图 3-5-19），有的瓮口沿系有绳索，可能是盛装油、酒等物的。

后壁高 1.1 米，宽 60 厘米。石面上绘有头向右面枣红马一匹，鞍勒俱全，有无骑者已模糊难辨。后面画黄牛棚车一辆，除牛和车棚比较明显外，其余多模糊不清。这可能是表示男骑马、女坐车的出行情况的。

（六）墓葬年代

墓葬在发现前没有遭到过破坏，人骨架、随葬遗物等都保持原位置。墓内葬有三人，其中有一对青年男女葬在一个棺室内，另外一个棺室葬着一个老

图 3-5-18　三道壕一号墓　右耳室后壁夫妇对坐图（摹本）

图 3-5-19　一号墓 左耳室左壁庖厨图（摹本）

年女性。尸体下铺着席子，席子的编织纹样还清楚地保留着，没有用木棺的痕迹。并出土有银手镯、金指环等装饰品及八乳锯齿纹规矩镜。尤其珍贵的是在老年女性的身旁，发现了一把铁剪刀和一根骨尺，古人所谓"刀尺"即指此。骨尺的刻度很清楚，从残存的大半截尺度换算起来，当时一尺约合今23.8厘米，即市尺七寸二分左右。此刻度即尺长，较汉建初铜尺略大，而稍小于魏正始弩机尺，此骨尺应早于魏正始弩机尺。这是研究古代经济史的很重要的材料。

这座墓的年代，从墓葬建筑用材、结构特点、出土遗物及壁画风格看，可断定为后汉晚期，或可至三国魏时期。

六、三道壕二号汉魏壁画墓

三道壕二号壁画墓和一号壁画墓是同时发现的,时间为1955年5月4日,也同是东北博物馆文物工作队发掘的。

此墓在三道壕一号壁画墓之西侧,并与之横向成为一列。

(一)墓室结构

二号壁画墓的建造用材为淡青色南芬页岩,用巨大页岩石板支筑,其结构形式和一号壁画墓完全相同,但规模较小,仅有两棺室和一耳室。墓室纵深为3米,东西横宽为2.75米(图3-6-1)。

墓室具体结构是:门向南,偏西14度,在南壁的中间,辟成两门洞,中有扁石立柱,柱上有栌斗、柱头、门楣与其下部门槛等(图3-6-2)。

墓门内为前廊,廊横向,较短。前廊西端扩而为长方形右耳室。前廊后部为棺室,棺室间纵向立石壁一道,分为两棺室,中间所立石板在中部上端也留有一个洞窗,使两棺室上部相通。在右棺室内,置有石板尸床(图3-6-3、图3-6-4)。

(二)人骨葬式和出土遗物

墓中的右方棺室,葬有人骨架一副,因骨殖保存较差,性别不明,为头北足南的仰面伸展葬。

在人骨架的上下部位,有苇席的痕迹,此现象应是下面铺有苇席,上面再覆盖苇席留下的遗存。

图 3-6-1　三道壕二号壁画墓

图 3-6-2　三道壕二号壁画墓 墓门

"五铢"钱　102 枚。在人骨架腰部左右两边出土，铜钱中也多有剪轮"五铢"钱和薄小的"五铢"钱（图 3-6-5）。

小陶盆　2 件。在人骨架足部左方出土。

大陶罐　1 件。在左棺室出土。

大陶盆　1 件。在右耳室中出土。

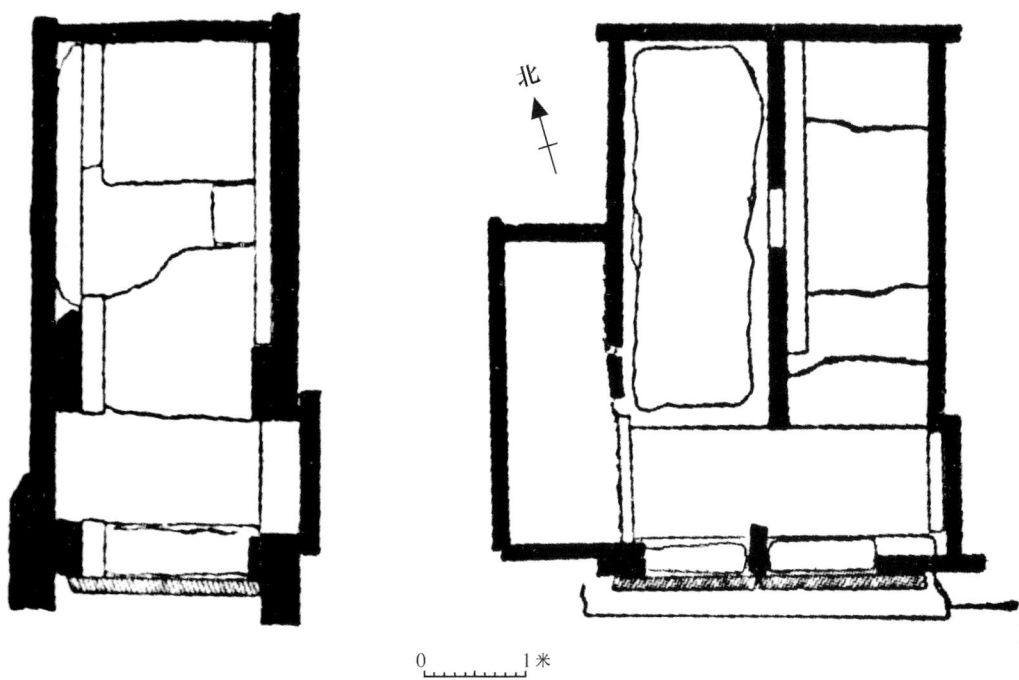

图 3-6-3 三道壕二号壁画墓结构平面、纵剖面图

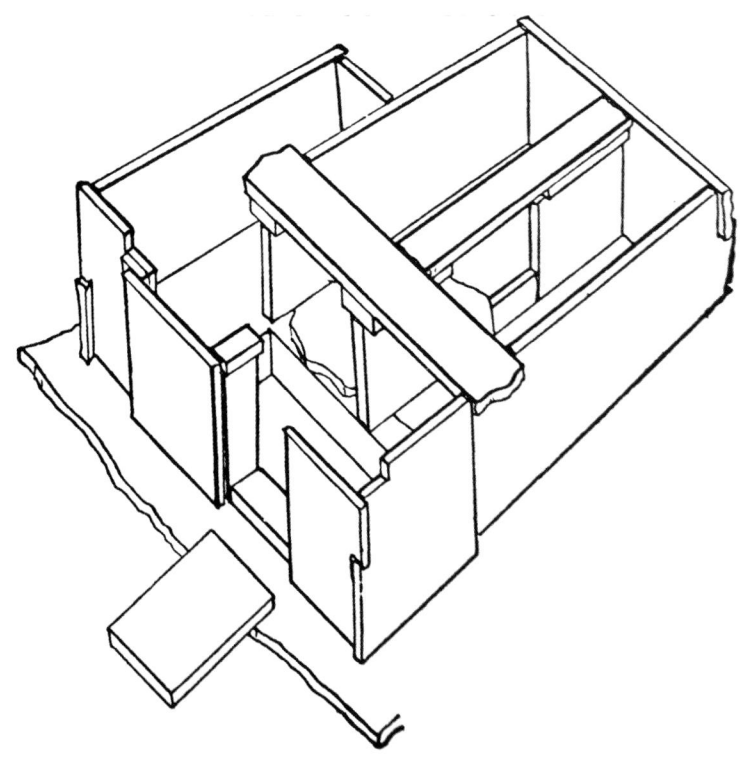

图 3-6-4 三道壕二号壁画墓结构透视图

大陶罐　1件。在左棺室中出土。

这些陶器，其陶质都比一般早期汉墓中出土的稍为粗厚些。

图 3-6-5　五铢钱拓片

（三）墓室壁画

此墓在墓内石壁上绘有彩色壁画，但此墓因墓室内渗水较多，所以壁画损坏得很严重，仅在右耳室右壁保存有一部分。

右耳室右壁，高 1.2 米，宽 1.8 米。石壁右方，画男女对坐在方席上，男子颜面瘦长，微有髭须，穿红领缘黄上衣，但颜色已很模糊。女人穿花衣花裙，红黑领缘，颜面上部及头髻都已模糊，身后隐约有围屏，上边垂下幔帐，其余部分模糊不清。两人坐席左右及下方，画有朱红色的柱及横栏，上方亦有帷幕，但彩色脱落不全，形象已不清楚。在石壁左方，仅存朱红色牛一头，后方隐约有车棚痕迹，当是一辆牛车。耳室顶部，存有朱红色太阳，其周围还有些色彩斑纹，应是日、月、流云的残遗部分。

（四）墓葬年代

此墓和其东面的一号壁画墓、魏令支令张某墓邻近，且形制亦很相似，根据墓室结构和出土遗物看，尤其是墓中出土的"五铢"钱，反映出社会凋敝、经济衰败，陶器、装饰品等的形制和质量，所反映出此墓的时代，为后汉晚期或到三国魏时期。

七、棒台子二号汉魏壁画墓

棒台子二号壁画墓,是在1956年初夏发现,东北博物馆文物工作队王宝善、潘景宜、冯永谦、王增新于1957年6月发掘。墓在辽阳市北郊四公里棒台子村东约200米的平地上,西北约一公里为棒台子一号壁画墓,东南约500米即为三道壕车骑壁画墓,三墓恰好连在一条直线上。墓葬在清理完之后,曾请沈阳美术家协会的画家对全部壁画进行了摹绘,最后根据省里的安排,将全部壁画墓的石板拆卸迁运回辽宁省博物馆进行地下复原保存。

(一)墓室结构

墓顶石板上距现地表90厘米,发现时地面已无封土痕迹。墓室平面呈"工"字形,系用大块南芬页岩石板支筑,石灰勾缝。建筑规模较大,纵深4.66米,前宽5.96米,后宽5.12米,室内高1.9米(图3-7-1)。

墓门内为前廊,两端为左右耳室,后面为棺室,分隔为四,在棺室的后部有后廊。四周石板为壁,下铺石板为地面,上盖石板为墓顶,壁石顶加石条横枋以承顶石。墓门有二。正门在前壁中部(图3-7-2),墓室方向为南向,偏东20度,并列石柱三根,分门为四洞(图3-7-3)。柱上有栌斗(图3-7-4),上架门楣,下有柱础,前横门槛,结构坚固。另在墓室后廊东侧开一门洞,是此墓又一侧门,其上下有门楣门槛,左右有门框。这前后两门都用石板由外面封固。墓内并排纵列有四棺室,系以三堵立壁间隔而成,右起第一、三两壁前后断开。第一棺室顶盖有一破洞,可容一人出入,是早年盗掘留下的痕迹。右

图 3-7-1 墓室前部墓道下露出墓门

图 3-7-2 开启一洞墓门

图 3-7-3　打开的墓门

图 3-7-4　石柱及栌斗上的壁画

起第一、三两棺室内，各有石棺一具，均呈长方形，平铺石板为墓底，四壁用石板立支，上覆石板为盖。第一棺室的棺长1.85米，宽0.46米，高0.6米；第三棺室的棺长2.14米，宽0.48米，高0.58米。第二棺室内有木棺一具，平放在大石板上，棺木已朽坏，仅见粘连木屑的大片涂棺漆、泥和左右对称的棺钉。第四棺室内平放大石板尸床一具（图3-7-5）。

（二）葬式和遗物

墓内根据人骨数量，当是丛葬六人，骸骨均经人为翻乱。

第一棺室石棺内有人骨一架，下肢骨保存较好，是头北足南的伸肢葬。腿骨下面残存有苇席片。随葬品有铁刀、小铁钉、铁环各一件，银箔片一片，均出于下肢骨附近。石棺前沿还出琉璃耳珰一件，不似此棺室中原葬遗物。

第二棺室人骨一架，棺室内仅有一些碎骨，头骨和下肢骨出于前廊地面上。遗物有陶扁套盒、小陶器座各一件，陶镂、陶器盖各两件，陶罐四件，均出自第一、二棺室间立壁中部地面上（图3-7-6）。

第三棺室石棺内有人骨两架，一成年人一儿童，骨殖杂乱不全，但可辨认，似经人为翻动。石棺后部出陶碗一件。

第四棺室至少有人骨两架，有男有女，骨殖似经人为堆置于尸床中部（图3-7-7），看来当是二次葬（图3-7-8），骨堆下见陶耳杯一件。

其余遗物，在后室出陶器盖两件。前廊出残陶瓶一件、陶盘两件（图3-7-9）、白玉饰一件、"五铢"钱41枚。这些遗物均非原随葬位置。右小室地面满铺一层云母片，已散碎。其上出圆陶案一件（图3-7-10），案下还有不少漆器残片和一件铜环，此外又有漆器上的铜饰件两件。

原来位置不清楚的遗物计38件，有陶方灶（图3-7-11：左）、陶水井（图3-7-11：中）、陶三足奁、陶罐、陶瓮、陶把杯（图3-7-11：右）、陶长方盘、陶高足穿孔器、陶豆、陶器座等。

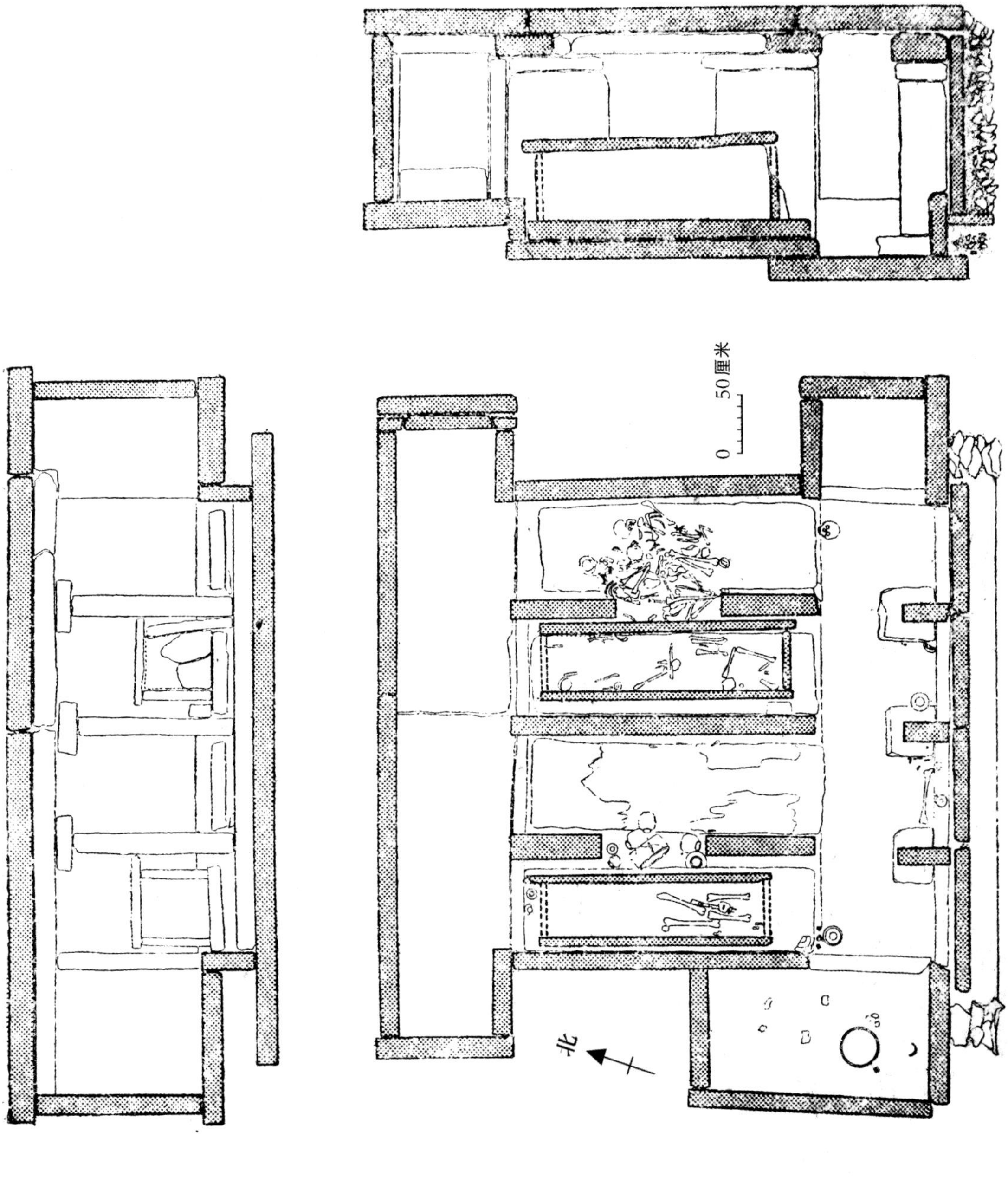

第三章 辽阳壁画墓

图3-7-5 棒台子二号汉魏壁画墓结构平面、纵剖面、横剖面图及遗物分布图

图 3-7-6
棺室遗物出土状况

图 3-7-7
在墓室内绘图

图 3-7-9 右第一棺室前部陶盘出土情况

图 3-7-8 第四棺室人骨出土情况

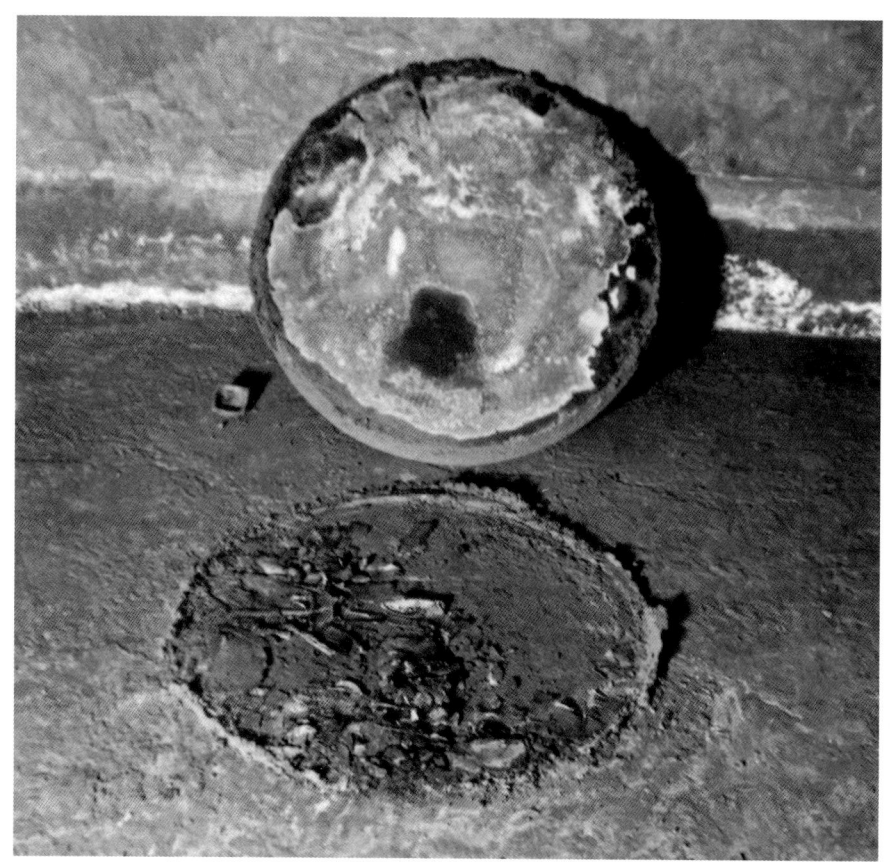

图 3-7-10　右耳室内陶案

图 3-7-11　陶方灶、陶水井、陶把杯

（三）壁　画

墓内主要壁面都有彩色壁画。内容有门卒、宴饮、车骑、楼宅、车列、流云装饰等图，分别画在左右两耳室各壁、后室壁以及门楣、棺室隔壁及栌斗的前面。大部分画面保存较好，彩色的运用、线条的勾勒都很朴素自然，粗率而豪放。

1. 墓门壁画

门卒图　门卒二人，分画于墓门两侧左、右两耳室前壁上。壁高 1.4 米，左壁宽 0.88 米，右壁宽 1.45 米。二卒均面向墓门，衣着、动作基本一致。左立者画面较清晰，作武士装束，头戴红黑帻，顶饰红结，衣领缘石绿色，墨履。右手不清，左手执盾，仰面睁目，朱唇大张，显得很威武（图 3-7-12）。

图 3-7-12　门卒图（摹本）

2. 右耳室壁画

宴饮图　画于右耳室右壁。壁高 1.4 米，宽 1.9 米。正中画两方榻，榻上各坐一人，左男右女，当是墓主人夫妇对坐饮食。男子戴平顶黑帻，以下漫漶不可辨认。其后立侍者二人。前立者黑帻，石绿袍红领缘，袴下露双履，面目及两臂模糊不清；后立者亦黑帻，土黄袍红领缘，墨履，抱红囊。妇人头上高起似戴发箍，红衣赭领，露石绿内衣，下用红线勾出褶裙，右手执杯。两榻间置一长几，几面中间黑色，两端红色，几面上放紫红色圆案，内置耳杯七个，筷两副。案两边各有一小盘，似盛食物。女主人身后立侍者三人，递进饮食。前二女均总发，前插两支红笄。前立者石绿上衣土黄领袖，露红内衣，腰束朱带，下曳深红色长裙，石绿镶缘，右手执一耳杯，作由后向前传递状。头后墨笔隶书"大婢常乐"四字。次一女，面目不清，着花衣红领缘，红色长裙拖地，腰垂石绿飘带，右手托杯。再后一男子，头戴黑帻，面目亦不清，土黄衣袴赭领缘，墨履，手捧红色长方案，内置耳杯五个，筷两副。其后地上放一外赭内红的勺状物，应是一把取饮食物用具。再后还有一赭色圆盘，内置一杯。两主人坐榻均置于红色帷帐内，红帷高结，朱带下垂，内露石绿短帘。石壁左上方高悬一轮明月（图3-7-13、图3-7-20）。

图3-7-13　宴饮图（摹本）

主簿和议曹掾图　画于右耳室后壁。壁高1.4米，宽1米。画府吏二人，向右雁行躬立。前一人墨冠，赭青袍石绿领缘，肥袴墨履，唇上微露髭须，拱手于胸前，头后有墨笔隶书"主簿"二字。后一人亦墨冠。赭青袍红领缘，下露肥袴双履，唇上亦有髭须，双手捧笏躬立，头后有墨笔隶书"议曹掾"二字（图3-7-14、图3-7-21）。

3. 左耳室壁画

车骑图　两壁连画于左耳室后、左两壁上。壁高1.4米，后壁宽0.88米，左壁宽0.92米。人物车马皆右向行。

后壁：画导骑三人，前、后二骑居路右，中一骑在路左。骑吏皆

图3-7-14　主簿和议曹掾图（摹本）

黑帻、红衣、土黄袴。前行者右手扬鞭策马，左手挽缰，骑红色马，马头饰防铰，马尾拴结，石绿鞍鞯；中行者右手提缰，左手回臂扬鞭，面向左后方，似作招呼状，骑土黄色马，红鞍鞯；后一骑左手紧勒缰绳，骑石绿色马（图3-7-15、图3-7-22）。

左壁：画土红色马驾红軿车一辆。车幔圆顶幕红帷，石绿厢，墨轮，辕端鸟啄立短竿，顶饰羽葆状物。马有黑斑，四蹄飞扬作奔驰状。御者体形模糊，车后从骑一人，黑帻，石绿袍红领缘，土黄肥袴，右手挽缰，左手抱红囊，骑土红黑斑马，鞍勒俱全。天空有白日高悬（图3-7-16、图3-7-23）。

图3-7-15　导骑图（摹本）

图3-7-16　车骑图（摹本）

4. 后室壁画

楼宅、车列图　画于后廊后壁。壁高 1.4 米，宽 5.12 米。画面经渗水冲蚀，颜色大多褪落。右半部中央约略可以看出画有楼房宅院一处，正中高楼三层，盖顶似为四阿式，墨瓦垄，脊上似有鸟首状物。朱栏红柱皆隐约可见，下有较高的石台基，中间有左向的阶石，一层楼内也有红色楼梯。楼左前方水井一眼，朱线勾井栏。楼左和左后方有院墙一道，顶为流水式瓦脊。院门在左墙中部，朱门两扉里向分开，门楼也作流水式瓦脊（图 3-7-17）。左半部列车四辆，一字排开，作趋进宅门状。前一辆为红盖车，红柱，盖角垂石绿饰，无四帷，黑厢，墨轮，驾一马，仅存马首部分。车上似有一人凭轼而坐，模糊不清。次为黑盖黑帷车，红窗棂，石绿帘用红带结起，轼后似有一人作御车状。驾白马，车马下部均模糊不清。再次为土红马驾軿车，幔圆顶幕石绿帷，朱栅红厢，墨轮，车内似坐一红衣人。马首及四肢不清楚。最后一辆也是軿车，车厢不清，红栏石绿厢，墨轮。驾土红色牛，已不辨全形（图 3-7-18、图 3-7-24）。

在墓门内棺室前立柱及栌斗上，绘有装饰图纹（图 3-7-19）。

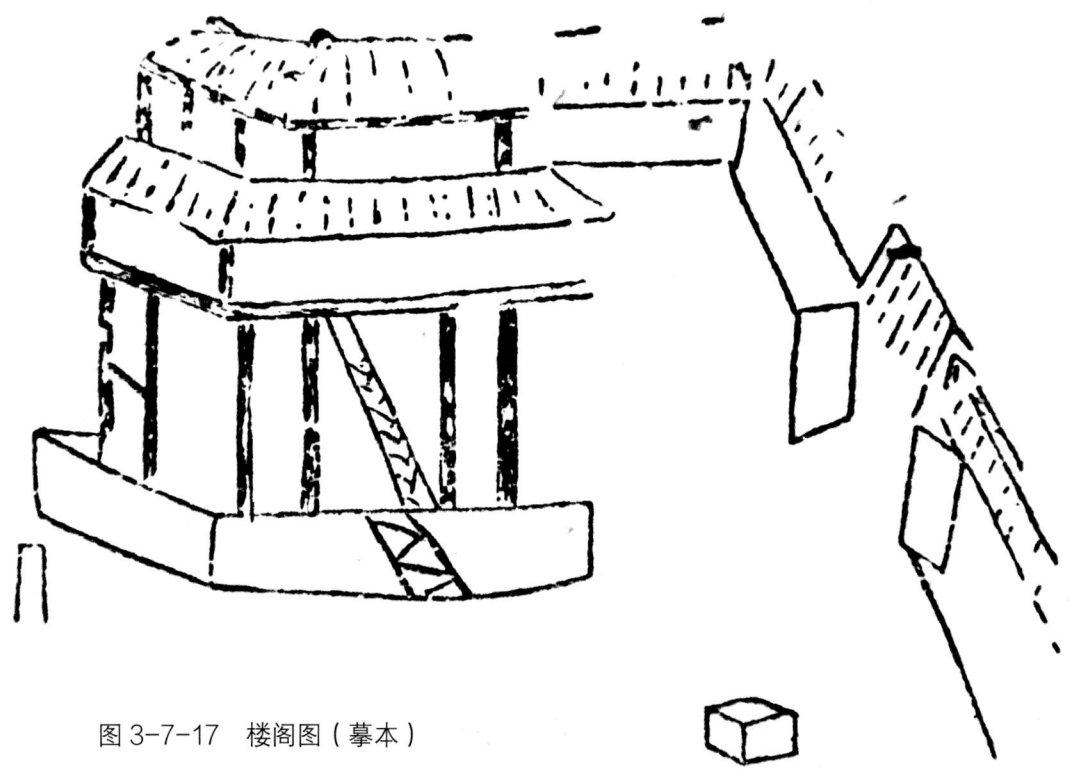

图 3-7-17　楼阁图（摹本）

图 3-7-18　车列图（摹本）

（四）墓葬年代

此墓的墓室结构，与邻近已发现的各壁画墓基本相同，但此墓有前、侧两门，实为过去所未见。出土的"五铢"钱及陶器的形制和隶书的字体，均有东汉晚期的特点；就壁画内容看，也与附近的棒台子一号墓有相似之处。这些情况说明，这座墓葬的年代，当在汉魏之际，最晚也不会晚于魏。

图 3-7-19
栌斗、立柱彩图（摹本）

图 3-7-20 棒台子二号墓 右耳室右壁宴饮图(摹本)

图 3-7-21 棒台子二号墓 右耳室后壁后主簿及议曹掾图（摹本）

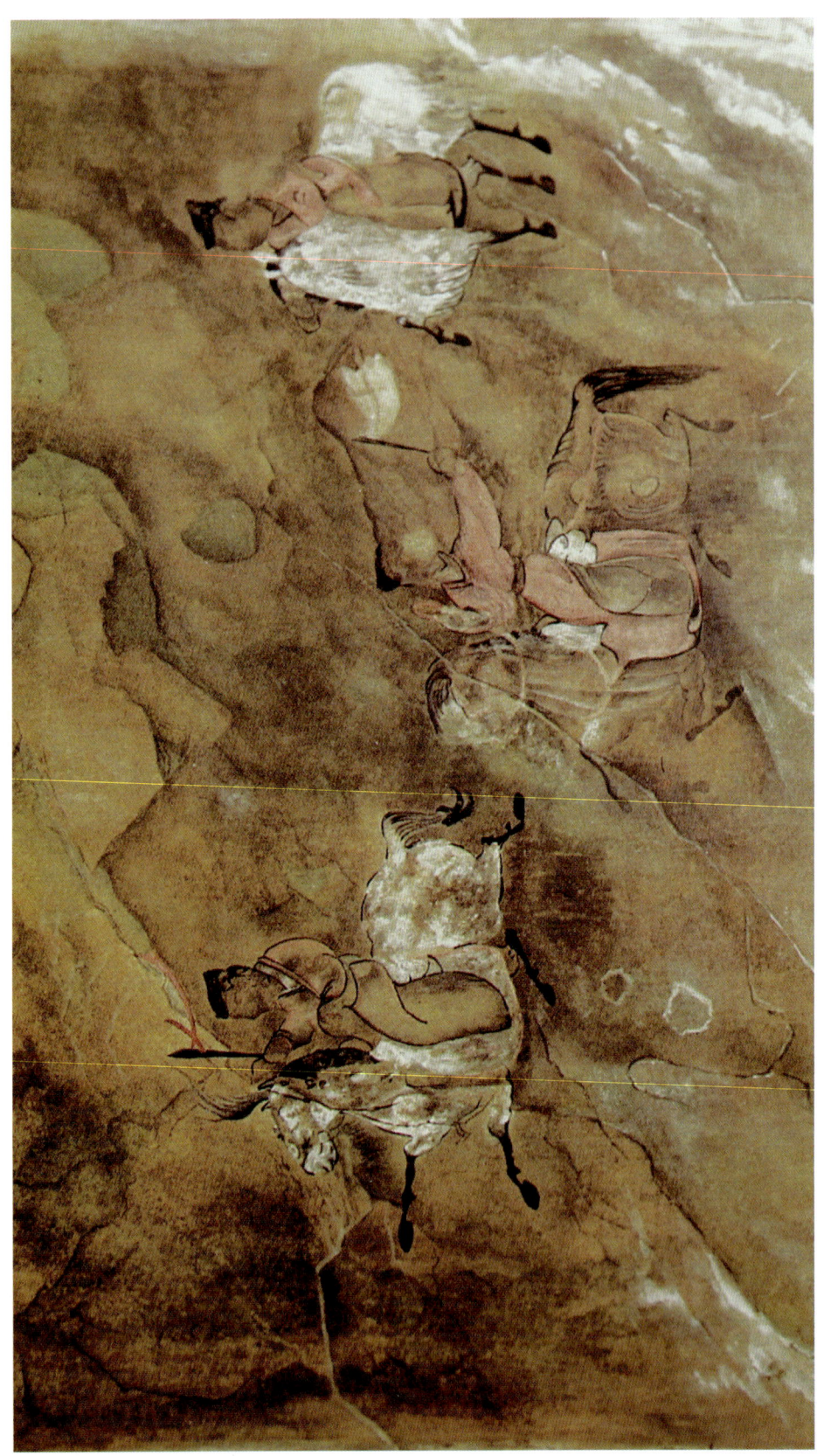

图3-7-22 棒台子二号墓 左耳室后壁导骑图（摹本）

图 3-7-23 棒台子二号墓 左耳室左壁车骑图（摹本）

图3-7-24 棒台子二号墓 后室后壁车骑图（摹本）

八、鹅房一号汉魏壁画墓

鹅房壁画墓，位于辽阳市城区东南郊太子河左岸鹅房村的南部。1975年11月发现，由辽阳市文物管理所和辽宁省博物馆文物工作队进行发掘。

（一）墓葬结构

鹅房村地势平坦，距辽阳市城区很近，墓葬就在鹅房村南的平地上。地上封土已不见，墓室顶部距现地表1米。

墓室用淡青色南芬页岩石板支筑，四周立石板为壁，下铺石板为墓底，上盖石板为墓顶。石间相接处，均用白灰勾缝。墓室平面呈"工"字形，墓室前后长4.8米、左右宽3.48米，墓室内高1.48米。墓门朝向南，偏西30度。门的中间立一扁方形条石，是为门柱，形成两个门洞。墓门结构上有横置石楣、下有门槛。墓门外用两块完整大石板分别将墓门严密封堵。

墓门内为前廊，廊较狭小。前廊左右两端向外突出，构成耳室，两耳室左右相对，左耳室长方形，较大，右耳室方形。墓室后部为后廊，左右两侧亦各向外突出。在前、后廊之间，为棺室，棺室中间立三个条形石板，间隔形成两棺室，左右并列，棺室立石板间留有二间隙，以使相通，棺室内各有一石板尸床（图3-8-1）。

（二）出土遗物

此墓因系当地村民在生产过程中无意发现，因此在清理前，墓中的随葬

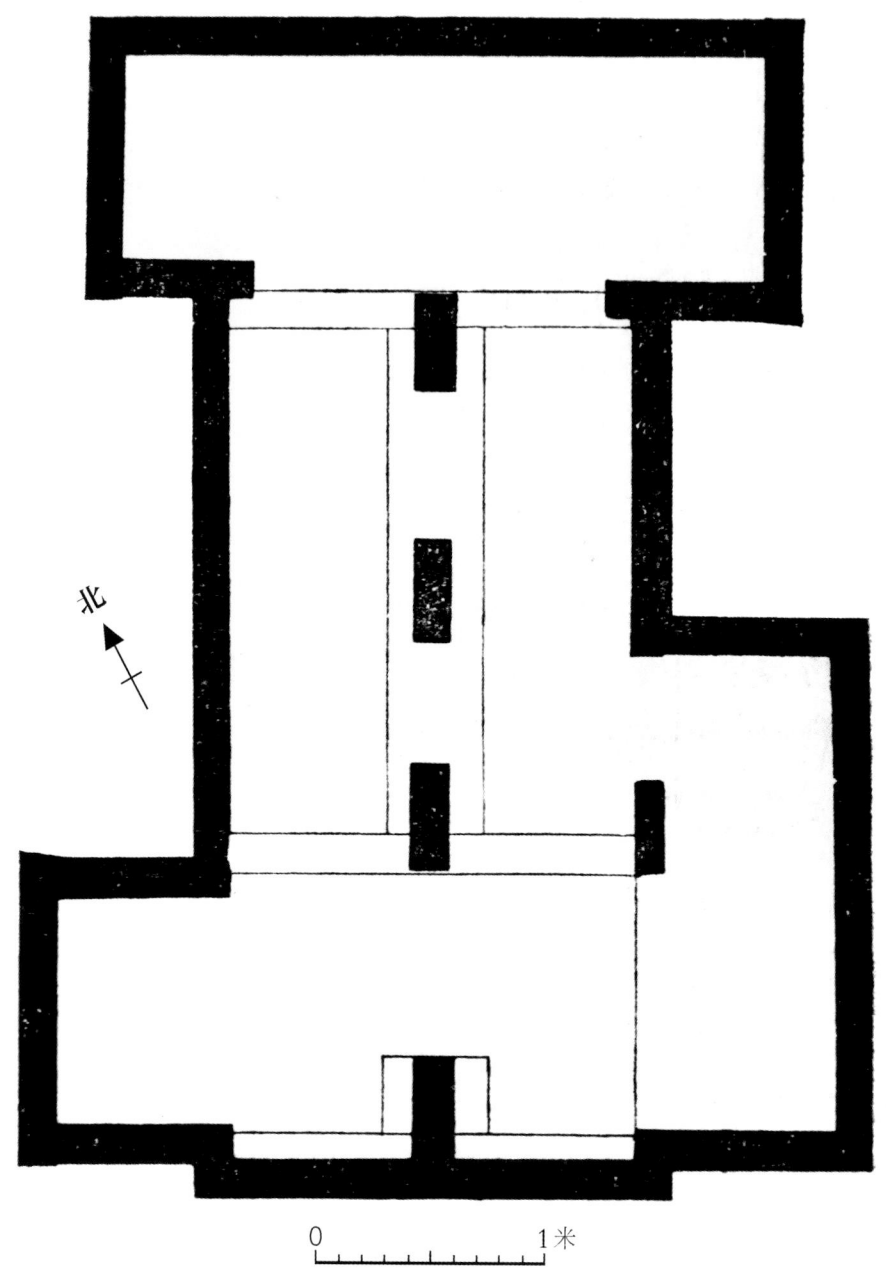

图 3-8-1　鹅房一号壁画墓结构平面图

品被掘出墓外，有的器物破碎，故其分布位置不明。遗物经过整理，能辨认出器形的陶、铜、银等有三十余种、共六十余件。其中陶器有陶楼、陶瓮、陶盘、陶壶、陶盆、陶钵（图3-8-2-1）、陶勺、陶瓢、陶瓶、陶豆、陶奁、陶耳杯、陶方灶、陶扁壶（图3-8-2-2）、陶罐（图3-8-2-3）、陶把杯、陶方案、陶博山炉等。陶器均为泥质灰陶。铜器有环首铜刀、铜镜。银器有银指环。下面再具体记述几件墓中出土遗物,以便了解。

陶楼 1件。出在墓内前部右耳室,仅复原一座,为歇山式,一门两间,三窗,两山墙各有一圆形透孔,并有蹬梯。通高55厘米、面阔38厘米、进深18厘米。

铜镜 2件。铜铸制,镜背面花纹为连弧纹,镜缘宽平,两镜的镜心铸纹不同,一是龙纹,径14.5厘米;一是柿蒂纹,径12厘米。

铜刀 1件。刀为环首,直背直刃,尖部稍断缺。刀身存长50厘米、刃长37厘米、刃宽0.4厘米。此铜环首刀与一般常见的环首铁刀要大,比较少见。

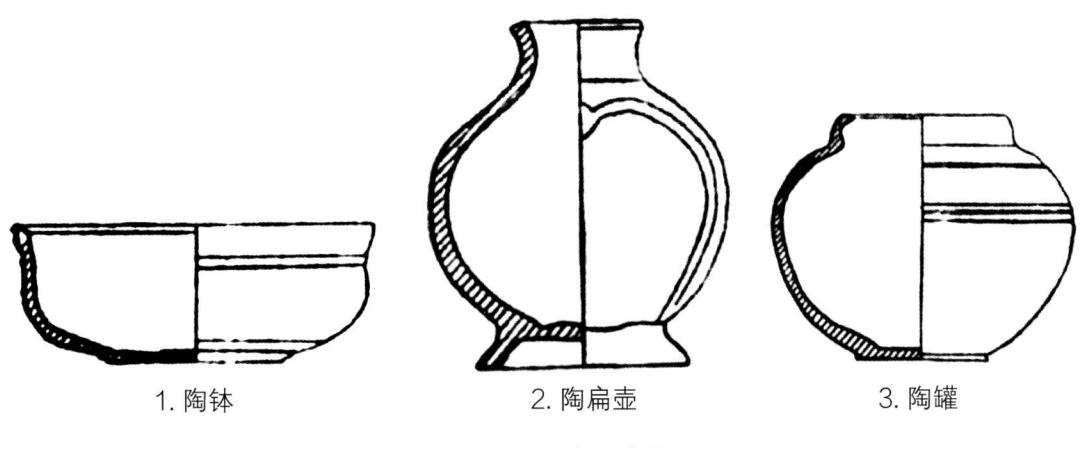

1. 陶钵　　　　2. 陶扁壶　　　　3. 陶罐

图 3-8-2　出土陶器

(三) 墓室壁画

墓室内壁画为用颜料直接画于石壁面上,墓室因湿度较大,历经近两千年的地下埋藏,致使部分壁画因潮湿彩色脱落,现已模糊不清。存有壁画共八幅。分画在前、后两廊。壁画绘法主要是先用白粉铺地,然后用朱、绿、白、黄、黑、赭等矿石颜料画在石壁上,墨线勾勒轮廓,也有用黑色或朱色简单地点勾而成。

1. 左耳室壁画

左耳室的正壁中部,绘持经图。全画长1.2米,高0.2米。在一条横直红线上画八个男像,其左右两端各画一相对站立的较小男像,中间六人图像较大，拱手而坐，身穿绿袍，白缘领袖，微有胡须，头戴进贤冠黑帻，垂长带。除右端站像模糊外，从画面所示持物的形状推断，似为帛书或简编（图3-8-3、图3-8-4）。

在这一排人物的下方，画有两件器物，一为方形，一为扁圆形，已模糊不清。

在壁面的右上方，画一红日高照，与右耳室月亮相斜对。

左耳室左壁，绘宴饮图。画幅全长0.64米、高0.17米，共画六人。这是表现墓主人日常生活的一个场景，右侧绘三男子，面向前方，注目观看，头戴黑色高冠，三人分别身穿红袍、黄袍、青袍，白缘领袖，微有胡须，拱手跪坐于席上。左侧一男一女，也面向前面，男子头戴黑色高冠，身穿黄袍，白缘领袖，

图3-8-3　持经图（摹本）

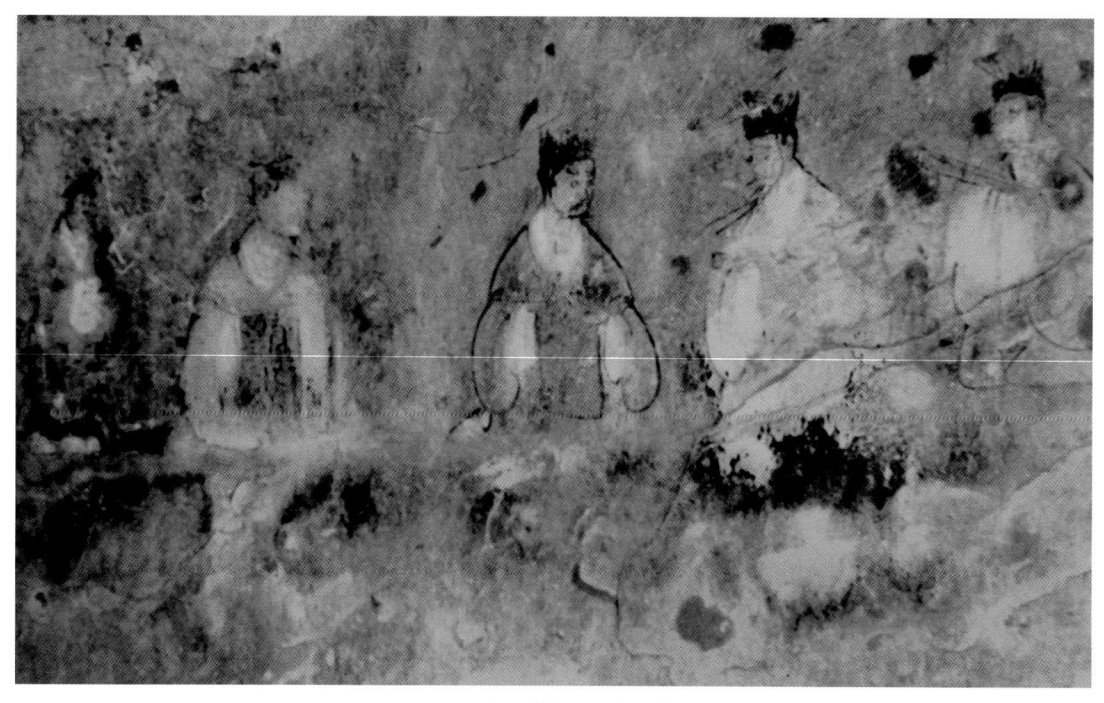

图3-8-4　壁画持经图（左侧五人）

拱手跪坐；女子为高髻，身穿红袍，拱手坐于男像身侧。在两边对坐的席前空地处，放置一红色四足案，上放三足盖盒，案两边各放一个红色圆盘。在五人中间，有一男子作表演状，其头戴黑帽，身穿绿色长袍、白裤，白袖，腰束带，作头下足上姿势，如俯冲凌空履地之状，长袖飘舞，随风上扬，身段优美，引两边观者注目凝视，其态自然（图3-8-5、图3-8-6）。

在这一排坐像下方，画有两个圆形漆盘和一个长方形四短足漆案。案上放一个朱色圆盖盒。

2. 右耳室壁画

右耳室正壁中部，绘楼阁图。右耳室正壁画一楼阁，楼高66厘米，用墨线勾勒，共两层，第一层前面有一阶梯，向右走出一人。楼顶左上方，有一圆月，与左耳室红日相斜对。

右耳室北壁，绘拴马图。在北壁上画有红马一匹，拴在柱旁，画面高30厘米。

右耳室南壁，用朱色勾点梅花鹿一头，左右角各三分枝，体态粗壮。

图 3-8-5 观舞图

图 3-8-6 观舞图（摹本）

3. 后廊壁画

后廊正壁，画一楼阁，楼阁已模糊不清。

在后廊右端正壁上，绘有壁画，只能认出为一兽，向着一个类似树木的东西奔跑，色彩脱落严重，不可辨识。

后廊右端北壁，用墨线勾画两鸭形和一个黄色蛇形物。

装饰图：在横枋、柱头等处，画有红色交叉卷云纹图案。

（四）墓葬年代

鹅房一号壁画墓，从墓室用材和营造方法上看，与辽阳早已发现的汉魏晋时期壁画墓进行比较，从壁画人物衣冠制度和出土的器物形制分析，此墓时代应是汉魏时期。

九、南雪梅一号汉魏壁画墓

南雪梅村，位于辽阳市区东南 17 公里，属辽阳县安平区小屯乡。由辽阳通往本溪的公路和铁路都从村中通过。村前临山，北 0.5 公里左右有汤河，北流注入太子河。西距石咀子屯 1 公里，东距耿家屯约 2.5 公里。石咀子西山根和耿家屯东、西两面公路的南侧，在新中国成立前曾发现过不少汉代石墓，但在当时就遭到了严重的破坏。现在只能看到一些零散分布的残墓室和一些破碎的陶器残片。

1957 年 5 月初，在南雪梅村清理、发掘的壁画墓和石墓，位置都在村北约 400 米的稻田地中。两墓东西并列，间距为 100 米。壁画墓（编为一号）位于东面，于 1956 年 4 月发现；石墓（编为二号）位于西面，是在清理壁画墓的同时，在附近发现的。两墓都用大青石板构筑，石灰勾缝。壁画墓早经盗掘破坏，部分椁室被毁，骨殖翻乱，遗物大多残碎。墓室西壁的破孔，是早期的盗洞。清理时，曾对残存的部分壁画进行了简单摹绘。清理后，对壁画墓进行固封加土就地保存。

（一）墓室结构

墓室顶部上距现地表 55 厘米。椁室规模较大，平面近似"T"字形，前后长 5.25 米，左右宽 6.06 米，室内高 1.8 米。

墓门在前壁中部，门的方向为南，偏东 40 度，接近东南向，门中间立支一个板状石柱，将门分为二洞。门洞上部架板状石楣，下横门槛，门外用大石板封堵。

墓门内，为一横向长方形前廊。其左右两端各突出一个耳室。左（东）耳室较小，与前廊同宽。右（西）耳室较大，为长方形，向后延至右廊。

在前廊后面是棺室，左右纵列巨石立壁三道，间隔成为四部分，为三棺室和一中廊。左起第一、三、四洞为棺室，第二为中廊，各棺室都有用大石板铺成的尸床，前部横有石板挡头，第三棺室的挡头已被折毁，尸床也被移到一边，第四棺室前后石板也被拆除。棺室皆筑有后壁。第二洞为中廊，以通于后廊。中廊左壁的中部，留有方形窗洞，与左方棺室相通。壁上均加长方形栌斗，再上架顺梁横枋，承接墓顶盖石。

棺室后部为后廊。后廊的地面与前廊、中廊地面相平。后廊右后部有横向的明器室，室有高台，左边不抵墓壁，立石为界，明器室台前面立石板，其上立两个条形石柱。后室左壁辟有一侧门，上面有门楣，下部有门槛，外有封门石板，在此门内即后廊左边形成一个小门内的一个小廊（图3-9-1）。

（二）葬式及遗物

墓室左（东）方棺室：见人骨两具，均已翻乱，仅存头骨，可辨析出男女各为一人，均系老年。遗物有银指环一件、长方形石研板一块、"五铢"钱126枚，其中有8枚是剪轮"五铢"钱，大部分"五铢"钱都堆置在尸床后部，铜钱下部残存有草席片。

右棺室：尸床上残存有一小片头盖骨，尸床左侧扰土中混杂一些碎骨，此室可能葬一人，性别不辨。尸床上散出"五铢"钱64枚，棺室左侧后壁下发现陶耳杯两件。

右二棺室：尸床结构已被折散，只在扰土中见碎骨少许，葬式、性别不明。棺室西北角地面上发现"五铢"钱17枚，内有剪轮"五铢"钱1枚。

右耳室：出土有人骨两具，两头骨和部分肢骨保存较好，男左女右，均为老年，系头北脚南的仰面直肢葬。遗物有内向连弧纹铜镜一件，用绢包裹着，纽座四面有篆书铭文"长宜子孙"四字（图3-9-2）。漆盒一件，与铜镜并排放在女性头骨的前面。漆盒已朽坏，镶在漆盒外面的四道铜饰件基本上还保持着原状。铜镜右前方出有环首铁刀、铁器残件各一件。出土货币有"五铢"钱

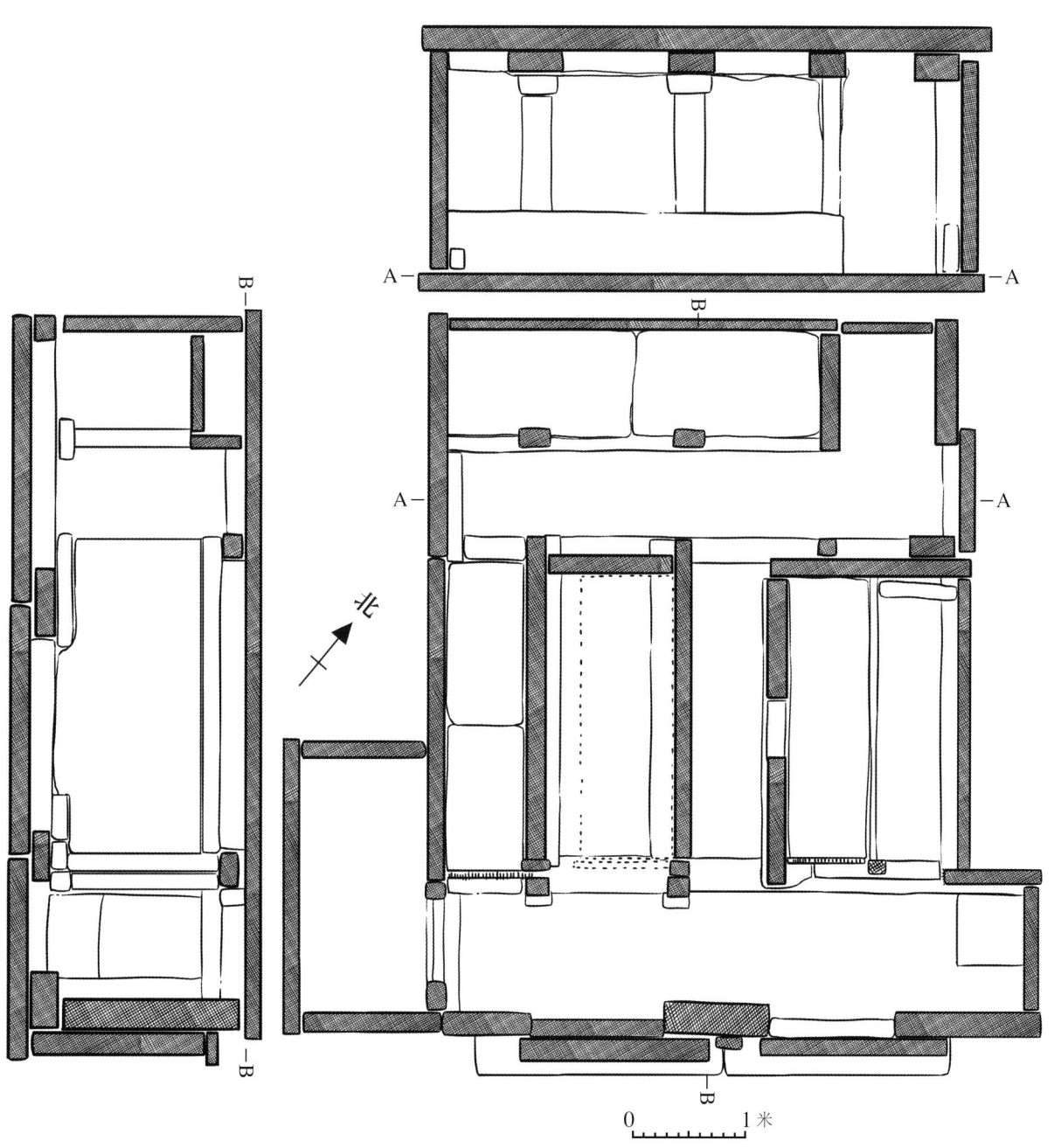

图 3-9-1 南雪梅一号墓壁画墓结构平面、纵剖面、横剖面图

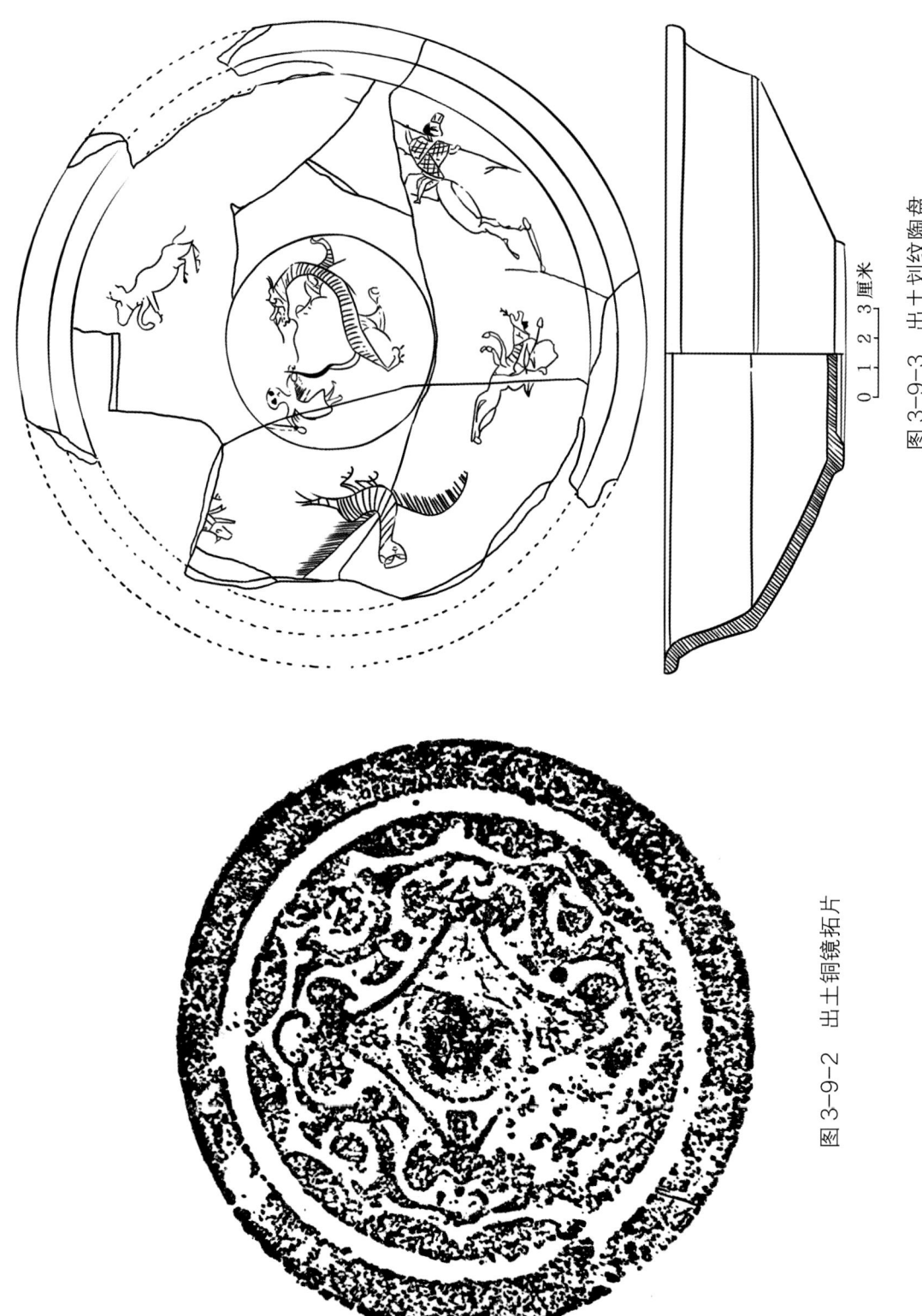

图3-9-3 出土划纹陶盘

图3-9-2 出土铜镜拓片

86枚、"货泉"钱1枚,散出室内各处,其中有9枚是剪轮"五铢"钱。

前廊遗物:在地面上散出圆陶案、陶盘、陶豆各一件,陶耳杯五件,"五铢"钱21枚。陶器可能是从左耳室内的石板台面上,经水漂冲下来的。

中廊遗物:地面上出三足陶壶、残陶盆各一件。

后廊:地面上和扰土中出陶钵、陶盂、陶盘、陶镂、陶勺、陶三足圆奁、陶扁套盒、陶长颈瓶、陶耳杯等十件。原来可能都是放在明器室台上的。

明器室:在台上残存有陶长颈瓶、陶洗、陶镂、小型陶器座、陶盘、陶长方案、陶耳杯等19件,位置也都有所变动。其中陶盘的内壁上正中刻画着羽人持剑与龙格斗的场面,其四周刻有两鹿、一人首鸟身像和两个着甲的骑士,两骑士正在战斗,前者持戟,后者持弓射箭(图3-9-3)。

(三)墓室壁画

此墓壁画不多,又经浸水冲刷,能够辨认清楚的很少,现在能看到的有如下几处:

在门柱和门楣石面,画有朱色云纹,颜色已经脱落,尚可辨出。

墓门内左右两前壁:壁高1.48米,横宽0.76米。在石壁上各画形式相同的房舍一间,右壁的画面比较清楚,房舍构图极为简单,墨线勾盖顶,井字形红栏朱柱(图3-9-4)。

中间棺室:在棺室门框和门楣前面,绘有装饰图案,且较清晰。门楣上以朱、赭、白三色构成云水图案,回波逐浪,云水相映,颇为美观。两门框上只用朱线勾云纹,线条疏简。在此棺室内的扰土中,清理出一块残坏的板石,其上残存着用墨笔勾勒的动物的腿部,从其形象上来看,极似看门犬。下面还有用朱色绘成的云纹。这块残石可能是这个棺室前面挡头的残坏部分。

左方棺室:后壁绘宴饮图。壁画绘人物

图3-9-4 壁画房舍

画像,上面为高悬的朱色帷幕,垂结朱色帷带,帷下绘六人拱手对坐,左右各三人,头部及下体均漫漶不清。较清楚的是,右侧前方一人着绿袍,其前置长方形红几,几下方有一红色圆案,其后二人均着红袍,下方置长方形黄几,几上也放着一个红圆案。左侧前面一人着红袍,次着赭袍,后一人着绿袍(图3-9-5)。

图 3-9-5　壁画宴饮图(摹本)

(四)墓葬年代

这座墓的椁室结构,也与棒台子等地的壁画墓形制相似。一墓两门又和棒台子二号壁画墓相同。墓为家族合葬,随葬遗物尤其是陶器形制都具有相同的风格。根据墓葬形制和出土遗物来看,此墓的时代应当是在汉魏之际。

十、三道壕魏令支令壁画墓

魏令支令张公墓，是1953年7月间，三道壕辽阳窑场烧砖取土时发现的。1955年，东北文物工作队于辽阳三道壕村发掘汉代墓葬和遗址时清理了此墓。在清理工作结束后，于地上进行封土复原，对墓葬加以保护（图3-10-1）。

（一）地理位置

此墓位置，在辽阳市北郊约五里的三道壕村外西北部，辽阳窑厂第二现场取土场南边。西距长大铁路300米，东到太子河岸边约3里。太子河西面是坦平的田地，土质较好，因而为窑场取土烧砖，在取土过程中，发现很多古代墓葬。由此地西北去，过铁路不远就是窑场第四取土现场发现的车骑壁画墓，再西北不远就是北园和棒台子两处壁画墓。

（二）墓室结构

发掘时，墓葬四周的泥土已被取走，露出墓室顶部。石板顶盖上距现耕土地表有1.8米厚土层，原来墓上有无封土不明。墓室系大块淡青色南芬页岩石板支筑，石灰勾缝，建筑整齐，坚实牢固。墓门内有前廊，两端为左、右耳室，后部是棺室，前后长3.44米，左右宽3.62米。

墓门在前壁中部，墓门方向为北，偏东12度，这是此墓与其他墓方向不同处。墓门正中立方形石柱，顶部有栌斗，上架门楣，下横门限，分门为二洞，两扇石板封闭严密。

门内为横宽的前廊，左端横向突出44厘米，右端较为长大，突出63厘米，

图 3-10-1 三道壕壁画墓（右：魏令支令张公墓；中：一号墓；左：二号墓）

冯永谦摄1955年10月

两端皆别成一小室，室地面铺石较前廊铺石高 29 厘米，为左右耳室。

前廊后部为棺室，纵向用两行石板将墓室间隔成三室，但其中的右侧两室前端都立有高 20 厘米的石板成为较为形象的棺室，两棺室之间的石壁上部中段，留有半截方形空隙如一小窗，两室可以相通。棺室立壁上端，放置长条形石枋以承托墓顶盖石。棺室底部铺有石板，为棺床，较前廊地面高出 16 厘米。棺室后部即以墓室后壁为壁，不另立石板。所谓棺室，因其是葬尸骨，上部并未见有棺盖遗存。左侧室宽窄形式、望窗与地面高度都和右侧两棺室相同，只是前端无立石，根据建筑结构情况看，此室原也可能是做棺室的，只是后来没有葬入死者，成一空室，因此，此室也可称其为左廊（图 3-10-2）。

（三）人骨葬式及遗物

在两棺室尸床上，都铺有石灰一层，厚约 1 厘米。右棺室有人骨架两具，左棺室人骨架一具，都是头北足南、仰面伸展姿势。

每具尸骨的头骨附近，都置有用石灰做成的元宝形白灰枕一个。

清除接近壁画的淤土时，在前廊和右小室内发现有陶罐和陶镞，右棺床上有铜带钩等遗物。

（四）墓室壁画

墓室内绘有壁画，系用墨线为廓，填以朱、黄、赭、紫、粉红、淡黄等色，有的画面比较鲜明，有的已模糊不清。各幅壁画的上下边都有朱色界栏，下线距墓室地面 10—20 厘米不等。

1. 右耳室壁画

右耳室壁画，分布在前、右、后三壁上。

人马图，绘于右耳室前壁上。壁高 90 厘米，宽 75 厘米。画分上、中、下三层。上层人马图，前面画鞍马一匹，马头上有方旗形物，背上似负巨囊；后随马夫一人，淡红帻，朱色短衣、粉红袴。次鞍马两匹，背上负有物品，随行黄衣马夫一人，回顾后方，似有呼应。次红色大马一匹，鞍勒俱全，神形骏伟。次较小鞍马一

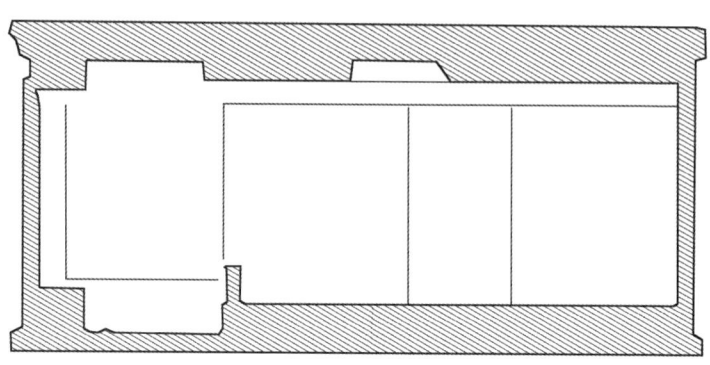

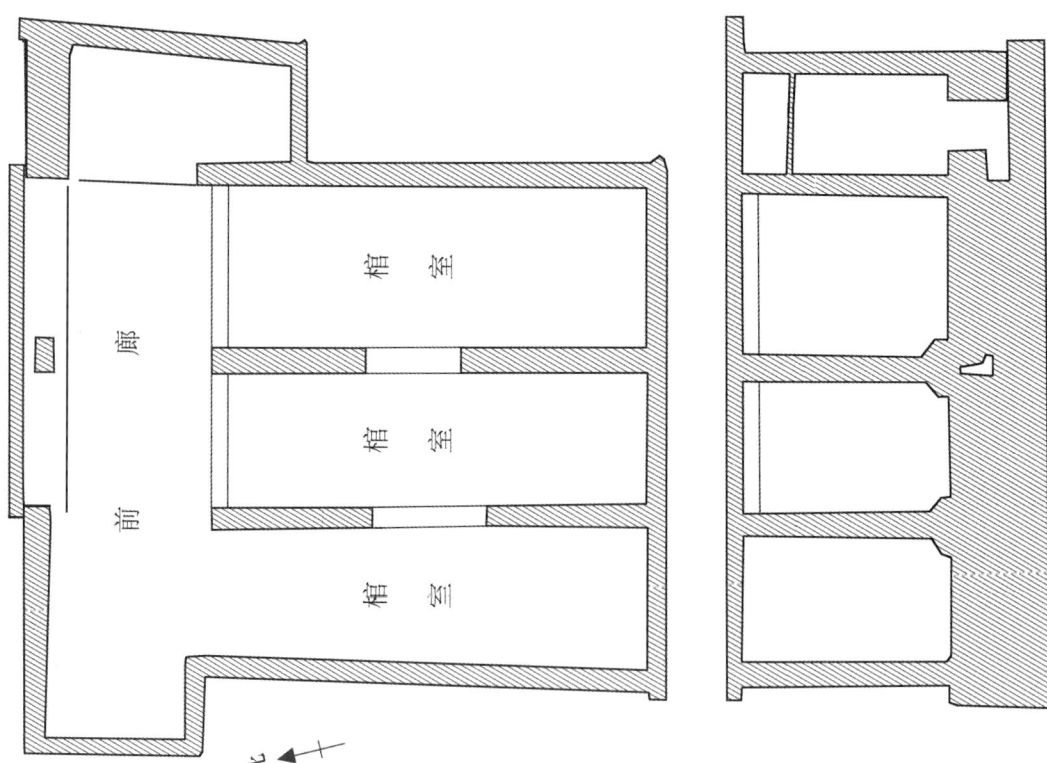

图 3-10-2 墓室结构平面、纵剖面、横剖面图

匹，画面稍模糊。次鞍马两匹，姿态与前同。次画面已漫漶不清。依现在可见的画面看，此壁画共画鞍马六匹，马夫两名。

家居图，绘于右耳室右壁及后壁上。壁高85厘米，全长1.75米，画面高45厘米。

在石壁面上画堂屋三间，中隔双柱，右柱上加大型栌斗，下有伏兽形柱础。每间屋都帷幕高悬，下垂结帷的朱带两三个不等。右间画一男子，浓眉巨目，略有髭须，戴黑色三梁冠，穿深红袍，黑缘领袖，面左坐于方床上，当是男主人。前设短几，后围屏障。床右地上放黑鞋一双，床左立一小侍捧杯进饮食。背后有墨笔隶书题字两行，第一行四字，第二行三字，题字为"巍令支令张□□"；题字因受潮湿影响，第一字模糊不清，上边存"山"字头，下似"魏"字，应为"巍"字，即"魏"，"张"字后面有两字，但仅存灰淡墨色，字形不辨。中间方床上与男子对面坐一妇人，头梳高髻，前加花饰，后插垂饰发簪，面貌清楚，衣裙已模糊。床前设短几，床左边地上有一双红鞋，床右前角放一圆筒形食器（斛），上置一小红耳杯。旁一双髻女侍，捧盘进食，面目衣服已模糊。背后柱上有墨笔隶书"□夫人"三字，第一字上半已模糊，下存木字极清楚，似是"乐"或"柴"字。柱后一女僮，仅存面影。右间一妇人，面向右坐方床上，高髻插花，后有曲簪垂长饰。红中单，赭红色上衣，白缘领袖，黄裙有花瓣状纹。其前一丫髻女僮，捧盘进饮食。后一执扇小侍，仅存形迹。背后题墨笔隶书"公孙夫人"四字，字的笔画极为清楚。全画计画男主人一，二妇人，男女小侍五人（图3-10-3）。

2. 左廊壁画

左廊左壁上，所绘壁画因受墓内潮湿水气影响，仅存朱墨痕迹，图像模糊，多已不能辨认清楚。

3. 墓门内左侧壁画

墓门内左壁，画庖厨图。壁高1.5米，宽1.3米，壁画所绘庖厨图，现仅存一小部分。上部有一横枋，悬挂各种食物，仅有两鱼、两鸟能辨认清楚，另有一个不等边四边形物，不知是何食品。

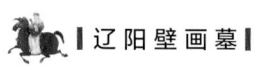

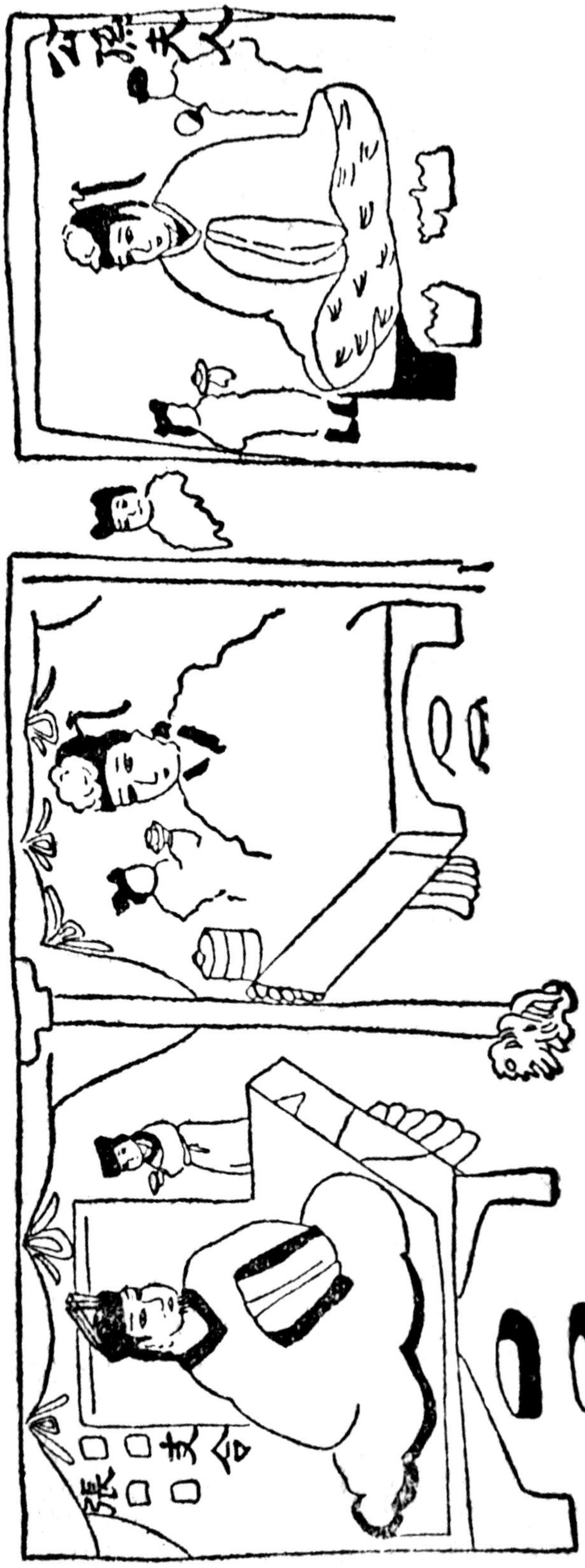

图3-10-3 夫妻对坐图(摹本)

（四）墓葬年代

这座壁画墓的年代，根据墓葬的分布、椁室构造、壁画所表现的内容等进行考察，其年代还是可以推测出来的。

墓葬的分布，是在辽阳市北郊太子河左岸平原上，这一带从北园、棒台子到三道壕等地，过去发现过多座壁画墓，是一个较大范围的壁画墓分布区，此墓也属于这个分布范围。这些墓葬年代为汉魏时期，因此，这座墓也应与之相近。

从墓室建筑结构、规模和用材上看，尽管墓室有繁简大小的不同，但建构和营造手法则可说是完全一致的，墓室平面略成方形，平盖墓顶，下铺底石，前有墓门、附廊、耳室和棺室等构成。墓室用淡青色南芬页岩石板支筑，石灰勾缝。再从壁画选用的主题上看，都有家居饮食、出行车马、厨房宰割等，有的墓室规模较大，壁画内容增多了杂技、宅院和出行的仪仗车骑，有此当是官阶地位不同的差异，并非时代先后的象征。再由绘画技法上说，各墓相同的主题，多取相同的构图和表现手法；家居饮食图都是方床对坐，短几陈食，屏风曲列，帷幕高悬，僮侍进食打扇；庖厨图都是横枋钩悬海陆食品，宰割蒸炙，多人忙碌；出行车骑图都前导后从，僮侍夹毂。各墓在这些生活内容上，表现的变化不大，标志着这座墓与其他墓的年代相距不会太远。

再有一点可见其差异，就是此墓和其西面不远的三道壕村西车骑墓比较，此墓的壁画内容明显较少，而在画法上也是墨线粗放，色彩简单，壁画风格不同，并且是所画男主人戴三梁冠，两夫人发髻前都有大型花饰，后插曲头簪连垂长饰，这些都显然与其附近壁画墓中的男女服饰不同，可知其时代要较前者为晚。

另从此墓发掘的结果看，墓中壁画有题字，这是非常重要的文字资料。如果说令支令上面的一字似"巍"，以"巍"作"魏"是汉魏时人书迹中常见的事，而题字隶书的点画方劲，略近楷法，代表着书法上隶楷过渡期的风格，也标志了其时间线段。因此，这座墓的墓主人令支县的县令，应是后汉和魏时人，死葬也应是在此时期。

墓中壁画有另一题字，是"公孙夫人"四字，这同样重要。要知道，在这一时期，公孙氏是辽东大族，由后汉到三国时期，公孙氏雄视一方，是辽东地方的最高统治者。公孙氏显赫，曾是令支县令的墓主人，其地位相当，他才有可能与这一豪强氏族有关联。

据此推断其年代，此墓当为三国魏时，应该是较为准确的。并也可以此墓为标尺，来衡量这一地区其他墓葬的年代。

十一、三道壕三号魏壁画墓

三道壕三号壁画墓是 1974 年 8 月间，三道壕村的村民在整修菜田时，因地面出现漏水现象，经下挖查看是何原因时，发现墓室，得知为古墓的。其后，由辽阳市文物管理所在当地协助下，对墓葬进行了清理。

三道壕村三号墓，在辽阳市北郊五里的太子河左岸三道壕村外北部，北距三道壕一号、二号、令支令三座壁画墓约百米，其西过哈（尔滨）大（连）铁路即为三道壕村西的车骑壁画墓。

（一）墓室结构与人骨葬式

此墓墓顶石距地表约 1.8 米。墓室用淡青色石灰岩石板筑成，四壁为大石板立支，下铺石板做墓底，上盖石板为墓顶，石隙间以白灰勾缝，坚牢稳固。墓室平面呈"工"字形，前后长 4.5 米、左右宽 1.26 米、高 1.8 米。清理时，墓内积土厚 0.7 米。

墓门的方向为南向，偏西 10 度。墓门开在前壁中央，外部用一块大石板封堵墓门（图 3-11-1）。

墓门内为前廊，廊之横长与棺室同宽。

前廊左右两端外延，宽出于棺室，形成左、右耳室。

前廊后部为棺室，棺室较宽，室内并列两个尸床。

棺室后部为后廊，后廊亦横长，形同前廊。

后廊左右两端外延，宽出于棺室，形成左、右耳室。在左耳室墓顶的盖石被打破成一缺口，当是此墓早年被盗掘时造成的。

此墓在棺室右侧尸床上并排葬两具人骨，头北脚南，现仅存腿骨和头骨。左尸床未见人骨。

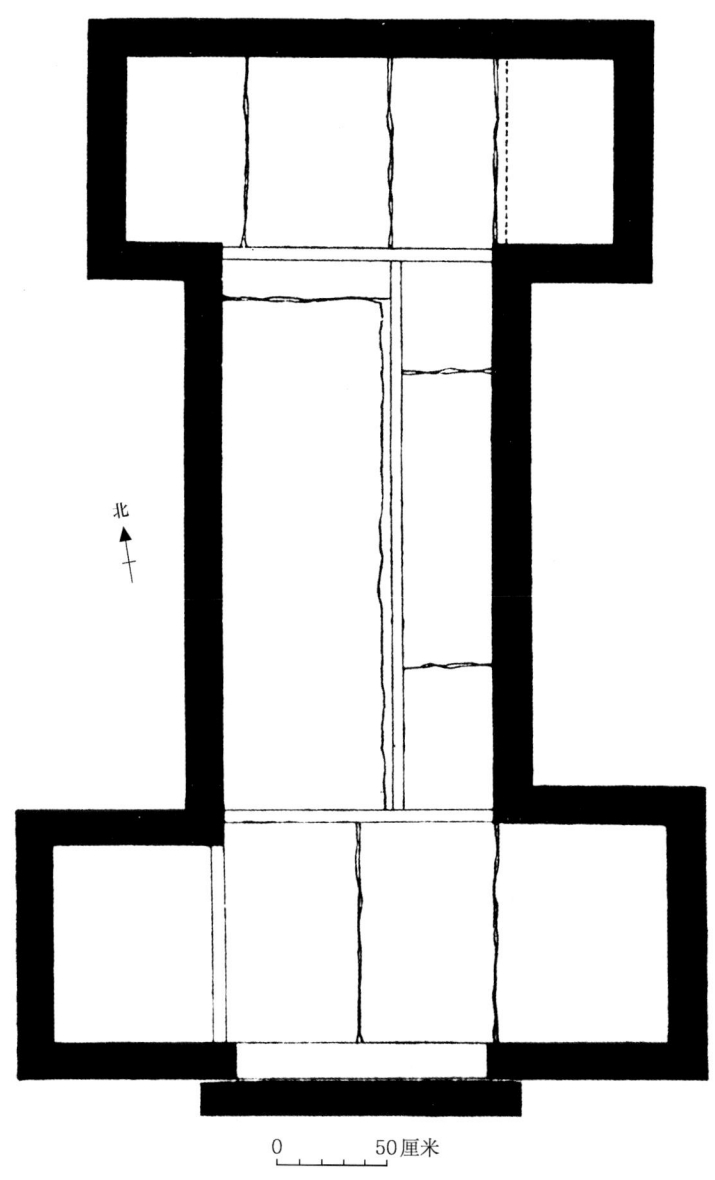

图 3-11-1　三道壕三号壁画墓结构平面图

（二）出土遗物

墓中清理出随葬品共十件，有的器物已非原位，这可能与早期被盗或墓内进水冲动有关。出土遗物如下：

银顶针　1件。在尸床右侧人骨架旁出土。

铁剪　1件。已成残段，亦在尸床右人骨架旁出土。

石灰枕　1件。在右侧尸床北端人骨头部出土。

方形石板　1件。在前右耳室中出土。

铜耳杯　1件。出土在方形石板上。耳杯形制与汉墓中常见的陶耳杯相同，只在两耳上各有一穿孔。

圆尖形骨饰　1件。在前右耳室中出土，已残。

灰陶碗　1件。在前右耳室中出土。

灰陶灯　1件。在前右耳室中出土（图3-11-2.1）。

灰陶钵　1件。在后右耳室中出土（图3-11-2.2）。

灰陶瓮　1件。在后右耳室中出土。瓮内盛有鸡骨，随葬时瓮内放置有鸡（图3-11-2-3）。

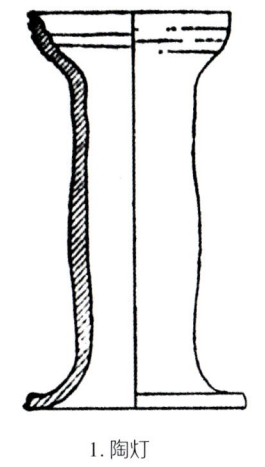
1. 陶灯

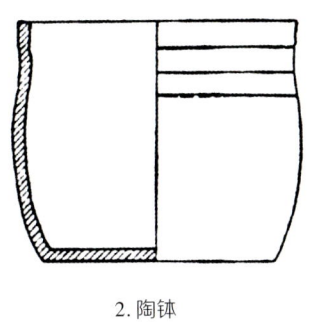
2. 陶钵

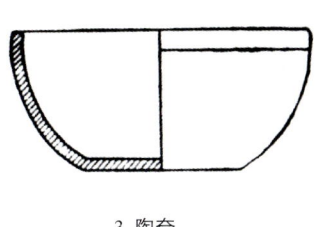
3. 陶瓮

图3-11-2　三道壕三号墓出土遗物图

（三）墓室壁画

此墓绘有壁画，直接以颜料画于壁面上，是以墨线勾画出轮廓，白粉铺地，用朱、绿、白、黄、赭等颜色绘画。墓内因湿度较大，泥水浸蚀，画面色彩脱落严重，有的画面已模糊或不存。

1. 墓门壁画

在墓门的两侧上部和横枋上，绘云气装饰图案花纹。

2. 前右耳室壁画

在前右耳室西壁、北壁上，绘饮食图。两壁画面全长 1.63 米，高 80 厘米。

西壁：绘一高大男像，坐在帷幕内，面向北壁女像，穿长袍，黑缘领袖黄袍，头戴高冠，拱手坐在方榻上，前放一张曲足长条案，案上左端有一朱漆圆盘，盘内置七个耳杯，右端放一个三角形器物，其上有黑、红两个点画，案前下方地上有一个三足蒸食器，榻右地上放黑圆口鞋一双。前后各一矮小侍童，穿短衣，黑缘领袖，前边侍童双髻，手捧长方盘向主人进食，后边侍童发髻向上挽结成带状，发尾后垂，双手捧物，侍立于后。在帷幕左下方还有一龙须纹长方形物（图 3-11-3）。

北壁：画一高大女像，面向西壁男像，坐在方榻上，身穿红短褂花裙，红飘带白色内衣，头顶高冠，前插红花饰，后插曲簪，面部模糊。榻左地上有红鞋一双。前后各一侍者，身穿长衣，前边侍者手捧圆盘，向主人进食，后边侍者长衣红裤，右手打圆形花扇，左手扶一捆扎十字形黄色方篦。榻前一黑漆长条案，案上一圆盘和三角形器物。

3. 前左耳室壁画

在前左耳室东壁，绘牵马图。东壁左边画红鞍马一匹，右边画马夫一人，着短袴瘦腿裤，黑鞋，头顶结发，后背有一棒状物，手挽红色缰绳，面向马站立。

在前左耳室北壁，画有家居图，彩色已模糊不清。

图 3-11-3 三道壕三号墓：宴居图（摹本）

4. 后廊北壁壁画

在后廊北壁，绘楼阁图。后廊北壁用墨线画两层高楼一座，楼高 43 厘米，宽 46 厘米。

5. 棺室壁画

在棺室尸床右壁的上部，画有类似朱雀等内容的彩画，惜已脱落。

（四）墓葬年代

此墓的年代，从墓室用材、结构和建造方法上看，加之与辽阳地区早已发现的汉魏晋时期的墓葬进行比较，以及壁画所反映的人物衣冠制度和出土的器物形制等观察，此墓和邻近有"魏令支令"题字墓的年代相近，应为三国魏时期的墓葬。

十二、北园二号魏壁画墓

北园二号壁画墓，在辽阳市区西北部的北园村北，其再往北约百米即为北园一号壁画墓。此墓为1959年11月因露出墓室被发现，考古工作者对该墓作了一般调查，未进行正式清理发掘。

（一）墓室结构

此墓的墓室构建，系用淡青色南芬页岩大石板支筑，白灰勾缝，墓门向南，偏西5度。墓室前后长4.76米、左右宽4.32米、高1.78米。

墓门两洞，各用一块大石板封堵。门内为前廊，前廊左侧即东部，为一南北向长耳室，前廊后部是并列的三个棺室，在右棺室即其西侧的棺室外面出一耳室，棺室后部为后廊，廊后中部又外出一小室，现此耳室已毁，存前部一扁石立柱。棺室的构成，系在其中间各立有两块或三块窄石板，将其分隔为三，下面各铺有石板尸床，棺室间的石板中间低矮，形成有窗式口相通（图3-12-1）。

（二）葬式及遗物

在墓室内前廊左耳室及左棺室尸床上，发现各有人骨架一具，头朝北脚朝南。

墓内随葬遗物情况，因未作清理，仅在后廊出土有一方陶榻，在右侧棺室尸床上出土一件金耳环。

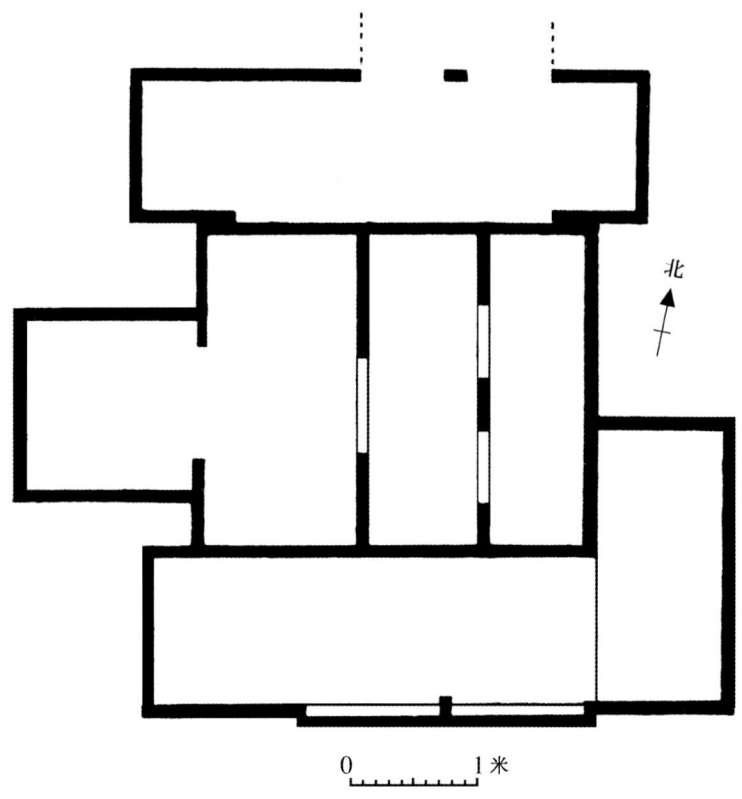

图 3-12-1　北园二号墓墓室结构平面图

（三）墓室壁画

北园二号壁画墓，墓室较大，结构复杂，有前廊、后廊，三棺室并列，多置耳室及小室，其构筑规模堪比此前所发现的北园一号壁画墓。因此，墓有壁画亦是此墓的一个特点。

本墓的壁画分布遍及墓室，所见情况如下：

在墓室前廊、左、右耳室和墓门左、右两侧的石壁面上，用朱、白、黑三色画有门卒、门犬、房屋、武器架、鹤、日月等图。因墓室积土侵蚀，部分画面下部模糊不清。

在墓门内的左侧，画一门卒，作面向右行走状，画幅高70厘米。门卒头顶圆形发髻，发尾后垂，深目高鼻，胡须满面。身披甲衣，短裤，红缘领袖，腰缠红带。左手持弓，右手拿一支长箭。

墓门的右侧，画一门犬，头向左，用墨线勾勒。现只存头部，余漫漶不清。

在前廊左侧的左耳室右壁，画瓦房一座，高50厘米，建筑十分富丽。檐下三组斗拱承托，红色门，其下有阶梯，房屋正脊上，左鸱吻落一乌鸦，在正壁下部左边画一白鹤，右边画一人，人面向左站立，头戴黑平帻，身穿短裤，两手各持一方形物体，其下身模糊不清。石壁的上部，画高悬红日，日中有三足金乌（图3-12-2）。

在前廊右端的室之正面石壁上部，画一圆月，月中有玉兔，此壁之月与左耳室红日相对，表示日、月天象。此廊尽端的左壁，画有一个武器架，一红色横杆上，由左往右分别挂有环首刀、盾牌、两红缨戟、甲衣等物品。

此外，在棺室右侧壁突出的耳室壁画上，画有宴饮图，已模糊不清。

（四）墓葬年代

从墓室用材、营造方法、壁画人物衣冠特点和出土的器物形制看，加之与先前发现的汉、魏晋壁画墓进行比较，北园二号壁画墓的年代比北园一号壁画墓要晚，应和三道壕魏令支令墓年代相近。

图 3-12-2　壁画太阳金乌图

十三、北园三号魏壁画墓

北园三号壁画墓，在辽阳市区西北部的北园村辽阳铁合金厂职工宿舍区，其北为早年发现的北园一号、二号壁画墓。此墓为1986年发现，对该墓做了清理发掘。

（一）墓室结构

此墓为淡青色南芬页岩大石板支筑，结构严谨，石筑墓室平面呈"工"字形。墓门向南，门内为前廊，左、右各有一耳室，前廊后面有并列三个棺室，棺室北面为后廊，后廊左、右两端各有一耳室，在墓后壁中向外凸出一小室。墓室南北长4.3米、东西宽6.05米（图3-13-1）。

在墓前壁开辟墓门，门中立二扁方石柱，将墓门分成三洞，在外面由三块石板封堵，石间接触严密。

图 3-13-1 北园三号壁画墓 墓室前廊与棺室（从前向后摄）

（二）葬式及遗物

在墓中棺室内，出人骨架三具，保存较好，头北足南，仰身直肢葬式。在棺室中有木棺，还有白灰枕。

此墓随葬遗物较多，出土各类遗物151件。遗物出土位置，在前廊、后廊和棺室内。器物种类以灰色泥质陶器为主，大部分为陶明器，有陶仓、陶井、陶灶、陶楼等。陶楼建造华丽，为两层歇山式瓦顶，门窗雕镂精工，造型别致。

其他遗物有漆套盒、铜镜、环首铁刀、铜"五铢"钱等。

（三）壁　画

此墓在墓室中绘有彩色壁画，在墓内前廊、后廊、左右耳室、后壁凸出小室的壁面上，满绘壁画。

壁画内容有：

门卒图，门卒，身形高大，白面朱唇，八字胡须，神态憨厚安详，注视前方，头戴黑帻，身着交领长袍，皂缘领袖，下着长袴，露双脚鞋头，作武士装束，胸前横一彤弓，腰间悬朱色箭箙，立于门侧（图3-13-2）。门犬，满身长毛，形态凶猛。

文吏图，位于前西耳室西壁，绘十二人，均戴进贤冠。这一组画七人，按班排列，每人均双手拢袖，拱于胸前，作侍奉状。头上有一轮明月，光辉照耀（图3-13-3、图3-13-4）。

歌舞图，画一长袖女歌者，作跪坐状。

天象图，绘日，内有金乌，月，内有蟾蜍，周围有六个星点，表示天空。

男女对坐图，围幔高悬，夫妻对坐于榻上。

庭院车马图，在耳室正壁上，绘一桑树，上落五只乌鸦，在前部绘四系轺车一辆，用一立柱式车梯支持，树下有两匹马，一在低头吃草，一在引颈长嘶。

家畜图，绘有黄牛与马、鸡、鸭、猪等，六畜俱全。

庖厨楼阁图，绘有楼房三座，在厨房内画有鱼、鸭、肉等食品。

图 3-13-2　北园三号壁画墓　西墓门东侧门柱西壁门卒图

图 3-13-3　北园三号壁画墓　前西耳室西壁文吏图

第三章 辽阳壁画墓

图 3-13-4 北园三号壁画墓 前西耳室西壁文吏图（部分）

（四）墓葬年代

此墓位于北园村，与以往发现的北园一号墓、二号墓相距很近，一号墓时间为后汉，二号墓年代为三国魏时，均可供参考。

从此墓本身看，其结构为墓门三洞，有前后廊，各出耳室，三棺室，后壁出小室，这种墓室结构和以前发现的北园一号后汉壁画墓、棒台子一号后汉壁画墓、北园二号三国魏壁画墓的结构相同。再从遗物看，陶器、漆器、铜镜、环首铁刀等，均无晚期特点。再看壁画反映的绘画技法与艺术水平，较车骑墓等为逊，但还无更晚迹象，而与三道壕魏令支令墓、一号墓、二号墓相近。

根据上述各方面分析比较，此墓的年代应在汉魏时。如果具体一点说，北园三号墓的年代，是相应于汉末三国时，即公孙氏统治辽东的时期。

十四、三道壕晋太康十年壁画墓

此墓是 1983 年 5 月辽阳市文物管理所在发掘市北郊三道壕村北窑场古墓群时发现的，遂一并进行清理。发掘后将此墓作了封土保护。

（一）墓葬位置

墓在辽阳市北郊太子河区太子河乡三道壕村北约 500 米的窑场取土区。其具体位置在哈大铁路的西面平地中，南面为三道壕村西的车骑墓，东南为三道壕魏令支令墓与一、二号壁画墓，再东南越三道壕村即为 1955 年东北文物工作队发掘的三道壕前汉村落遗址，其西北为北园一号壁画墓和棒台子一号壁画墓。此墓所在地的周围是汉魏时期的墓葬区，从墓葬分布情况看，此墓处在墓葬区的中心区域（图 3-14-1）。

（二）墓室结构

墓室建筑平面呈"工"字形。整个墓室全部用淡青色南芬页岩石板支筑，石板打制方整，壁面平滑。墓的下面铺石板为墓底，四周立石板为壁，上部横搭石板为墓顶。石板间的缝隙，用白灰勾缝，建筑十分坚固。

墓由前廊、前部左右耳室、棺室、后廊、后左右耳室组成。墓内前后通长 4.84 米、宽 3.38 米、高 1.8 米。

墓门在南壁上，门朝南方向，偏东 15 度。在前面东西宽 5 米的南壁中间立

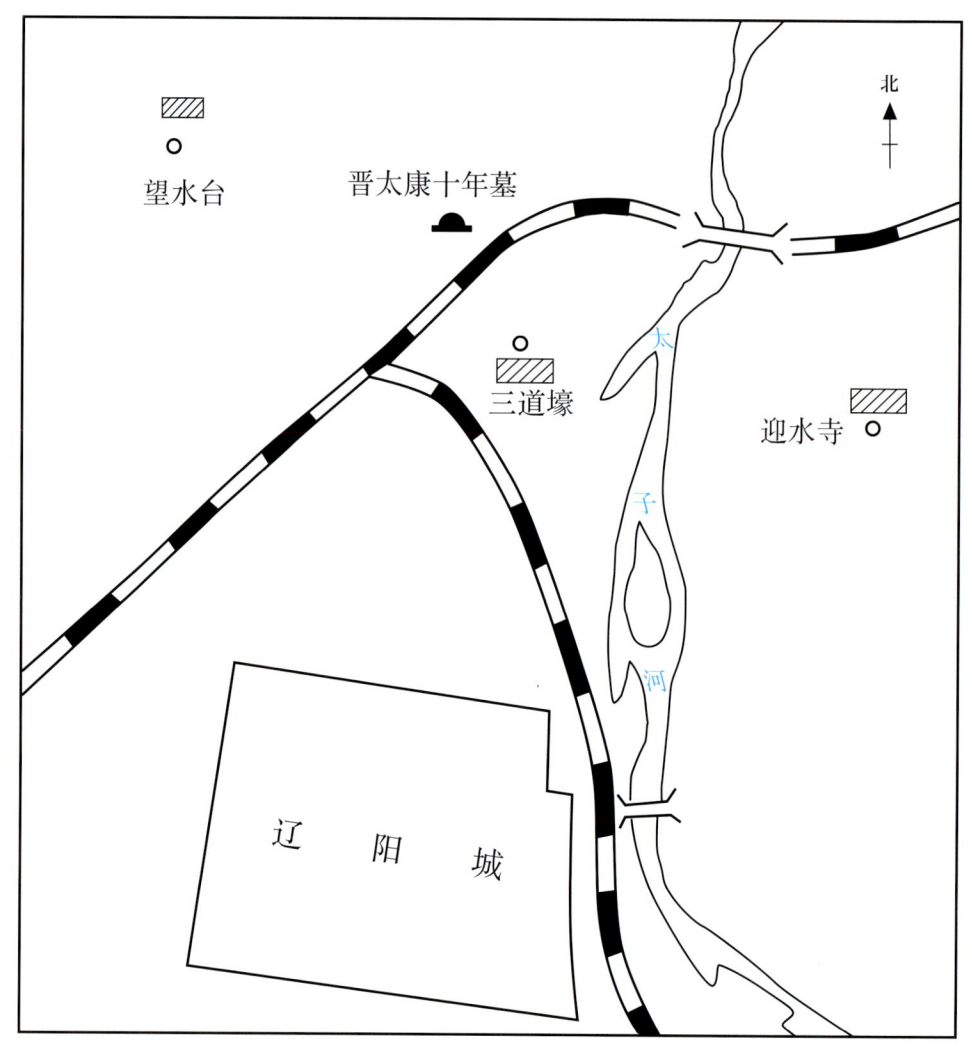

图 3-14-1 三道壕晋太康十年壁画墓位置图

一扁方石柱,将墓门分为左右两洞,两侧各立一扁方石门框,墓门宽 1.58 米、高 1.3 米。门上东西向横架门楣,门下横铺门槛,门用两块大石板由外封堵。墓门洞宽 74 厘米、高 1.8 米。

墓门内为前廊,廊横长,宽与棺室同。

前廊的左、右两端向外延伸,各形成为一耳室。左耳室地面垫起 36 厘米高,为明器台。

前廊后部(即墓室中部)的棺室,纵向并列四棺室。其结构是,纵向立三列大石板为间隔，由西向东排列三棺室，各用长方形石板纵铺为尸床，高出前廊地面 22 厘米，东面棺室只有两窄石条纵放，而无高出地面的尸床。棺室中间石板为通壁，未留棺室间孔洞，而其两侧石板中部均留出宽 1.16 米、高 1 米孔洞，为相通的过窗。棺室间三块立石板上面各托以方形石块为斗，斗上承托横梁，梁上铺石板为墓顶。棺室长均为 2.8 米，右面一、二、三棺室高均为 1.38 米，第四棺室高 1.44 米，四个棺室各宽为 66—76 厘米。

后廊，在棺室后部，横宽，宽与棺室同。

后廊左右两端向外延伸，各形成一耳室，耳室较前廊耳室为小。后廊与两耳室东西全长 4.38 米、宽 0.74 米、高 1.8 米（图 3-14-2）。

（三）人骨葬式

在墓室的棺室中，西侧一、二、三棺室的尸床上，各葬有两具成年人骨骸，为一男一女，三棺室共葬六人，方向均为头北脚南。由于人骨散乱，葬式不明，应是仰身直肢。

在东侧的第一棺室中，既未铺石板尸床，又未见人之骨骸。而葬具除有石灰枕一件外，其他未见。

（四）出土遗物

墓中随葬器物，共有 14 件，主要放置在前、后耳室和棺床上。器物包括陶器 7 件、铜器 1 件、铁器 2 件、银器 4 件，有明器和生活实用物品。

陶盘　2 件。均为泥质灰陶。一件敞口，圆唇，唇上有一道凹弦纹，平底，底部有两道凸弦纹，盘底内面两道凸弦纹，火候较高。口径 16.4 厘米、高 2.2 厘米（图 3-14-3-9）。另一件敞口，平底，但器形近似碗状，火候较低。口径 18.2 厘米、高 3 厘米（图 3-14-3-10）。

陶钵　3 件。均为泥质灰陶，火候较低。一件直口、圆唇、折腹、平底，口径 15.8 厘米、高 5.6 厘米（图 3-14-3-3）。另一件敞口、圆唇、平底，口

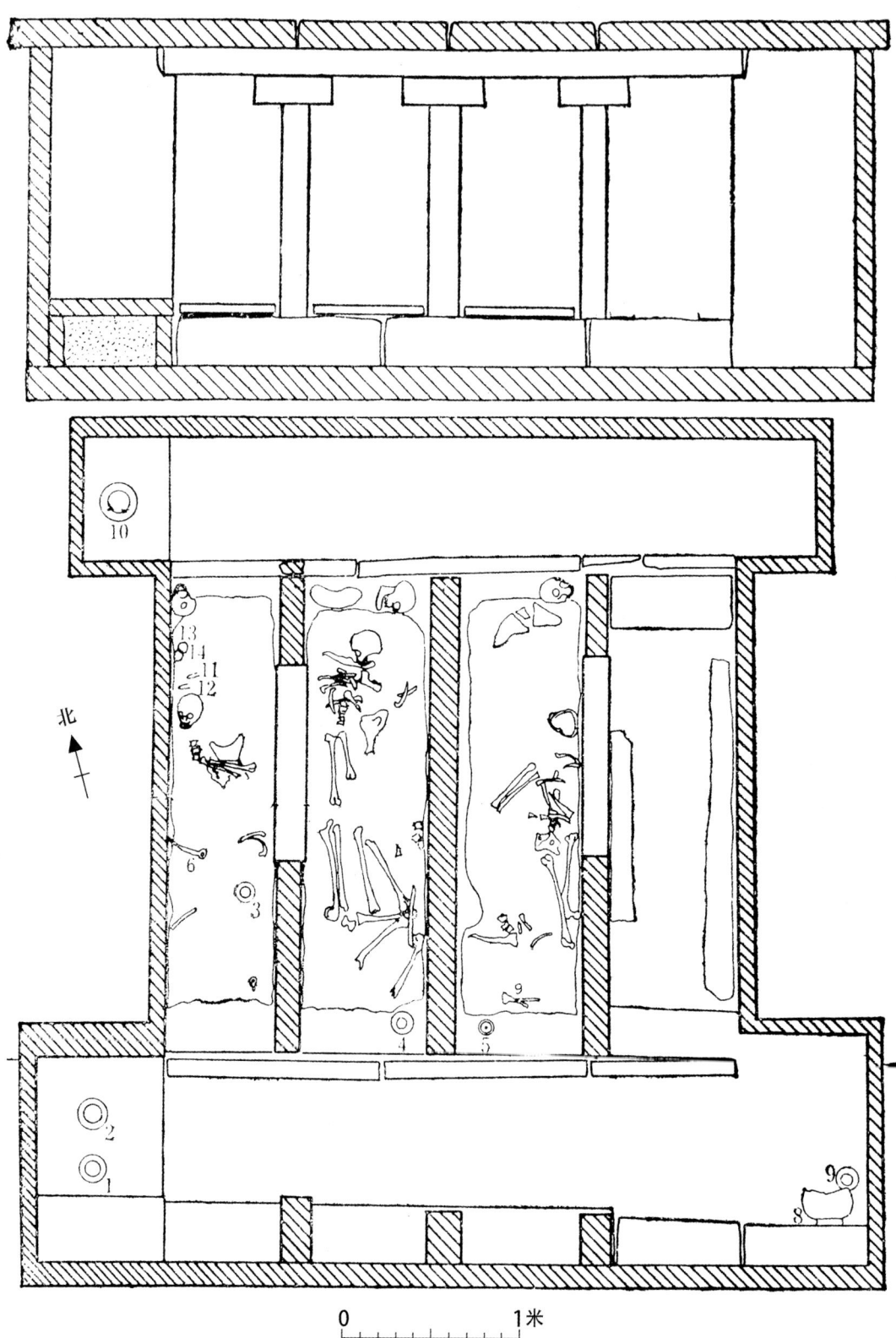

图 3-14-2 三道壕晋太康十年壁画墓墓室结构及遗物分布图

径 14.5 厘米、高 5.1 厘米（图 3-14-3-2）。再一件微敛口、高身、平底。口径 19.4 厘米、高 8 厘米（图 3-14-3-1）。

陶罐　2 件。均为泥质灰陶，火候较高，一大一小，器形基本相似，敞口，方唇，束颈，斜肩，底有不同，大者平底，小者底内凹。小陶罐口径 8.5 厘米、高 11.7 厘米（图 3-14-3-6），大陶罐口径 14 厘米、高 22 厘米（图 3-14-3-5）。

"位至三公"铭文铜镜　1 件。镜面微凸。镜背宽缘，中心为半球形纽，横穿一孔，纽两侧上下两道凸起直线形成文字区，于纽上下分铸隶书"位至三公"四字铭文，文字左右两侧铸夔凤纹，外周饰一圈短线锯齿纹。铜镜直径 8 厘米、厚 0.35 厘米（图 3-14-3-4）。

环首铁刀　1 件。随葬时用丝绸包裹，刀身因锈存丝绸纹。刀长身，尖上翘，厚背弧刃，后有环首。长 24 厘米（图 3-14-3-8）。

铁镊子　1 件。琵琶形，双股，刃端呈椭圆形，柄端方形，中间一道铁箍，可以上下松紧。残长 15.8 厘米。

银手镯　1 副。圆形，扁体，无开口。镯直径 6 厘米（图 3-14-3-7）。

银发钗　2 件。体作叉形，双股，一宽身直折，一并股急折，其长分别为 12 厘米、14.4 厘米（图 3-14-3-11、图 3-14-3-12）。

（五）墓壁刻文图像与壁画

此墓有壁画，数量很少，但在墓壁上刻有文字和图像，因刻辞中有年代的记录，因此其时间准确，且从墓室结构、出土遗物等方面考察，都对辽阳地区其他墓葬的年代确定有参考价值，故将其选录于此。

墓壁上的刻文，有的磨损难辨，能认出的有 45 个字，其文字内容分为纪年、职官、姓氏、地名、安装记号等，分刻在墓内的石壁上。

西起第二棺室西壁南端刻有"太康四　太康"五字（图 3-14-4-1）。此处刻画"太康四"，应是表示"太康四年"。此处刻字可能是刻画字的人感觉刻画的字不太好，尤其"康"字较差，故又在其旁另刻画"太康"二字。

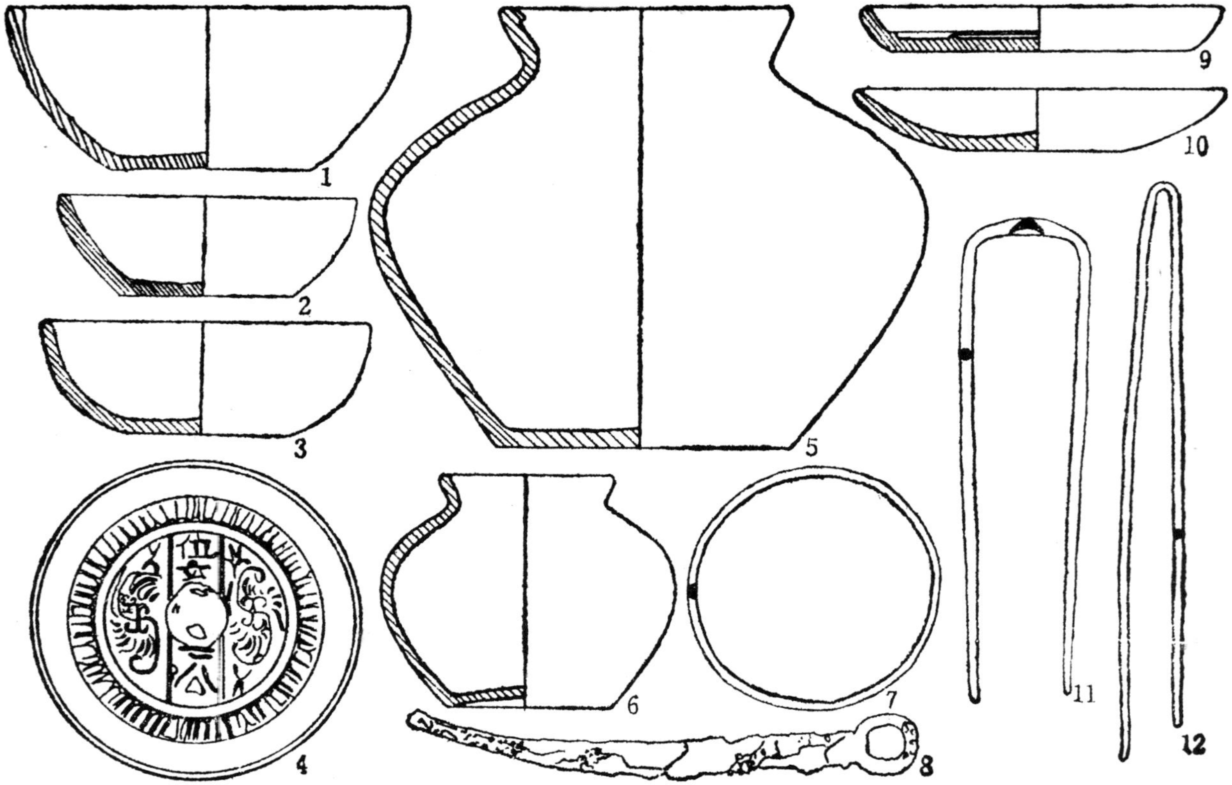

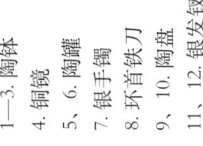

1—3. 陶钵 4. 铜镜 5、6. 陶罐 7. 银手镯 8. 环首铁刀 9、10. 陶盘 11、12. 银发钗

图 3-14-3 出土遗物图

西起第二棺室西壁南端刻有"将军"二字（图3-14-4-1）。

后廊后壁西端正对第一棺室处，刻有"大广（康）七年八月"六字（图3-14-4-2）。

后廊后壁正对第二棺室处，刻有"□□太康九年春三"八字（图3-14-4-3）。在"太康"字上还有二字，已不可辨。"三"字下还应有"月"字等。

东起第一棺室西壁过窗侧面刻有"太康九年"四字。

西起第三棺室东壁过窗下刻有"太康十年十月□七日□"九字（图3-13-4-4）。在"七"字前边一字，应是"十"字。

后右耳室南壁刻有"孙度支□家大好"七字（图3-14-4-5）。在"家"字上边还有一字，无法辨识。

前左耳室正壁中部刻有"襄平"二字（图3-14-4-7）。

前左耳室正壁中部刻有"李李李"三字（图3-14-4-6）。

此墓除了上述刻文外，在墓内石壁上还刻画了一定数量的图像。这些图像虽然没有表现出系统和刻意安排的痕迹，但却可能为我们提供某些相关的信息。

墓壁上刻画图像共有四处。

西起第一棺室西壁南端刻画飞鸟图，昂首，展开双翼，后拖长尾，作奋翅飞翔状。高14.5厘米（图3-14-4-8）。

西起第一棺室东壁南端刻画射鹿与水鸟啄鱼图。画面左边在前有一奔跑的长角鹿，后有一人挽弓欲射。其后为另一内容，有一只小鸟，向右注视，其右面有一只大水鸟，昂首，用长喙叼起一鱼。图长29厘米（图3-14-4-9）。

东起第一棺室西壁南端刻画武士像，手持长刀，头戴铁盔，身披甲衣，双脚叉开，英武威风。全高15厘米（图3-14-4-10）。

东起第一棺室东壁北端墨画一鸡，此为本墓之壁画。

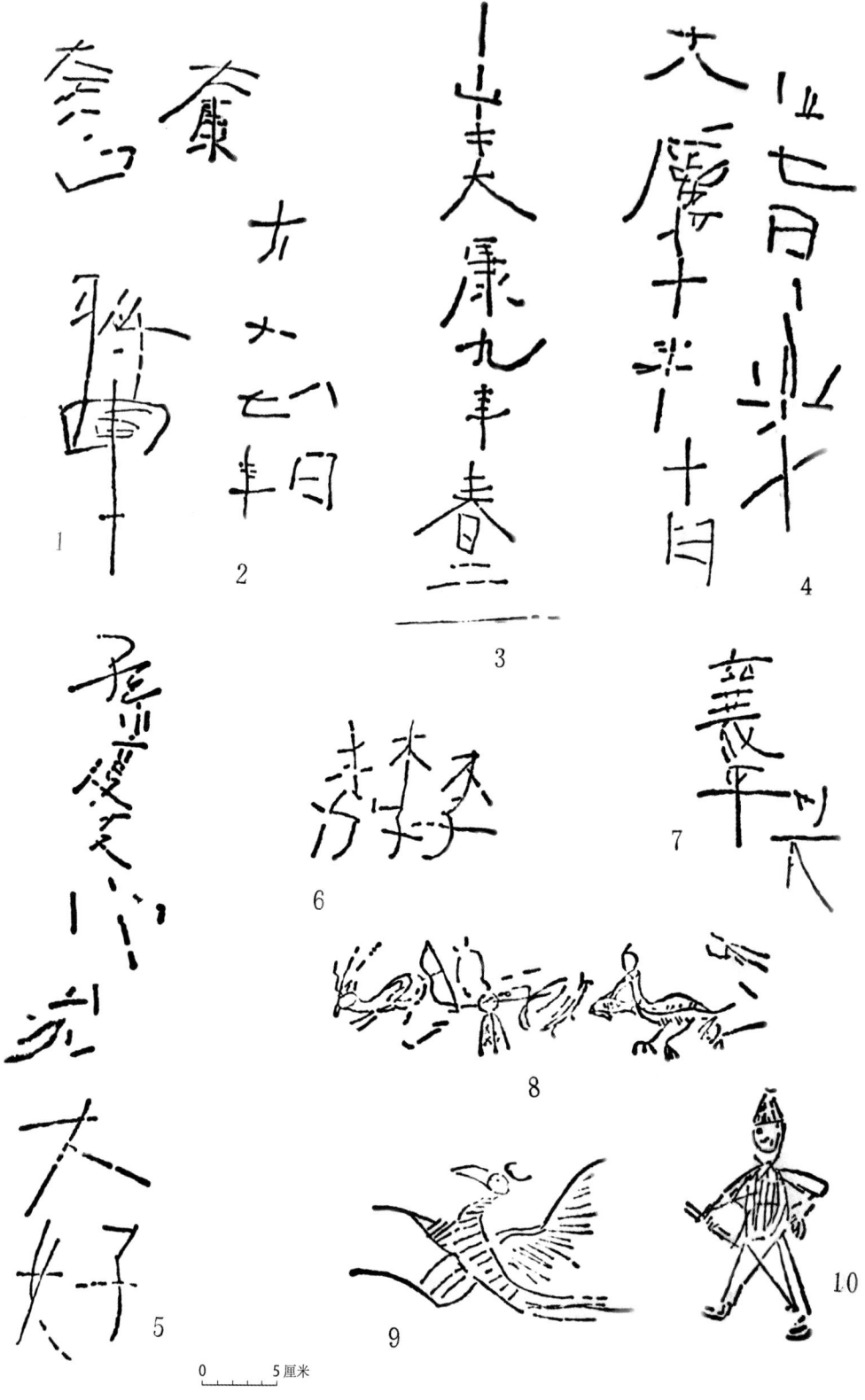

图 3-14-4　墓壁刻划文字及刻划图画（摹本）

（六）墓葬年代

辽阳古称襄平，起于战国燕时，设辽东郡，首府为"襄平"[①]。秦、汉沿而未改[②]，王莽改为昌平[③]，后汉时复故[④]，直到魏晋时期仍相沿旧称如故[⑤]。

此墓刻画"太康"年，又刻画"襄平"等文字，可知到晋时今辽阳仍称襄平，恰好证明其时的建置情况。近些年，在辽阳发现的晋代遗物也很多，如在三道壕墓中出土有"永元十七年"划文的陶案[⑥]、"太康二年"铭款的瓦当[⑦]，都是很好的证明，也为辽阳地区的墓葬年代作了很好的注释。此墓刻画的文字，在一墓之内发现有这么多，且互相关联，还是不多见的，这对壁画墓内涵的了解很为重要。

细观此墓刻划的文字，尖锐纤细，应是用尖状铁器刻划的，但其笔迹不太规范，字也潦草，语句也不完整，字无规范，且显慌乱，乍看之下，似是信手刻划的，但其实不是，而是经过安排有意刻划的。

首先，我们从题记看，这些刻划字所记的是年代，它们不是同一时间的，若是同一时间刻划，就不会刻划这么多的不同年份。从题刻纪年看，前后经历了六个不同时间，即从太康四年开始，至太康十年止。既然时间不同，各有所记，那就应该是分年刻划的。

其次，这些刻划文字，是分散的，没有集中在一起，如果是建墓时的某个施工者随手所刻划，必然是在某一处刻划些字就可以了，不会刻划这么多地方，

[①] 司马迁：《史记》卷一一〇《匈奴列传》载："燕亦筑长城，自造阳至襄平，置上谷、渔阳、右北平、辽西、辽东郡以拒胡。"战国燕铸有钱币"襄平"布币，也是"襄平"最早见于战国燕币上的名称，辽阳地区此前曾出土大量的"襄平"布币。

[②] 班固：《汉书》卷二八下《地理志下》载："辽东郡，县十八：襄平，有牧师官。莽曰昌平。"襄平为首县，是郡治。

[③] 在辽阳三道壕前汉村落遗址中出土有画"昌平"款陶釜片多件，见李文信：《辽阳三道壕西汉村落遗址》，《考古学报》1957年第1期。

[④] 范晔、司马彪：《后汉书》志第二三《郡国五》载："辽东郡，秦置。十一城：襄平。"襄平仍系于首县，为治所。

[⑤] 房玄龄：《晋书》卷十四《地理志》载："后汉末，公孙度自号平州牧。……魏置东夷校尉，居襄平，而分辽东、昌黎、玄菟、带方、乐浪五郡为平州。"

[⑥] 东北文物工作队：《东北文物工作队1954年工作简报》，《文物参考资料》1955年3期。

[⑦] 王增新：《辽阳三道壕发现的晋代墓葬》，《文物参考资料》1955年11期。

这么分散于各壁，且都独立存在，因此，它们不是偶然所为。

第三，按常理讲，建墓施工的人，不会在为他人建的墓上随便乱刻乱划记事的文字和图画的，墓主家也是不允许这样做的，因而不会是建墓的人随意所为。

第四，这些刻划字的所在位置，都是有意安排的，不是随便在某一处进行刻划的。如有的刻划文字所处的位置，是非常不方便刻划字的，但也刻划了，如西数右二棺室、右三棺室、左一棺室，位置狭促，也都分别刻划了字，这就很能说明问题，字不是随意刻划，而是有所安排的。

第五，刻划字的内涵，是要表明入葬时间的，这一点以其分别记在各相关棺室位置可以得到证明。我们看一下此墓葬入的人数，全墓共四个棺室，在西数的三个棺室内，每棺室葬二人，东起第一棺室，未见人骨，但此棺室有白灰枕，则此棺室内也应葬有一人，全墓共葬七人。我们再从刻划文字所标出的年代看：

1. "太康四年""将军"这一刻辞，它刻划在西起第二棺室西壁南端，表明此棺室中的一人是在"太康四年"入葬的，这应是此墓最早葬入的一个人，其人为"将军"。

2. "太康七年八月"这一刻辞，它刻划于后廊后壁西端正对第一棺室处，而西第一棺室内葬二人，棺室内石壁上没有刻划文字，则此刻划文字即是表示西第一棺室中有一人是葬于"太康七年八月"的。

3. "太康九年春二（月）"这一刻辞，它刻划于后廊后壁正对第二棺室处，而西第二棺室内葬二人，前已说明此棺室内刻划"太康四年""将军"诸字，则此刻辞又可证此棺室中的另一人是为"太康九年春二月"所葬。

4. "太康九年"这一刻辞，它刻划于东起第一棺室西壁过窗侧面，则说明此棺室中之人是在"太康九年"入葬的。

5. "太康十年十月七日"这一刻辞，它刻划于西起第三棺室东壁过窗下，此棺室内葬二人，则说明此棺室中有一人是葬于"太康十年十月七日"的。

通过上述分析，可以明确看到这些刻划纪年的文字都是互相对应的，不是建墓施工者无意间刻划的；这些刻划文字分散在各相应部位，是经过墓主家族安排的。尤其这些年代，不是同一年，说明此墓内的死者不是一次葬入的，而是每葬入一次死者，则在相应部位刻划一次年代。因此，年代不同，葬入位置不同，刻划年代文字的部位也就不同。

另外，如是在同一时间刻划，不可能分散到墓室各个角落，划字者也不可能划出这么多没来由的、前言不搭后语的、不相联系的年代。尤其是刻划年代，一般都是写当年，如"太康四年"，只能是在太康四年划，不可能在太康四年划"太康十年"的字样。因此，此墓时间刻辞都是每次入葬时分别刻划的。

还有一事，也需要考察，即从刻划的文字书写字体上看，也可以看出一些问题，即字太潦草，缺笔失误，几不成字形。为什么会出现这种情况？其原因就是墓是先建成，死者是后葬入的，且依次在不同时间里葬入，这就会出现下列问题：

1. 墓室建成后，待葬入死者时，才刻划相应的纪年文字，此时墓室内是较为昏暗的，即便有灯光也不利于文字刻划。

2. 从葬入时间看，由太康四年到太康十年，前后仅为七年，时间短，葬入死者较为集中，在七年时间里葬入七人，当后一次葬入距前一次葬入，最长时间为太康四年到太康七年，仅相距三年，其后太康七年到太康十年，四年时间就四次葬入死者，相隔为一年或二年，而太康九年一年中就葬入两次。试想，不仅墓内光线不足，灯光昏暗，不便于细致地刻划书写文字；而且已经葬入的死者尸体在此时间当已变腐，其墓内气味、环境如何可想而知，但又不得不葬入，葬入又要刻划文字，心情急迫，想尽快结束，就会匆忙应付。因此，在这种环境和心理情况下，文字刻划得潦草，脱笔丢划，字不成形，也就是很自然的了。

墓中除刻划文字外，还有几幅刻划的图画，这反映的是另一部分内容。人物像，头戴兜鍪，身穿铠甲，仗剑而立，威风凛凛，说明墓中逝者有此人物，表明身份地位。前有奔鹿，后有人持弓相逐，是墓主人生前曾经游玩射猎的生活场面，在墓中用画的形式加以记录。还有飞鸟，长尾有冠，展翅飞翔，则是升天思想的具体化，这种藉仙禽引导，灵魂升天，在汉魏壁画墓中，是非常普遍的。此墓这些画很简略，恰好说明这个时期壁画的状况，已无汉代壁画的那种蓬勃气势了。

关于此墓的年代，因有上述多项纪年，较为明确，是为晋墓。其具体时间，为太康年，"太康"是晋武帝司马炎的年号。

十五、上王家晋壁画墓

1957年9月间，辽阳市上王家村村民在田园中挖菜窖时，发现一座古墓，经上报后，作了封存。1958年5月，辽宁省博物馆文物工作队对此墓进行了考古发掘。

（一）地理位置

发现的古墓为壁画墓，在辽阳市北郊约十里的上王家村。这座壁画墓南距棒台子村约一里，东南方向隔长大铁路距三道壕村约八里。此墓在地理位置上，是辽阳市北郊汉至魏晋壁画墓中最靠北边的一座。

（二）墓室结构

墓室全部是用淡青色南芬页岩石板支筑，平面呈"丁"字形，建墓石板间隙用白灰勾缝。

墓门向东，偏南16度。门内两侧立支两个扁方形柱石，上托石楣横梁，下垫方形础石，二柱间有门槛。墓门从外面用一块大方形石板封堵。墓室东西进深5米，南北宽4米，墓室最高2.5米（图3-15-1、图3-15-2）。

墓门内为前廊，前廊较为宽大，长2.36米、宽2米。

前廊左右两端外延形成两耳室。左耳室，长2.4米、宽0.6米，中间支立一柱石，上撑墓顶。右耳室，长2.65米、宽0.95米，室内砌有明器台，高出墓底0.52米。

前廊后部是两个棺室，两棺室左右并列，中间用石板隔开，壁石上托拱石、横梁，有门式过窗，使两棺室上部相通。

墓室顶部，大部分用整块石板平置墓壁上，但前廊的顶部不同，系用四行石板互相抹角叠压盖成，因此在墓室前廊则形成平顶抹角方形藻井式墓顶。这种结构在辽阳发掘的石墓中还是不多见的。

建墓石板的板面非常平滑，易于绘画。另在墓室的后壁上，还刻划有文字。

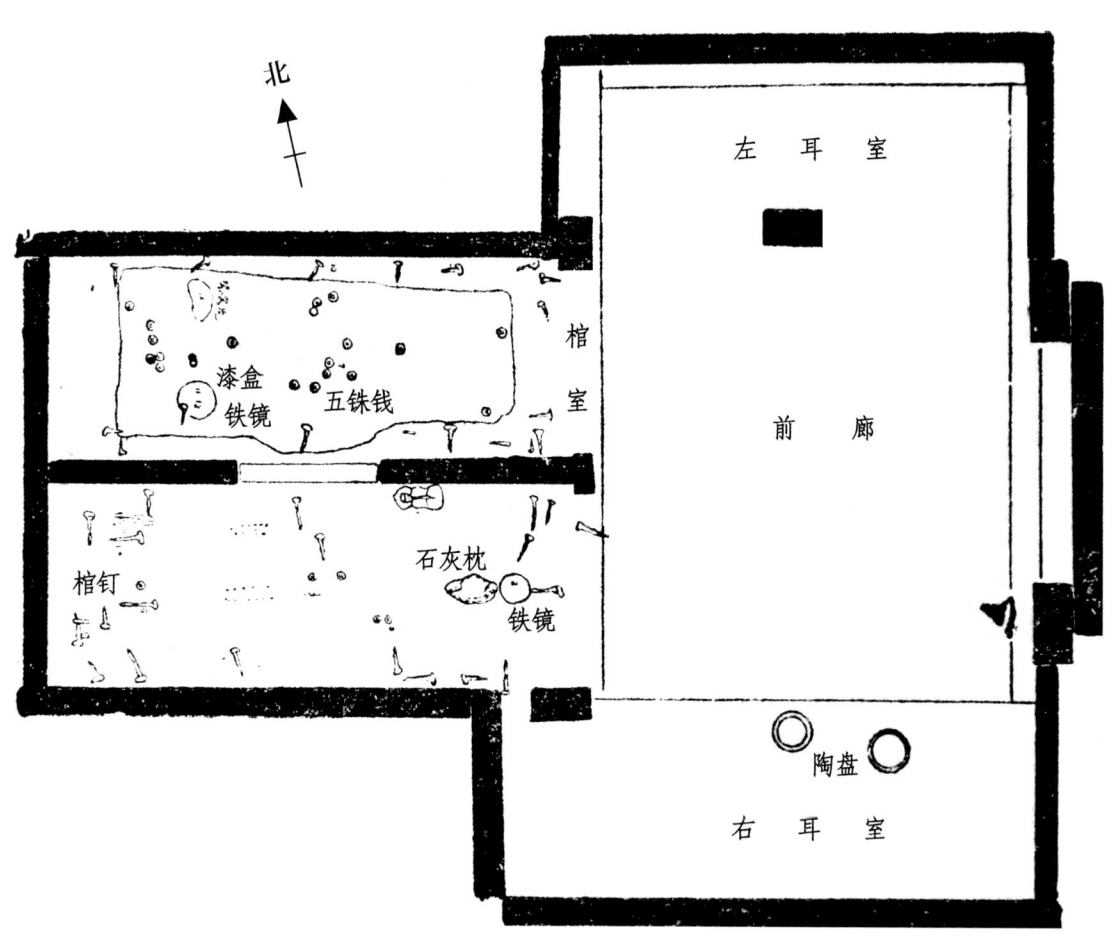

图 3-15-1　上王家晋壁画墓墓室结构平面、遗物分布图

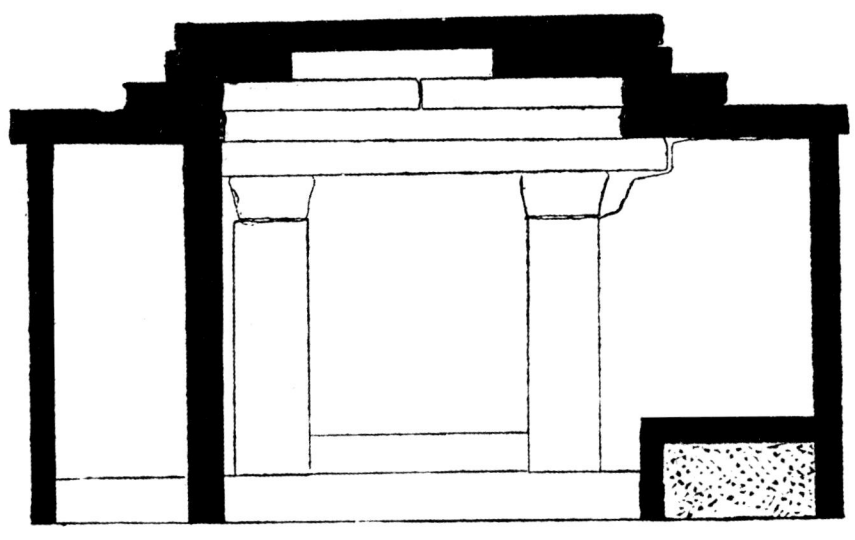

图 3-15-2 墓室横剖面图（由后视前）

（三）葬具和葬式

墓葬的两棺室内，各置一木棺，木棺板已腐朽，仅存棺钉 50 余枚，还可推测出棺的结构。铁棺钉，圆帽方身，全长 19 厘米，帽径 3.6 厘米。从棺钉的位置来看，可以推知两棺均长约 2.3 米，宽 0.6 至 0.7 米。从棺钉上粘附的木痕来看，棺板厚约 8 厘米。

逝者骨殖已朽，仅存少许头骨及骨屑，从石灰枕和头骨的位置来看，当为头东脚西，仰身直肢葬式。右棺为男，左棺为女。

（四）出土遗物

随葬遗物很少，计有以下几种：

铁镜　1 件。出土于男性木棺内，铁镜圆形，扁平纽，直径 14.5 厘米，以绢包裹，铁锈绢纹仍存镜上。

青瓷虎子　1 件。在男性右臂旁出土，虎子施青釉，前为虎头形口，背部上有提梁，把手后附蛇尾，腰侧有翼。全长 25 厘米，通高 19 厘米（图 3-15-3）。

铁镜　1 件。出土于女性木棺中，置于圆形朱漆奁盒内，直径 20 厘米。

漆奁盒　1 件。圆形，朱漆，漆盒已碎。

灰陶盘 2件。在右耳室明器台上出土。盘为轮制，口径22厘米（图3-15-4），在一盘底上刻画一"徐"字（图3-15-5）。

钱币 共70枚。分出于两木棺中，有"五铢"、剪轮"五铢"、"货泉"三种（图3-15-6）。

图3-15-3 青瓷虎子

图3-15-5 陶盘底部文字拓片

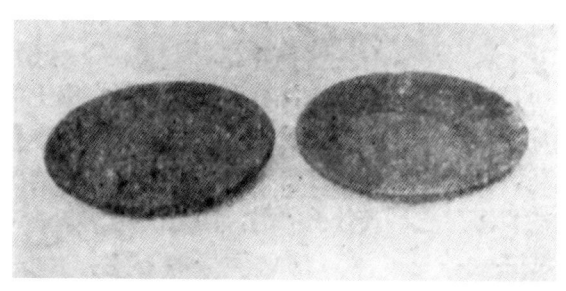

图3-15-4 陶盘

图3-15-6 五铢、货泉拓片

（五）墓室壁画

在棺室前柱石及左右两耳室的壁上，绘有彩色壁画。

此墓壁画，用朱、墨、黄、白等色绘制，其中颜色以朱为主，轮廓用墨线勾勒，构图简单，线条粗放，不同于汉魏墓壁画风格。

1. 右耳室壁画

右耳室正壁绘墓主人宴饮图。画面是堂上朱幕高悬，下垂朱帷四结，男主人端坐在方榻上，头戴冠，蓄须，红唇，右手持麈尾，着服模糊不清，面前置红色方几案，前后有朱色屏障。榻右侍立一人，黑帻，长袍束腰，捧笏，面向主人。其头部墨书题"书佐"二字，标明侍者的身份。屏后侍立三人，均黑帻长袍束腰，捧笏面向主人。榻左立一侍人，似向主人进食，人已模糊不清，仅见手里举的耳杯等物（图3-15-7）。

2. 左耳室壁画

左耳室正壁上绘车骑出行图。画中前有导骑八人，分列路两侧，骑吏均黑帻长袍，拱手捧笏，鞍勒俱全。后有黄牛黑轮车一辆，车厢内坐一人，黑冠，作拱手状，当为主人。御者黑帻短袍，持缰绳步行（图3-15-8）。

左耳室右壁上，呈现朱、墨粗线，所画可能是房屋，彩色模糊不清，已难辨认。

图 3-15-7　右耳室壁画墓主人宴饮图（摹本）

图 3-15-8　左耳室车骑出行图（摹本）

3. 棺室壁画

在棺室壁上，有朱笔勾勒的框线，可能原绘有壁画，由于渗水冲刷，颜色多已脱落，所绘内容不清。

在棺前端的柱石上，绘有流云花纹图案。

4. 墓室后壁刻画文字

在墓室后壁上，刻画有文字，是用锐器在壁面上刻画，竖行，共有五行，行字高低不一，每行字数不等，有的字不能辨识。各行刻画文字内容如下：

"嗟呼□先人□

人（大？）中大王大王

嗟夫此石出东山古人致□□

当奈何

迹石夏□□"（图 3-15-9）

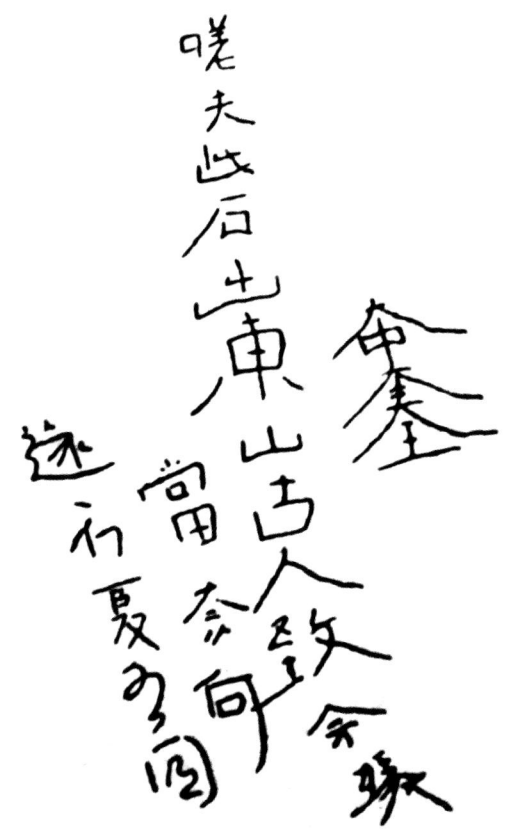

图 3-15-9　墓室后壁刻画文字（摹本）

（六）墓葬年代

此墓的年代，虽有壁画和刻画字，却未发现有年代明确的遗物和文字，因此只能根据墓葬结构形制、出土遗物特点和壁画内容去考察以确定其年代。

墓葬建筑用材为淡青色南芬页岩石板，与辽阳汉魏晋壁画墓相同，具有时代的共性，但墓葬结构本身的变化，比如墓室抹角叠压的平顶方形藻井式墓顶，是前期墓葬所不见的，当是时间晚后的特点。

辽阳壁画墓，从后汉到魏晋时期，时间早的墓壁画内容丰富，及至魏晋时期的墓葬，壁画逐渐衰微，画面色彩简单，墨线粗放，本墓即是如此。关于墓中壁画的考察，如若寻找与此墓壁画的画风相近、笔法相同、壁画内容表现相似且年代准确的壁画墓的话，则与朝鲜安岳的东晋穆帝司马聃"永和十三年"（公元357年）冬寿壁画墓中的冬寿像壁画完全一致（图3-15-10）。并且，

图 3-15-10　西壁中部冬寿像（摹本）

冬寿墓的墓顶构造上也是"抹角叠砌"，这一情况与上王家壁画墓顶构造相同。由此可推断上王家壁画墓之年代当在西晋，最晚也不会晚于东晋时期。

从出土遗物来看，此墓随葬品很少，这也是晋墓的一种习俗。从汉代以来到晋代，死者头下常有白灰枕，此墓亦然。从壁画上的题字看，还有陶盘上刻画的"徐"字，都已近于楷书。此外，墓中出土的青瓷虎子，其器形、釉色都是晋代的特点。

因此，上王家壁画墓的年代既不能早于西晋，也不会晚于东晋。

十六、辽阳北园画壁古墓记略

李文信

前　　言

辽阳为周秦汉三代之故郡，公孙氏乘魏蜀吴逐鹿之会，以数世土官，统御强宗豪族，欲脱暴魏，自谋振拔，据辽建国，奠都襄平。卒以兵力不足，人才不济，蓄积不丰，天时不造，辽东新国，仅如昙花一现，转枯萎摇落于司马氏之手。当是时也，辽人脂血锋镝，肝脑涂地者大半，因而社会贫困，民气消沉，襄平荣华转落，造成辽郡文化盛期之尾音，良可叹惜。而司马氏子孙反不能永宝，徒使辽人沦为奴，左衽之裔，痛毒辽海，垂数百年，又可恨已。其时辽人引领中原，呼吁弗告，携家航海，移入边土，甘于黄禹子孙之虚名，背乡井，弃庐墓，受尽流离颠顿之苦，度情揆理，其痛心疾首，概可知矣。至于贫弱小民，无力迁逃，不得不弃数千年文化宗俗，而受异族之歧视与征求，其苦更深于前者。抚今追昔，能不掩卷流涕者乎。及至有隋，得志中原，敢行秦汉大一统之业，续武前代，志存光复，楼船渡海，六师涉辽，困于天时地利及内政之变，两出无功。唐承隋统，扩土四裔，驼马北来，象犀南至，葡萄玉璞，亦越葱岭。绝龙沙以入庙庭。而辽东为黄禹旧镇，能任其涂毒而不拯？爰整王师，亲抚辽左，水陆东驰，得恢宏前代之遗业，使辽人重睹汉官旧仪，更著华夏衣冠，涤除多年之秽，可谓一时之快。都护数镇，郡县百荒。辽人方庆长夜已去，可观日出，乃天不厌乱，牝鸡司晨，远略不修，遗业渐蘼，西起幽燕，东及三韩，黑水渤海之间，大现修罗之场。嗣及十国，辽金勃起，所谓汉儿者，载南载北，退进维艰，辽海可谓阴霾四合，风雨之夜。胡元统一华夏，抚有此土，短祚不文，无可称述。朱明光复中原，颇勤远略，置辽东为九边，设卫所于荒外，然辽东要不过为烽候亭障之中枢，语乎文化则枯河一叶，沙原茎草而已。满清有国，发祥兹土，初都沈阳，继入中原，辽阳亦退居州县之列，古代东北中心之辽阳，有如致仕之显宦，回忆其当年辉赫之势，必多今昔之感。

循序时期，比列史事，辽阳之分并建革虽多，终未失其重要地位。言乎文化，则当以汉魏为最盛，比之中原大邑，固不稍愧，较当时其他郡治，亦大不同者何耶？一则，历经数代，设治颇久，地广物博，民庶殷富。二则，东控朝鲜，北抚大漠，握水陆交通之会，为经营东北之基地故也。语乎遗物，则上起周秦，下迄近世，地不爱宝，时有所出。考古礼仪莫若鼎彝（太子河畔曾出周鼎），补史阙遗，碑志是资（辽阳出土石刻尤多），遗迹丰富，结构雄伟。而包容古物多端，文化重要者当以汉墓为第一。盖近数十年来，东洋史学舍旧范而趋新径，以地下之新证，补史上之旧文，流风所播，中外同轨，若朝鲜乐浪郡汉族墓群之发见，外蒙恼因乌拉山匈奴古墓之开掘，越南汉晋砖墓之出土，虽皆僻在遐荒，或系远夷所遗，顾其文化之价值，不稍逊于敦煌卷轴，流沙木简，殷虚甲骨，北京猿人诸大发见也。于是辽阳汉墓又引起考古学者之注意。此种汉墓之分布不限于辽阳，发见亦不始于辽阳。金县发见者以营城子画壁砖室墓实为代表，辽阳则以画壁石室墓为白眉，若南林子画壁墓及往岁由太子河畔移归旅顺博物馆庭之画壁墓，皆为学术界所熟知者。然较今次发见者不特构造伟大有所不及，即绘画之富丽，保存之完好，亦不得等量齐观也。故不揣谫陋，略记所见，以献同好。惟走马看花，为时至促，烛光如萤，寸寸移览，直观所得，固难求于详确，欲窥全豹，当俟异日。

（一）发见之始末

古墓位于辽阳旧城之西北北园瓦窑子村落之东南，今已划归市内。地当太子河南岸之平原，田畴肥沃，西望大野，烟村无际，东南隔铁道与辽阳相对。

原有三大土阜，东南西北等距直列如三星状，俗呼"三台子"，不知为古墓也。此为最南者，上有凹穴之迹，深不及土阜之什一，盖盗发之旧迹也。

民国三十二年春，其左近有土木工程，苦无用土来源（附近皆田地），不知大土阜系古墓封土，敷设轻便铁轨，取运南阜泥土。突于三月十二日发现巨大石室一座，工人以为库藏也，由后左角一破孔入探，积土虽深，尚可伛偻往来，既无珍宝，亦不见他物。惟石壁间彩绘藻饰，极为灿烂，车骑人物，各现生态。村民入观者颇众，无知童蒙有利用湿壁以绵纸反拓壁画者。又加墓中无光，摩索往来，指触掌拊，画壁多有遭厄于伧夫之手者。事为辽阳当局所知，以古代文物古迹，不容忽视，当电告上司，并植札墓前，禁再取土，严加保护，犹恐村民视隙滥入，当将破孔封闭。余以职于同月 18 日得辽阳友人陈德门君信告，奉命于 19 日往视，故有此记。陈君辽阳籍，少年英迈，往岁余辽阳调查，见其留心乡土古迹文物，此墓得其保护之力尤多。今兹调查，又蒙不避泥泞，自任向导，理宜附记，以表谢意。

（二）外形与构造

欲知此墓详细情况当先将汉墓之一般构造形式材料等加以说明。以今日吾人所知者言之，汉墓之普通者可分木椁、砖椁、石椁、贝墓、瓮棺五类。四川崖窟墓葬为地方型或别有来，兹不详记。

1. 木椁

以圆木纵横互积为壁，上下亦并敷以圆木数层，棺置于明中，明器随葬之物亦入焉。汉史中所谓"黄肠题凑"是也。朝鲜乐浪郡时期五官掾王盱墓，外蒙古恼因乌拉山匈奴贵族墓皆代表遗例也。

2. 砖椁

有二种：一用长米余之划花、印花空心砖植壁敷盖而成状如两溜式长屋，于一端山墙开口为羡门。中州发见为多，所谓琴砖者（琴台）即此式墓砖也。盖砖体长大，纹饰美观，中空两端有巨穿或二孔，古人借作琴台，易发声也。

二用普通烧造之长方砖砌壁旋盖而成。单室概为长方形，复室者则多方室相接，室盖为挫角方旋式，主室便房，门廊相望，有白垩素壁而加藻绘者，金县营城子汉墓其代表也。更有砖印花纹涂以彩色（盖平以南），或吉语年款者（中原及朝鲜），皆砖椁墓之珍物也。若沈阳（笔者曾在南湖公园北部发掘汉墓十八座，为今日已知汉墓分布之北限），若抚顺（上柏官屯汉城址东方）则多素砖单室，砖有两端类似合同之接榫者。

3. 石椁

有三种：长方巨石（一米余）凿砻光洁每刻"黄肠"铭款，并记号数，以筑墓室（两广亦有用木代石者），依体裁观之其制当如琴砖墓式，多发见于中原者，一也。乱石积砌，无甚制度文采，颇现村俗，辽东半岛南端较多，二也。以巨大板岩（三四米余者往往而有）支筑椁室，结构精巧，气势伟壮，为辽阳所独有，似源出于巨石遗迹之桌形石墓（土人呼为石棚者），三也。

4. 贝墓

以海产贝壳敷布棺侧，或加木炭砾石，虽多现于辽东沿海，盖亦三古副葬以蜃之遗意也。辽东半岛西海岸发见较多（金复盖三县境）。此种葬法源流甚古，史前海滨人类每以贝壳弃置场为墓地，相习成俗，及演进至专有墓地时期仍用贝壳者，盖一为永不腐朽，再为不可改之礼俗使然也。

5. 瓮棺

状极简素，或以二瓮相合（笔者于辽阳发见数处）或则三器连接（金县发见，现存旅顺博物馆中），量其大小，容尸而已。"葬用陶棺，不封不树"，汉帝示薄葬，矫世俗，曾有遗诏，然当时厚葬之风，终不能改，是此种瓮棺，盖皆贫乏无力人之幽冥常住，不足代表当时墓制也。

汉墓基本类型，大要如是，本题之画墓，则属于上述之第三类三种者，详记其构造于左。

古墓地处平原，略无冈陵。墓上封土虽经两千年风雨之飘荡，今由二里外仍能望见作不正圆形（土语谓三棱八瓠者），略测存高在十米上下，当时更高可知。封土色黄，不杂沙砾。椁上二尺处有石灰一层，弧如封土，厚约三四寸。此种封土之保存，对本墓主生前地位之推测上，殊为有益，盖两汉陵墓封土之高低，法有定规，不容僭乱也（辽阳汉墓封土多不存，若鹅房、玉皇庙、南林子、孙家窑各群，久已夷为田畴）。

石室上盖约低地平线五六十厘米，椁室长方形，长约 7.85 米，广 6.85 米，高约 1.70 米。羡门三扉西南向。后左右三外壁之中央，各突出小方室一，前两角即当羡门之左右，亦突出纵长小室各一。上纵盖长大石灰板岩多方。玄室（明中）内左右纵列巨石立壁二，中央之左右较小立壁六（每三小壁连成一线，方位长度与大壁等），换言之，石墓室中央由四条壁石区为三个长形而地面较高之内室（盖主人外一妻一妾也）。若统全椁言之，明中三室，便房五室（各突出小室）周通廊路，已足八处之区。其布置经营之巧，概可想见。若梁，栋，桁，柱，拱，栌，楣，扉，墙壁，敷盖，排水，固灰等，皆准绳尺度合材适所，构架之精，有使建筑专家惊叹处（图 3-16-1）。

墓室前数米处，又有小石墓室一，宽不及大墓之半，长可倍宽，仅露顶石，不知其结构及内部情状，陪墓欤后世别墓欤，不加学术调查，一时殊难说明。

封土四周出土辽金式石棺，莲纹础石，骨坛，与元代当有之狮形方石座数事，盖为后世误认封土为自然土丘而埋入及垦田时移置此处者，皆与古墓无干。

（三）壁画与题字

中国壁画一技，三古即颇发达，周室明堂墉壁，绘尧舜桀纣及周公抱成王朝诸侯图，以为废兴之戒。楚庙则画天地山川神祇圣贤鬼魑怪物之形，故屈原有天问之作，可知当时画壁流行之广及取材之富矣。秦汉统一中原，民富物丰，宫室苑囿，不遵先天之制，离殿别馆，动连阡陌，粉藻绘皆出黄门画史，未央甘泉辄为圣贤及天地太一神鬼，麟阁云台特绘勋将功臣，两京画壁之盛，概可想见。上行下效，草偃风飞，广川殿门，鲁灵光殿，成都学宫，鸿都门下，莫不有琦玮高大之壁画，以为劝奖鉴戒之资。是皆彪炳前史，可得而言者。下吏

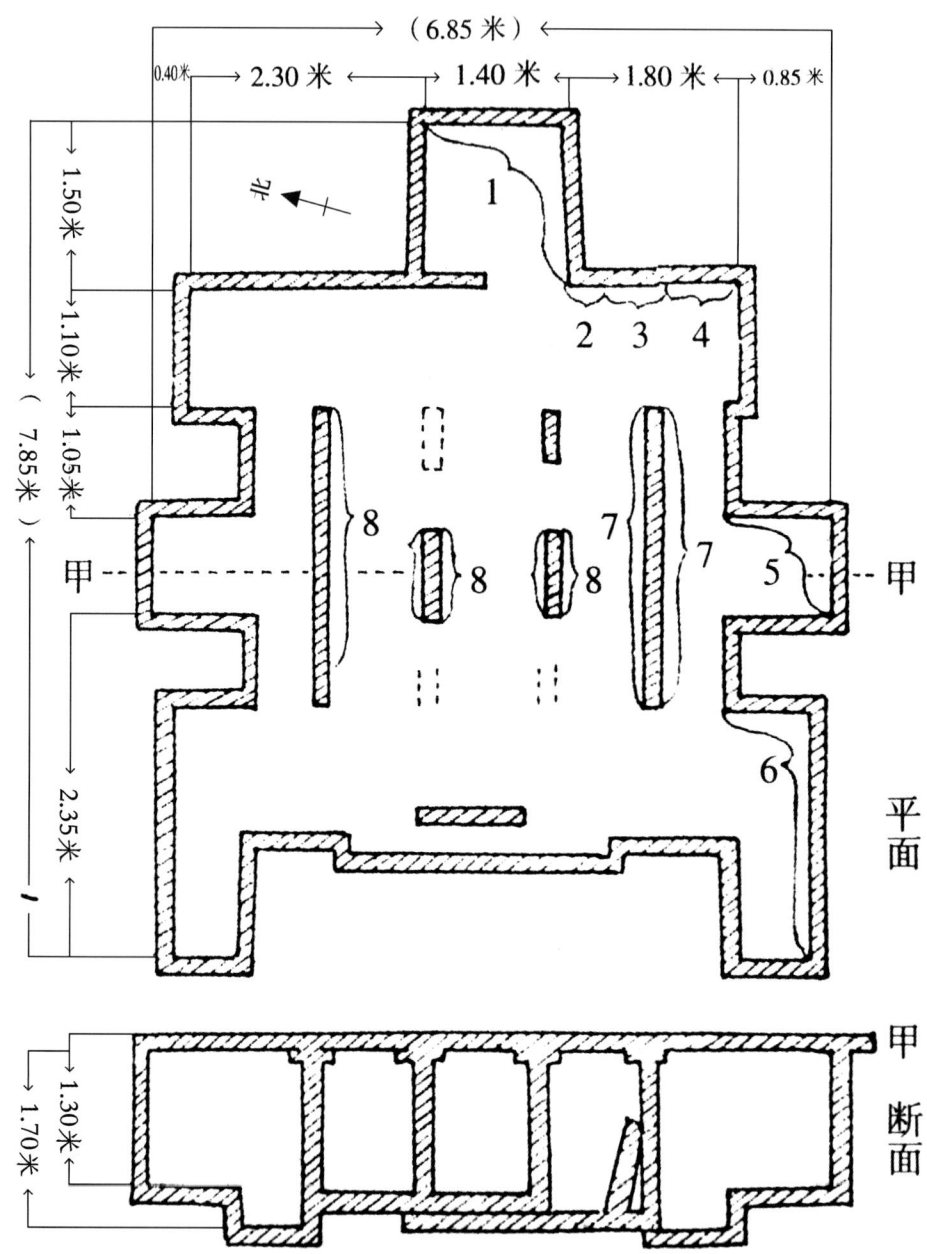

图 3-16-1　墓室平、断面与壁画分布位置图

齐民，必多仿效，酌情揆理，势所必然，隋唐鼎盛，更毋论已。

陵墓制度，代有定规。周辙既东，群雄僭拟，封植明羡，礼制陵迟，河南金村之卫墓，安徽寿春之楚陵，结构之奢，明藏之富，涂车服玩之镂错，彩版漆片之文饰，皆为见诸实物者。秦皇统一，虐暴黎首，阿房之宫，铜人之镶，驰道四通，长城万里，皆为后世诟病之大端。其骊山陵寝之修，开后世帝王造寿陵，置东园，奢瘞厚葬之端，遗小民无穷之苦。墓中画壁，亦以彼为最奢，而开两汉陵墓享堂墓阙等纹彩雕绘之习。若山东之画像石，中州之空心砖，或则花纹都丽，或则形式奇玮，取重千古，良有由也。至若当时墓中画壁，史有明文（赵岐自画像于寿藏，以季札、子产、晏婴、叔向为宾，见《后汉书》本传），中原虽亦时有实物之发见（美波斯顿美术馆藏人物画砖即其一例），要以东北为较多，盖养生送死之情，中外不殊，因地取材之便，彼此难同，辽阳石室画墓发达，别有基因（辽阳特产大片绿色石灰岩），其彩饰画艺，则确保当代之传统者也。

此墓壁画，绘诸石壁，不事涂垩，保存独佳，不特为东北前所未有，求之中土，恐亦不多。况壁楮绘画较古而仍传人间者，六朝上固不易觏，即隋唐名作，亦等麟凤。如此巨壁大作，蕴藏两千年不先不后，发于今古，可谓吾人眼福。且内容丰富，取材多端，考文论史，识小名物，补益良多，谓《卤簿记》犹在人间，《三礼图》可以废读，大不过也。而东鳞西爪之《汉官旧仪》，彼是我否之两汉经说，可能因之有所补正也。

此种古墓画壁，与普通绘画异，盖全部画面虽有若干似连非连之段落，而皆以墓中主人为中心，分之可成独立一画题，连之则如佛画释尊一生传者（《女史箴图》仍有古意）。本墓壁画此种特点尤为显著，且每有题字，更足为明确画题之助。综观全墓画壁，似由后方小室为开卷而多方展者，破孔适当此室上盖之一部。

画题以人事言有：宴飨、伎乐、斗鸡、仓廪、车舆、仪仗、神话各事，以事物言有：楼殿、车骑、犬马、麾节、旗幡、乐器、食器、冠服、刀剑、树木等物。举凡一事一物，咸关制度。有被积土所壅，未得通观处，后日发之必多奇获。

兹就其内容较要而多趣者略记如下：

1. 壁画

(1) 宴饮图（在后面突出小室之后左二壁，为墓室最后部分，平面图 3-16-1-1）

层脊堂中，帷幕高卷。尊者一人就西隅面东坐座上，前列槃案食器数事，食气高腾上达檐际。东面二人鱼贯相对坐，神态肃然。二小吏捧瓶恭侍。堂左绿树一株（连小室左壁），二小吏捧瓶欲趋堂上。堂右及右壁则朱墨狼藉，不明原状。观其全图，似表墓主人生前宴居生活之一节者。

(2) 属吏图（在后小室东面后大壁西端层楼之右下，题有"小府史"一行三字，图 3-16-1-2）

在前图之左，似与上图连接者，保存较好，像高二尺以来，二人右向端拱雁行立，冠服袍带均墨廓敷色。虽皆侧面类剪影，然老少肥瘦之态，宽躁刚懦之情，颇尽传神之妙（图 3-16-2）。依服色观之，当是属吏掾史书佐之属，班列侍事者。应与上图合观之。

(3) 楼阁图（在上图左题有"教以勤化以诚"一行六字，图 3-16-1-3）

正面高楼三层，黛瓦朱栏，赤户青锁，下敷石陛，顶立大铜凤，左右并植赤色有游长旗，上结朱绶，当风尤长（图 3-16-3），此等屋顶装饰物，当时似甚流

图 3-16-2 小府史图

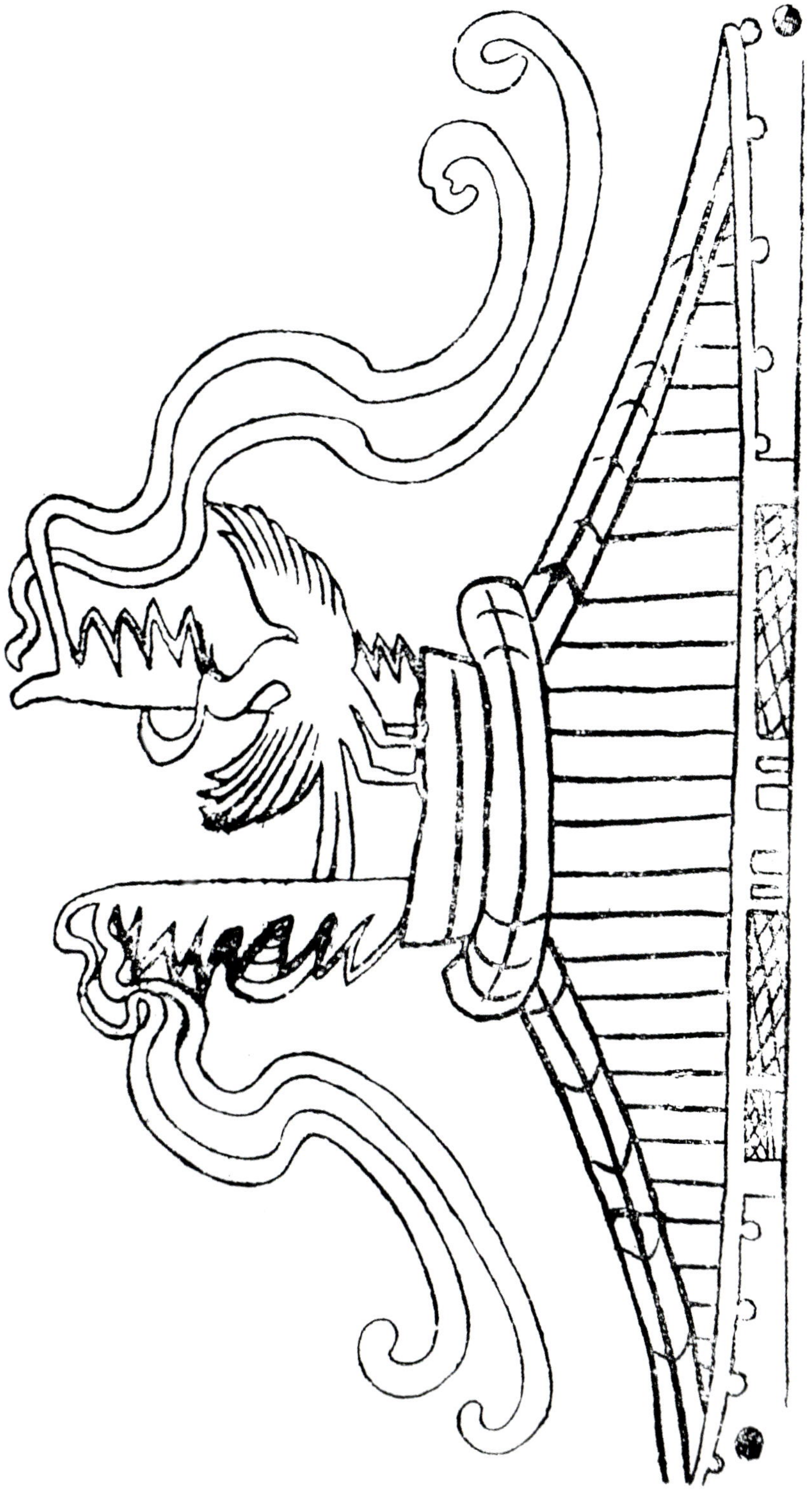

图 3-16-3 楼上装饰图

行，汉赋中往往言及之。中层坐一妇人。上层左垂脊上立一鸟，长尾巨目，作回首惊顾欲飞状。远方立一人，裸而着蔽膝，满弓植矢向鸟作欲射势，盖"有穷氏射日"传说之象征描写也。其左下为杂伎乐舞图。

(4) 乐舞图（在楼阁图下方，系杂伎之一部，图3-16-1-4）

大鼓置木架上，下有重层架座。鼓上植若翟者四垂向四隅，尾垂赤缨，中树若人盖者二层，《礼图》所谓"建鼓"者是也，左立鼓吏一人，作欲击状。周有乐工九，各执其事。舞者二人，一长袖当风，高下有度，举袂昂首，作器上舞，一平俯地上矫然欲起。舞容步法互应乐拍，如现铿锵缥缈之音，烛光明灭，使观之者几忘在幽隧矣。

(5) 杂伎图（在高楼左方射鸟图之下空地上，似亦表墓主生前宴乐者，图3-16-1-4）

杂伎亦称百戏，在汉极为流行。汉大一统，国富民奢，耽于娱乐，兼信鬼神，幻人登乎庙堂，巫祝遍诸里巷，上行下效，理所当然。惟墓壁画此，尚无前例，中原石刻，则往往有之。此图为壁画最精巧生动之场面，人物姿势尽作动态之描写，皆着短窄袖衣，细腰大袴，黑皮靴。服饰敷彩尤佳，可谓写生妙迹。艺者多人，同时表演（图3-16-4）。为求明了，分记如下。

① 弄丸　亦曰跳丸，《西京赋》所谓"跳丸剑之挥霍"是也，盖为当时朝野盛行之者，即今日小儿手运石子起落不断之技也。当时有运百若千枚者，神乎技矣。此为一人侧立独演，双手舞弄六丸，目注飞丸，神情颇妙。今之艺者，每数人为组，互相合演。考其源流，当起三古，战国时期则见诸记载矣。

② 跳剑　亦曰"弄剑""飞剑""舞剑"。《列子·说符》所谓"弄七剑迭而跃之，五剑常在空中"者是也。"掷刀"亦其类也。一人手弄数匕首旋互起落，法同弄丸，惟锋刃铦利，运之以柄，较丸难能耳。其人弄三刀，仰面张口，注视虚空飞刀，左右手各一柄，正作一枚一发之状，精神贯注，仪态生动，非老画师不能办也。今演斯伎，亦多数人为组，任取草笠、丸扇等易得之物，心手相合运行敏速，已称妙技。源出于干戚武舞之遗象，今则失之远矣。

③ 舞轮　壮夫一人，掷轮虚空，仰视坠轮，承之以手，器如单轮，中贯短轴，据图观之，轮大而重，非孔武多力者不能。详细节目，当亦不少，惜乎此技今

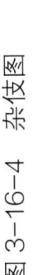

图 3-16-4 杂伎图

已不传，未能窥其妙趣。俗传此技始于梁，而晋人《正都赋》已有"飞剑舞轮"语，可知来源甚古。汉固流行，前此则不得而详矣。意者古行车战，折盖断轮亦武士应手之具，或为吾国所创行者。然古代印度有金钢链轮兵器（所谓金刚法轮者），见于释典者颇多，似又有天竺传来可能。总之以吾人所知言之，吾国文史著录较晚，求其原始，殊为不易。

④反弓 一人反弓腰背，掌趾覆地，首微后向，体肢柔软。又一人张臂作势，欲登其腹，神采奕奕如生，今日市肆集会演者尤多，并有足履登兀，反弓到地或以口衔物者也。

⑤兽舞 一人服特制之瘦窄粉红色衣，掌趾履地作兽走状、后拖长尾，手足腕间各系红色小绶带一，首前昂作进退状，盖一种化装兽舞，与今日弄狮戏颇近，其来源必甚古也。

⑥倒立 倒立手行，跟斗旋舞之技，为各民族共有之游戏，不必强为一源之说也。惟汉则流行普遍耳。晋顾臻谓"足以蹈天，头以履地，反天地之常，伤彝伦之大"者是也。演者一人短衣大袴两掌履地，头微前昂，双足朝天。在绘画技术上观之，上三种取材表现皆非俗工所能者。盖此种姿态、身段、尺度、比例、结构、笔墨、敷彩，均较常态之表现为难能也。按当时较高演技中，有都卢寻橦之戏，中经六朝至唐而更精，所谓"戴竿"其演变者也。数伎者导而表演，此倒立其一艺也。

(6) 斗鸡图（墓室左方突出小室正壁及右壁，图3-16-1-5）

禽斗之戏，初民往往而有，赛与走狗，习而易知者。斗牛斗狮泰西为多，南洋巴里岛土人之鸡博尤为西方旅行家所乐道。至于虫斗鸟斗诸博戏，吾国村童今有行之者。若鸡斗之在吾国，当为三古所有，《左氏传》记季郈二氏之鸡斗也，衣以坚甲，加以金距，《荆楚岁时记》有清明斗鸡，皆为两汉前后之见诸文籍者。至汉似更流行，江南以鸭斗，北地以鸡，环境使然也。下至初唐其势鼎盛，鸡坊使神鸡童贾昌以黄口小儿携此技以要唐王，锦衣玉食，势动朝野，时谚有"生儿不用识文字，斗鸡走狗胜读书"，可见当年朝野风行情实。惟其原始，殊难详考汉代情况，史少明征，据图观之，雄鸡二羽，高冠赤羽，张口夺目，两翼微展,颈羽战立,怒态可掬者一,一铩羽败走,回首惊顾,地上则血迹斑斑,间以残羽。右壁一老者,短衣大袴,双手捧物趋前,盖鸡使也。墓中画此,或志墓主生前所好,亦考民俗者所当取资也。

(7) 仓廪图(在墓室前左角突出长方小室左后二壁题有"代郡廪"一行三字,图3-16-1-6)

仓廪一,形如瓦屋,阶上朱栏绕之,留有出入路口,仓户偏左半启。一小史双手捧物走出仓室之右檐下,一持物仓门内作欲出状。左阶下向仓横卧白犬一只,方口微露舌端,双耳微圆而竖,长尾若龙蛇,二目眈眈注视仓门。右壁冠服一人向仓立,双手如有所捧,仪态高雅,不类厮走,或仓官欤。由上记各画面观之,当亦表示墓主人阶级身份或富豪者,其用意当与题"万石"字之陶仓明器同也。

(8) 车列图(在墓室中左大壁两面,图3-16-1-7)

车舆起源极古,而发源地则不可确考。吾国自创说虽少必无之反证,然实有一源传播之可能,共启示于滚木而加改进者,为举世之通说。古以车战,各族皆然。吾国上古,亦极重视。《周礼》有车人之职,宣圣设教御之科,五辂属车之取重于先后王盖有由也。暴秦燔书,古传无遗,三古车制,渐成聚讼。汉袭秦法,纵奢溢侈,三驾卤簿,万骑千乘,较穆天子率七萃之士周行天下之简徒卫,寡征求者,不可以道里计矣。故上自三公,下迄史佐,车骑咸有制度,单骑立乘,驷马安车,皆身秩位高下为隆杀,下不得僭上也。秦一天下车轨,必非先王旧制,况楚汉之际,法物不存,汉儒继处士横议之学风,各鼓门户之说解,车制之亡,大有故矣。后世儒者彼此之争,历代礼官车辂之议,其以是乎。近世学风,不尚空论,比物考文,易于近实。惟陵墓之涂车遣舆,易化腐坏残遗零件复原难期,雕石画壁所以足珍者以此。此图两壁计车八乘,骑从二十四人。驾一马坐乘者七,内有高盖前后垂幰者二,高盖单驾者五。每车右侧骑从二三人,车后一二人不等。中一车驾三马。黑盖赤帷后垂长绶形如近世轿子,后拥骑从五人,车制仪卫异与众乘。盖此为主车,前皆副乘也(图3-16-5至图3-16-7)。

(9) 骑从图(在墓室右大壁及中央左右二小壁,图3-16-1-8)

图 3-16-5 白盖车

图 3-16-6 黑盖车

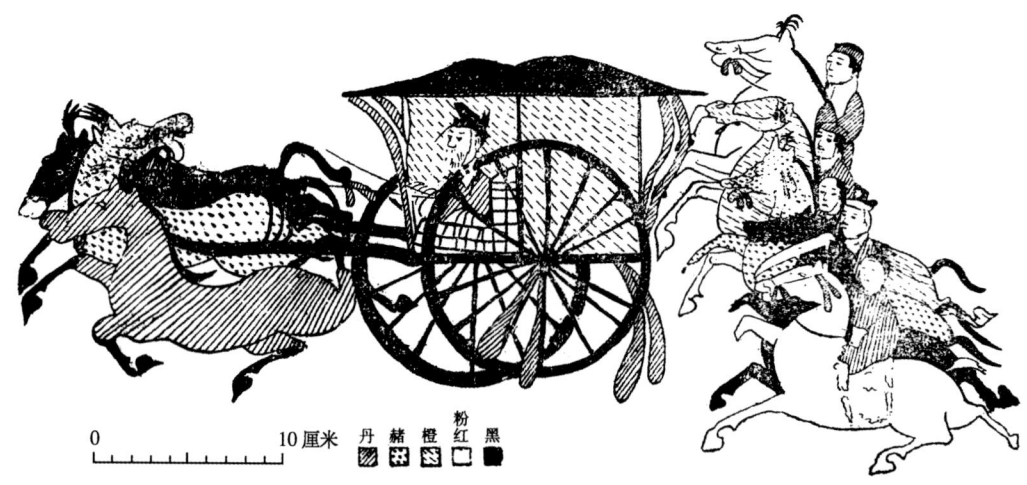

图 3-16-7 主车

图存三壁，有仪仗骑卫之别，横排六人，每二骑并进，统约百余骑，存可见者三之一耳。武士前队，兜鍪重札，马亦皆雕鞍饰勒（图3-16-8）。执长兵佩剑先导者数十人。次冠服乘者数人。一骑士持朱色大麾委地甚长，一杖幢从之。继以持伞盖者数骑，又有鞍后附以奁箧之属，或手捧器物者。皆游绥飘风，光彩耀目。马皆大宛汗血之种，赤骝乌骓，毛色不一。复次则宽衣博带，类似从官，神态雍容，气度闲适，时现还顾话言，及指点注视诸象。老少妍媸，刚直温文，厚重清奇，喜怒宽急，各肖其性。通观全队武士先驱，文吏后卫，亦如乘御之旄头先驰豹尾解屯者焉。其情调之绵邈自然，局式之前后应顾，真有铁板铜琶继以缓歌低唱之妙，叹观止矣。

以上为得见画壁部分内容之大者，其中有若干部分因脱落及观察不详，自难求其近实或稍近原意，但主要部分，不出乎此。至若仓廪相对之右前角小室以吾人之经验推测之，则必为厨房，斗鸡室相对之右小室及后壁右端，必有更多趣味之图画，惜乎为土所壅，当已不存。

图 3-16-8　骑从图

2. 题字

文字书法，为吾国美术之一科，两汉为由籀篆入草楷之过渡中枢。东汉碑版尚多，西京数石而已，寻求古拓，一字百金，欲观真迹，直成梦想。近百年来地不爱宝，木简发乎流沙，漆铭出诸青邱，败牍残觚，举世惊为至宝，若此墨迹题壁，实属人间第一珍品，不独有助于画壁之解释与年代之决定已也。

题字四处，白粉书一，墨书者三。粉书者文句较长，今存上首四字有半，下段漫灭不可读。书法撇捺均以点出之，姿态有娄先生碑奇古之气。墨书三言者二题，六言者一事。长捺圆润，结构饶曹邠阳雅丽之风。至于横直方劲，颇存西京楷模，月字倚斜，已开章草体式。以书法演进过程观之，此墓之绝对年代似属后汉亦可得而定之。题字位于书画上端之左或右方，颇似孝堂山石画"帝尧""帝禹"之刻铭，乐浪彩箧"孝子""孝妇"之题字也。惟文辞较短，表意难免含混，粉墨模糊，籀读容有不确，略陈管见用供参考。

(1) 教以勤化以诚（层楼图后羿射鸟之左侧）

墨书一行六字，题于楼阁杂伎一壁之左，笔画清楚，行位整齐，为题字中之白眉。两汉一统，官民富庶，游惰谲诈之风起，奢侈淫巧之俗成，男不事耕耘，女不事蚕桑，形成不堪设想之危局，朝野忧心。以故，屡颁力田禁奢之诏，郡国守相，县邑令长，咸负教化官民重责，稽其殿最，励以迁陟，盖汉重人治，犹存政孝一元之制也。《后汉书·百官志》："凡郡国（守相）皆掌治民，进贤劝功，决讼检奸。常以春行所主县，劝民农桑，振救乏绝。"《汉旧仪》："哀帝元寿二年（公元前一年），以丞相为大司徒，郡国守丞长史计事竟，遗敕曰明诏忧百姓困于衣食，二千石帅劝农桑，思称厚恩，有以赈赡之，无烦扰夺民时。公卿以下，务饬俭恪，今俗奢侈过度，日以益甚，二千石，务以身帅，有以化之。归告二千石，务省约如法，且案不改者，长吏以闻。"语乎"教化"之责，确系郡国二千石之职，县邑令长及佐贰丞史不得当之，则当墓主人地位之高低，典职之大较，有可知者矣。

(2) 小府史（二官人顶上）

一行三字，题于宴饮图小室之左、楼阁图之右端。可有二解：

① 为少府关系　汉设少府卿（武帝始），一人中二千石，掌中服御诸物衣服宝货珍膳之属，员吏三十四人。新莽改小府曰共工。少者小也，小故称少，故古作小府，朝鲜乐浪郡址出"小府"封泥三个。但《封泥考略》一有"少府之印章""少府丞""少府铜丞"，再《续》一有"少府"，是小少府，仍似不同。盖专掌御用事物者。古"史""吏"通，故长吏多有史名，"小吏"可称"小史"，如斗食佐中之类是也。若然则侍者为少府之史，墓主人或为府卿。总之画面必为墓中人宦途之一阶无疑也。

② 为郡县关系　汉制郡县守令属官，皆有诸曹掾史，《后汉百官》太尉下长史一人，署诸曹事，西曹主"府史署用"是也。汉官河南尹员吏九百二十七人，中有"干小史"二百三十一人。洛阳令员吏七百九十六人，中有"佐史""乡佐"七十七人，"斗食令史"啬夫假五十人，"官掾史""干小史"二百五十人。史位于掾下佐上，干小史为史阶之末，官位颇低，盖助理诸务，颇与今之事务员为近也。意者"小府史"或即府小史或府小吏，当是守令府中之下吏，常侍诸左右者。如此说不误，则墓中人必为郡国长吏，居可称府，侍有小史，与题字一之"教以勤（劝农桑）化以诚（进贤显善）"互可印证者也。

(3) 代郡廪（仓廪图仓屋上）

一行三字，点画清晰。"代"为赵秦旧郡，前汉因之，治于桑干，在今河北。后汉移治高柳，在今山西阳高附近。晋还旧治，永嘉后废。地属幽州，迫近强胡，抄掠不当，边民饥苦。永嘉之废，不得已也。由此观之，"代郡"这年代，由汉至晋，年代颇长，然自魏晋以来，乌桓鲜卑寇掠边郡，不特本题之代郡不久废革，即墓地之辽东亦沦于慕容氏势力之下。且隶书体式，不见晋世六朝风趣，则其时代必为两汉三国无疑。"廪"之在汉亦有二义：

① 仓官也　汉因秦治粟内史更名大司农（同粮食部），下有太仓廪牺二令之设。州郡县邑，亦设仓官，古粟人之属也。大致与今日积米备荒者同。惟图为一仓，作取物之状，墓主既能受郡廪供养，其地位可知。

② 给官食也　汉制百官俸给，钱米兼半，而特使专任者，例由官给廪膳，所谓敕所在给廪是也。如苏武使匈奴被留海上，因廪食不至，掘野鼠采草实而食，

为人所周知者。流沙木简，记廪者尤多。如此，则墓主以官廪为荣，故图之乎。

由此观之，墓中人或为代郡主廪之官，或服官该郡，荣受官廪者欤。

(4) 季春之月□（汉）……（中央左小壁上部）

一行存四有半字，下则漫灭不可读。月下一字左有水旁，右上草头，□字尚明显，盖"汉"字也。意表三月，无可诠解，若汉字不错，时代明白，尤为可贵。惜乎下文脱缺，不知其原题全义。字用粉书，书法亦较前各墨书者不同。且墨书者皆在椁室外壁，此题独在内室中央左小壁骑士图中央，似与壁画内容无甚关系，或非一人所书，或为异时所作，其为用当自不同，今日殊难臆测。如非一时之书，盖亦有说，当是袝葬启羡时记入者，如墓志铭刻妻志，享堂石壁来拜者题名之类欤。字体欹斜，月字尤甚，颇现章草体式。亦非一人所题之证，且为判定年代为东汉末之一助。

（四）画艺及材料

汉设黄门画室给事朝廷，为后世画院之始，其画艺之精，想象可知。且两京画家，见于记载者颇多，而妙迹流传人间绝少者何也？一则年远代湮，历经离乱，不易保存，固为一理。再则当时绘画之内容及形态，与中世以降不同，实为主因也。盖图画由装饰画而进为自由绘画，乃各族美术演进之通则。在汉，多以"神怪传说"及"圣贤写照"为绘画内容之两大主流，究其用途，多属政教工具，事过境移了无价值，非若后世寄托幽怀之山水，赏心悦目之花卉等，为纯美术品，人人爱悦。此为绘画内容上古不如今之易于流传也。两京绘画，以画壁为多，章服仪什次之，屏幅则不多有。在尺度形态上，势难永宝。中世以来，缣楮发达，若卷子、立轴、屏幅、册页、便面、屏心之属，卷舒自如，大小随意，收藏较易。且裱褙装潢已成专技，新装重裱保护之道大精，此在形态上古不如今之易于久传也。古代名迹之所以不多，或以此故。

是故究心汉代画艺及画史者，欲求实物上之论证，则多以镜鉴、漆器、画像石、画砖、织绣等为材料，作间接之旁证，惟此等资料，缺点甚多，若镜背实为一种铸金之浮雕，又局于颇小之尺度，画像石类于埃及古王朝之碑版，不过为线画之一种加强保存施工,既无笔触,又无彩色,去绘画甚远,引为材料,差胜于无而已。至于漆器、织绣虽有彩色笔姿,然几何之装饰部分差多,纯粹绘画之自由表现部分极少,又加尺寸有限,材料特殊,求一有结构之绘画部面,实亦不多,充其量不过为一种工艺品之绘画耳。若画砖或出于范埴或出于锥画,必付之毡蜡,拓以墨影,视为绘画,自属勉强。欲求当时真正绘画资料,其难如此。

若由吾国绘画中人物写像一科观之,其发达自必颇古,由实物上溯其演进之迹,只可求诸狩猎图文之铜器,及前述之镜鉴、漆器、画像石、画砖等。此等材料既有缺点,已如上记,研究者必须更求真确史料,以为比较论证之资,否则一篇空论,与有形美术之绘画何益。近年考古发达,出土之汉代绘画资料颇多,笔者生长边疆,限于知见,据今所知出土于辽东半岛者,前有辽阳县太子河北岸石室墓画壁(民国九年),迁于旅顺博物馆庭。后有金县营城子砖室墓画壁(民国二十年),保存于当地。近年又有辽阳市南林子石室墓画壁,保存于当地(笔者曾参与其役,报告尚未刊印)。中原则有传出于洛阳附近古墓之人物画砖(美波斯顿美术馆藏),皆为珍贵资料。惟辽阳太子河北及南林子二汉墓壁画,虽系多彩,而保存不佳,太半漫灭。营城子壁画内容简单,仅有墨廓。洛阳人物画砖,非经专人开掘,乃一种游离资料,虽属实物,年代难知。是此三项材料,仍有不满人意处。而此墓壁画则内容复杂,色彩富丽,保存较好,时代明确,堪补既往之缺,宜位三者之上。兹分绘画技术及色彩应用二目说明如次:

1. 绘画技术之进步

据现存画面观之,全墓各壁合之则为一体系,与通行之佛传图、顾恺之《女史箴》《洛神赋》、吴道子《送子天王》等图卷相类,分之则各成独立画幅,若杂伎、宴飨、车列、骑卫等,皆具独立之绘画结构,此在全部结构布局上,实为此前少见者。总观两汉之画像石,若太少室二石阙、孝堂山、武氏祠两享堂,多以灵兽、瑞物、神鬼、帝王等为题材,生活方面之描写较少。此画壁则反是,虽"有穷射鸟"附于杂伎图之上,实为附属之点缀,而非主题之表现,仍带两汉画人积习,固不待论,其能推陈出新,不袭故套,可见作者天才。在绘画演进上观之，时代当已至东汉末乎。

今日吾人所知汉代绘画之特点，为画面上之事物，多侧影单像之连续，而无"群像集中之表现"，故人物如出一型，殊少个体特性及互相关系，此画虽亦有若干部分仍存此习，而大体能作"群像集中之表现"。故人物空间位置之距离、左右、高下不同，因而产生人物向背掩映之相互关系。且个体均能集中于画中主题之一点。如第一宴饮图，以主人为中心，二宾向对坐，宾主间罗列食器，主人后左方立持壶小史一，面席恭立，宾位右前亦立向席持壶者一人，其二人之远近方位虽不同，而皆作以主宾为中心之表现。堂左绿树一株，作无关画题要旨之风景点缀，可见山水画演进之迹。树下持壶小史一，欲趋堂上。较远处又有相同二人络绎而来，作遥望堂上，急趋之状。而盛宴初开，厮走忙碌之情，表现无遗。人物布置之疏密不同，点景不取对称之旧套，画面结构，已臻妙境。第七仓廪图，仓虽正面，而门设于左偏，朱栏门设于右侧，取物者二人，表现各有不同。一人侧影走至廪右，将下阶。仓门内正影一人，作欲出未出状。仓左阶下一白犬，相对之右阶仅朱栏一带而已，与前图之绿树相同，不取均齐对称古法。总观全体结构，略与前图相近。而结构布置最精者，当以第三杂伎图为最，演艺者十八人，作场于层楼之左。场中设建鼓，一人击之，鼓之前后左右各有伎者，且皆面鼓表演。其中有独演及二人合演者，神态向背，又自不同。长袖舞者二人，亦一作扬袂当风，举足急步于圆物上之状，一平身俯地，双袖逆转，作腹旋后矫然欲起之势。观此一例，可概其余。远处坐部二朋，鱼贯面鼓，一行五人，一行四人，各有所执，似是乐工。此种整齐布置又与上述群伎杂然表演之局式不同。所谓复杂而不乱，整齐而不板，求之今日，亦不多有。至于反弓、倒立、兽走、俯地诸动态之表现，非写生名手，不敢写也。车列骑队二图，在题材上，最易流为整齐呆板，而此则结构表现，各自不同。斗鸡图，仅雄鸡二羽，鸡吏一人，画材简单，布置尤难。此图二鸡不作相对酣斗之状，一立场心，余怒未已，地上血羽杂然，一铩羽败退，回首惊顾。老鸡吏开口微笑，双手持器趋前作收场状。画面之统一，情调之紧张，物态之逼肖，各物心理之表现，可谓已入化境。两汉画史技艺之高，未可据今日残断零星之材料而妄议也。

在透视学上观之，汉人对此尚未十分注意，故楼阁屋宇，仍作正影，远近仅以高下位置表之（图画至今仍然），不以大小比例为远近之表示（远近生大小，本属错觉，非原物之本质），而反以人物大小为画题之主从或阶级地位高低之暗示，此则吾人研究古代绘画所应注意者。虽然如此，而一画中绝无"马大于山"之不合情实，且若三层高楼与人体比例恰好，是在物体互相比例上已颇见进步矣。

个性表现方面，尤见苦心。冠带高官，则现雍容庄严神态，短衣伎人，皆有轻佻小巧容貌。老鸡吏，则面貌奇古，使人一见发笑。骑从，则马上顾盼清谈，神情自得。武士，则重札持稍，整齐严肃。马之腾骧，犬之静守，鸡之败，乌之惊，各尽神妙。较今日画艺之重公式尚临摹者，大有不同。可为国画前途趋向之借鉴也。

装饰图文方面较少，仅画壁及盖石板之前端，画有多彩云文两种，属于壁端者，以正中一大曲线为主，每曲中描入似流云似回波之多重不定形波状曲线，远望之似急湍怒涛，又似变龙或蟠虺。属于盖石者，云形同前，而每云隙加有怪兽一头，小耳圆睛，嘴长而微扁，踏波扶云，能作人立。使人一见，不得不联想及乐浪出土漆盘中之熊形怪兽也。此两种云文在漆器及镜背外缘，往往见之，似皆导源于吾国铜器花文，又为六朝后瑞草，及唐代瑞草花文中加入人物禽兽图文之来源。依吾人观之，即有名之"葡萄海马"图文，亦不必定由西域传来，汉代织绣每于缠枝花纹中，加入文字吉语，取材虽异，在构图学上观之，实属相同，亦一旁证。连类及之，略备一说。

2. 多彩颜料之使用

吾国彩色观念发达极古，彩陶为见诸实物者，上古商嵌玉石，镂错金银之祭器及五彩章服为国家惟一礼制，上下不得僭乱。嗣及周末，由五行思想之流行，产生"五方""五德""五情"等哲学观念，而"五色"之"青赤白黑黄"亦配合其中。各色各有象征，各含意义，各具特性，各处一方，各旺一时，是为吾国古代色彩学之基础理论。欲求古代色彩文化史更详之记载，殊不易得。惟周有"设色之工，画缋钟筐"。及至后汉设平准令一人，掌知物价，主练染，作采色，与后世织染署之设盖同，染色彩色进步可知。至于绘画应用彩色之种类，技术上之"调和"及"对比"，彩色"原料"之取用诸事，因少实证，迄不得详。乐浪汉墓漆器，虽多有彩色，然在性质上为油漆彩料，仅可视为工艺学上之彩色，汉魏古墓出土描朱彩画之陶钟等，虽为胶水彩料，然土蚀水浸，脱落者为多。近年边疆所出彩花织绣，亦不过为吾国汉代织染研究之新资料，皆与绘画彩色学无关。斯画彩色之研究，所以不可缺也。又其涂色之媒介物，似为一种植物胶质，盖覆着力强而少菌类寄生之痕可知也。

(1) 彩色种类

此画历经两千年以来，虽秘藏深隧中，究难免湿气之浸润，菌类之寄生，画面之色度，多少必生变化。又加中经盗掘及最近发见，时期虽不甚久，而大气燥湿之迭流，寒温冰霜之激荡，凋零变色，势所难免，惟以材料性质及涂色技术关系，色彩尚明显清楚，足资考论。绘事后素（即先涂粉地而后画），为吾国古代画壁之通法，先素后画，美则美矣，惟含铅易变，料厚易脱，为其二病。此画直绘于淡青色石灰岩面，不独色调温雅，亦复牢固不易脱失，保存良好，实亦以此。据今日画面论，原色方面于赤、黄、青外，特用黑、白，间色方面有绿、紫、橙、褐，及原间二色再和之各色，总括约有下列各种属。

① 黑之属有焦黑、淡黑、灰黑三种。多用于轮廓及楼屋、车轮、马足各部，变色率极微，保存较好，虽有部分因湿气凝水下流之迹，但较他色为显明。

② 白之属有纯白、闪青白、闪黄白三种。应以纯白为正，余当归入他色中，且有因邻近他色或石壁本色及湿度酸性而变质生成之可能，大体变色率较小，惟性弱质软，易于脱失，混粉各色亦然。

③ 赤之属有朱红、丹红、赭红、粉红四种。前三种使用尤多，楼屋、车马、旗鼓及车骑、兵器上之饰物、人物之头鼻口唇、云文之主线、怪兽等，无不用之。变色率极低，色光鲜明，俨然如新。至于燕支红、茜草红，尚未见用。按燕支草，为东印度原产，其时虽已移植我国，盖尚未普遍应用（旧说吾国商代已有，后多产于燕地）。茜草红用于染色为多，画色或尚未用。抑或此等植物性彩色，耐久性较弱，多已变退消失乎。

④ 黄之属有土黄、褐黄、粉黄、橙黄四种。用于衣服、马匹为多。彩光暗淡，极不鲜明，求一真正黄色，绝不可得（惟橙黄较鲜，盖为丹粉等混合而成也）。

此种事实，或因外来材料（若藤黄）尚未输入，或植物性色料（若栀、柘、槐等）因湿菌而消失，抑或制度上有所限制而不得用。今已不得而知矣。

⑤ 青之属有大青、粉青、蓝青三种。多用于衣服、云文。每和白粉使用，色度显明，而不艳丽，盖和粉使用，既不透明，又易变质故也。

⑥ 绿之属有粉绿、茶绿、褐绿三种。其中以粉绿用量最多，色度亦甚为鲜明。茶绿、褐绿二色，似经变质，而非原色。至若后世之黄绿（普通植物绿色），尚未见用。或因植物性之黄色成分，业经变质，而成今日残存之茶褐等绿，然已不能确知矣。

⑦ 紫之属有青紫、绿紫、赤紫、粉紫四种，多用于衣服。全系间色，故色度不甚光艳鲜明，然赤紫、粉紫二色，保存颇为明净可爱。除此尚有三四种异属之色，因变质、变调而不能证明。又有若干颇为不明确之色调，当由上述各色调之深浅度及和粉之多少而不同者。总之，今日可视之色彩，不出上记各种类，简表列后：

彩色种类用量表

色属	色名	种数	用量	耐久性
赤属	朱红，丹红，赭红，粉红	四	最多	强
黄属	土黄，褐黄，橙黄，粉黄	四	较少	弱
青属	大青，粉青，蓝青	三	少	中
绿属	粉绿，茶绿，褐绿	三	中	中
紫属	青紫，绿紫，赤紫，粉紫	四	少	弱
黑属	焦黑，淡黑，灰黑	三	多	强
白属	纯白，闪青白，闪黄白	三	较多	中

(2) 彩色原料

在色彩本身上观之，所用各色种皆不透明，而耐久力颇强。既无菌痕，又不甚变质，虽石壁面有颇深之酸化作用，而色度仍颇鲜明，可知永久不变之矿物材料为多。其所以不变者，盖一因多含毒质，菌类不能寄生，二因天然物质酸化还原等作用较迟故也。依吾人今日常有之彩色原料推测之，大致如下：

① 黑为"植物烟墨"，较今日通行之墨尤佳，永不变质，附着力强，无菌痕，所用当非动物质胶也。

② 白为"蛤粉"，无反铅痕迹，研制极细，必须厚涂，故附着力最弱，脱落较易。

③ 赤为天然"朱砂""铅丹""赭石"，含毒质，永不变色，附着力强。

④ 黄为"睢雄黄""鸡冠石"，永不变质。因变质而不明者约有两种，多和白粉。较不变色，附着力不甚强。

⑤ 青为"石青"（铜矿），另一种不明（或为靛蓝），研制精纯，永不变质，附着力较强。

⑥ 绿为"石绿"（孔雀石），另有一种不详。研制最细，永不变质，附着力强。

其他橙、紫等间色，均系上记各色之和合，且每多加粉，在原料上并无新物。

(3) 用色技术

汉人用色技能甚高，上述间色甚多，即其显证。在"色之对比"上，已深知注意。冠服唇须，限于制度或天然色彩者，固不必论，若屋顶焦墨轮廓，淡黑屋瓦，下继以丹红梁柱，粉绿帷幕，及白车黑轮，黑鞘朱缨。皆层层清晰，彼此益见显明。在"色之调和"上，尤见苦心。若主人车中驾赭马，右骖黑色，左骖丹红，由左言依次作丹红，焦黑，赭红，渐深之色。从骑五马横列，其色由左糖黄，焦黑，赭赤，橙黄，粉红，色度深浅亦为调和之色。并将"对比""调和"两大原理变化活用，尤非庸史所能辨者，如杂伎坐部两朋，左列五人服色为一朱二橙三朱四绿五紫，一、二、三，取色之调和，四、五亦然，若三、四则为"对比"。左列四人，服色为一绿二朱三橙四紫，一、二为色之"对比"，二、三、四则为色之"调和"。真所谓正变两用，复杂而不乱，统一而不板者矣。

尤可惊叹者色非平涂，物体每加阴影是也。例如墨廓朱服者，色感重而板。乃间以粉红色沿墨廓再加以粗笔复廓，以求醒目，俨如暗部之反影。马体亦往往而有。今日人物画仍多用之，仕女尤为常见。又如橙黄服色者，沿墨线加染以调和色之浅红，以增其暗影，益显人物之立体感。各物所加之花纹亦然，如黄马赭花，朱领白点，前取"调和"，后取"对比"也。绿树一株，形如蒲扇，枝叶葱郁，不现玲珑透巧参差之态，今日观之，技术殊为幼稚，然其状如鳞羽之每一绿枝，周为苍绿，或褐绿，中部则为粉绿，此种鳞状树枝近树形轮廓者，色度尤重，仿佛西洋油色画法。且枝干全无墨廓，近后世之所谓"没骨法"者。其云水文以朱红、淡紫、粉绿或粉青，白粉阔线排比，已现后世"晕锦"彩法之痕迹（如日光光带古建筑装饰用之尤多）。汉人作品，久绝人寰，欲窥其绘画技术及色彩文化之真象，殊亦不易，遇此良机，不忍空过。略陈鄙见，庸备参考。惟彩色原料并未经专家之科学实验，视为臆说可也。

（五）由壁画所见之礼仪制度

据此墓形态及壁画内容，有可考见墓主职位、年代及当代礼仪制度者数事，兹分坟山、屋宇、车舆、冠服、仪仗、乐舞、饮食器六目，考说之如下。盖壁画设色对制度之考证，较石雕等为便也。

1. 坟山

陵墓之在汉，无论朝野，均极重视。汉制皇帝即位之明年，以天下贡赋三之一造寿陵，至大行而已。举凡用地之广袤，凿坑之浅深，明中之阔窄，坟土之高低，均有定制。西汉帝陵坟高以十二丈为通制，虽因在位长短及功业隆盛之不同而略有出入（高祖长陵，景帝阳陵，均十三丈。殇帝庸陵五丈四尺，冲帝怀陵四丈六尺。——见《后汉书·礼仪志》注引《汉旧仪》），大致不背此制。文帝灞陵，因山川之故，不治坟封者未俭德也。武帝茂陵坟高二十丈者，以武功特崇之也。东汉帝陵见于《后汉书·礼仪志》注引《汉旧仪》者，光武原陵以下至灵帝文陵十陵中之坟高逾十二丈之定制者一（另一说不逾），符者二，不及者七，均之不足九丈耳。以长安附近现存西汉十一陵之现状言，除灞陵无坟山外，余平均坟高减于定制者一公尺强（见《东洋文库论丛》二十之一，足立喜六著《长安史迹の研究》第五章"汉代の陵墓"）。坟头且有仍存建筑物基址者，虽经两千年风雨之吹荡，坟上崩散之速率，不至超越此一公尺之数，是汉制坟高十二丈为近实矣。至于王公列侯下至斗食民庶之墓制，史虽缺文，以理推之，必次第减等，盖下不得僭上礼之通例也。考之史文（《后汉书·礼仪志》注引《汉旧仪》），营陵余地为西园后陵，余地为婕妤以下。次赐亲属功臣。按之遗迹（《长安史迹の研究》），高祖长陵西北约二百公尺为吕后陵（《长安志》史记外戚注均在东），四周状况与长陵同，惟规模较小。再东北三里之间，有整然二列之陪墓十余，惟规模尤小，无一知其名者。皆足为当时墓制次第减等之旁证也。

此墓现存坟高十一公尺强，以二十一公分合汉尺计之，约存五丈二尺，再加风雨崩颓之数，实高应在五丈五尺以上，几及帝陵高度之半，斗食小吏焉得有此，齐民更无论矣。

以余所知现代汉墓之存高为比较，朝鲜大同江汉乐浪郡址附近已测量之十座汉墓中，最高者 5.45 公尺，低有仅见迹象者，均之为 2.73 公尺（《乐浪の遗迹》本文）。山西万安汉墓坟高三至四公尺，均之为 3.5 公尺。阳高古城堡汉墓坟高六至七公尺，均之为 6.5 公尺（《蒙疆ニ於ケル最近の考古学的发见》）。吾辽南盖复金三县者，或以土沙或以风，坟土多已不存，可考见者二墓耳。盖穷乡僻地无高官贵族，亦要因也。金县营城子第二号壁画砖墓坟高 4.56 公尺（《东亚考古学会丛刊》"营城子"）。旅顺刁家屯五室彩砖墓坟高 2.73 公尺（《东亚考古学会刊》"南山里"）。辽中区辽沈抚三县者坟土多不存。沈阳市南湖公园经余调查之汉墓十八座，规模甚小，地近河滨，不独坟封不存，室顶亦多坏。抚顺上柏屯汉城址（侯城县址？）自然破露之汉墓群，地表上亦难认有坟土痕迹。辽阳为东北汉墓最多之区，前后经自然破露及发见调查者，不下数百，有坟丘者此墓而已（三台子除此为汉墓外，其他二台是否为古墓，尚不可知）。且其坟丘之高崇，在已知各地汉墓中为最高者。墓主人生前官阶地位似不在两千石下，此为吾人应加注意之一点，可同壁画题字之内容互证也。

两汉帝后陵墓坟山皆平顶方锥形，陪墓方少圆多。朝鲜方多。晋北则方圆互见，间有八方者。此墓不方不圆（俗呼三棱八觚）。是汉墓坟丘颇无定形，亦足为考古者之参考也。

附汉代陵墓坟山高度表如下：

高度顺序	比较实例名称	坟山实存米数	根据
第一位	西汉诸帝陵	平均 27 米	《后汉书·礼仪志》注
第二位	本题古墓	存高 11 米	
第三位	阳高县汉墓	最高 7 米	《蒙疆ニ於ケル最近の考古学的发见》
第四位	朝鲜大同江汉墓	最高 5.45 米	《乐浪の遗迹》——本文
第五位	金县营城子汉墓	存高 4.56 米	东亚考古学会刊《营城子》
第六位	万安县汉墓	最高 4 米	《蒙疆ニ於ケル最近の考古学的发见》
第七位	金县刁家屯汉墓	存高 2.73 米	东亚考古学会刊《南山里》

2. 屋宇（楼顶装饰图，见图 3-16-3）

吾国屋上之建筑装饰，以晋代为一大转变期，盖前以金雀，后以鸱尾为主也。《北史·宇文恺传》曰："《秦明堂图议表》自晋以前，未有鸱尾。"为史文之明证。鸱尾之设既起六朝，且有定制。故《陈书·萧摩诃传》："旧制三公黄阁听事置鸱尾，后主特锡摩诃开黄阁，门施行马，听事寝堂并置鸱尾。"《北史·高恭之传》："高恭之，字道穆，出使相州，李世哲逼买人宅，广兴屋宇，皆置鸱尾，道穆悉毁去之。"特锡为荣，妄设遭毁，礼制之严，盖不可犯。此制通行至清，今日古式建筑仍用之，匠瓦所谓大吻、二吻是也。鸱尾古作鳞片鸟尾状，故得是称，中世以来演变为鱼头龙首怪兽，故称蚩吻。此制虽始于晋，其孕育时期必在三国两汉。汉武氏祠石雕画像，有楼观正脊两端上加半如意头者，已备鸱尾之结构，与近世北方民屋尤似。本墓壁画屋顶，皆绘重脊，转变稍短，两端耸起而加大，亦为鸱尾祖形之表示。余往岁发掘辽阳汉墓时，尝得同形明器瓦屋一事，其较短重脊之两端，各葺花文瓦当三颗为饰。此式瓦明器辽南出土尤多。沈阳古物馆亦藏两件，可知鸱尾滥觞所自矣。

晋前以金爵为屋饰，当以两汉三国为盛，散见于诗赋文辞者甚多，班固《两都赋》："上觚棱而楼金爵。"鲍照诗："凤楼十二重，四户八绮窗。"潘岳《关中记》："建章宫圆阙临北道，有金凤在阙上，高丈余故号凤阙。"崔豹《古今注》："朱雀阙上朱雀二枚"是也。惟求遗物画像之实例则不多有，见于前贤记录者仅上虞罗世丈（叔言）《流沙坠简》。小学释奇觚中有："今中州新出汉画石刻图，函谷关东门画两爵分栖两观屋脊。"不知今在何处。若武氏祠画像楼观正脊虽亦有鸟兽怪人诸象，详观之皆画法上与故实画面车马人物间，加以飞鸟游鱼正同，非专为屋脊装饰而设也。

本墓壁画高楼三重，顶脊中央前向立一凤鸟甚高大，轮廓平齐，非写生法，绿色亦苍古如铜器，为人造物一望而知，正所谓"金爵""凤楼""凤阙""朱雀阙"之类者也。凤左右植七游朱旗，上结赤色双绶，飘风回舞，极为壮美。此种凤旗华赡屋饰，当亦同后世之鸱尾。必不得随意而设也。他若斗拱、榱题、朱户、绮窗、栏干、帷幔之属，皆所以见墓主之身份。凡此非特为研究古代建筑之好材料，亦断定此墓年代之证也。

3. **车舆**（参看图 3-16-7-9）

《书》曰："明试以功，车服以庸，所以报功章德等威尊卑，程序上下，是礼之用也。"古以兵乘多寡，衡国势隆替，车徒繁简，识程品高低，秩然有序，不得僭忽，为帝王制驭群臣之大道。战国以来，车兵渐废，弓马代兴，而车舆在礼仪上反见重要。秦一六国，车服过制，汉因不改，复多创制。以车辂言五路副车，镠金错玉，饰手羽，髹丹菁，旗常耀目，鸾和悦耳。三驾卤簿，九游前驱，豹尾解屯，属车相接，千乘万骑。驾出则镳弩清道，黎庶不得窥视，记注藏之秘府，士大夫不可得而见，其尊严神圣，盖可知矣。下迄王公斗食，视其品为制度。当时即有"以文义不著之故，欲人多失其名"之叹，今在史文残

第三章 辽阳壁画墓

缺，注释乖误，实物不存之后，欲求制度之原，车制马饰之实，不得不以当代石雕为参考，而壁画有彩有益于考史者尤多。兹就画中有关车马制度者著之于篇。

今以壁画车骑图为主，考以史文，参以实例，求其导从制度。车骑部局，车乘种类，服驾多少，希将史文，指明实手，并可考见古墓年代及墓主职位。先详记壁画车骑导从次第，末附五表，以便比较（表皆根据两汉及《汉官仪》制成者）。

壁画车骑导从次第如下：

1. 前车伍伯	存十人	兜鍪重札	马上持
2. 车前驺卒	存四十余人	赤帻衣黄	马上持帜二人
			马上持麾存一人
			马上无所持者十一人
			画面不清者三十人
3. 车前骑吏	四人	黑帻短衣	马上持鎏戟
4. 属官骑从	十二人	黑有梁冠杂色长衣，骑驰车前后左右	
5. 白盖小车		车体小，无四帷驾一，轴头飞轮，鐎饰扇汗	
6. 黑盖有幪车		车体较大，驾一，轴头飞轮，鐎饰扇汗	
7. 白盖小车	同"5"		
8. 黑幪车	同"6"		
9. 白盖小车	同"5"		
10. 白盖小车	同"5"		
（骑吏四人持棨戟前驱）			
11. 黑盖赤帷大车		车高大，黑覆盖，朱四帷，驾三，飞扇汗	
（驺卒五人骑从）			
12. 白盖小车	同"5"		

表一　汉乘舆百官车与壁画比较表

乘舆百官	车辂	服驾	帷裳
天子	五辂	六马	
太皇太后　皇太后	法出　金根　常出　辂车	三马	青帷裳
大贵人　贵人 公主　王妃　封君	辂车	二马	油画帷
皇太子　皇子为王	金根车　青盖安车	四马	
皇孙	绿车	三马	
公　列侯	安车	二马	
中二千石以上	法出　大车　常出　高车	四马 二马	
大使	立乘大车	四马	赤帷裳
小使	不立乘安车	二马	泥油重绛帷
洛阳令　王国都县	大车	二马	
壁画主人车	大车	三马	赤帷裳

表一中二千石以下无文者，盖皆安车单马，由车盖色质以表秩级者也。汉官得乘大车者，敕命大使，都县令及二千石以上也。得驾左右骖三马者，皇孙外史无文。得赤帷裳者，亦大使。大使驾四，墓主车左右骖驾三，减大使一马，得乘赤帷大车虽同，似仍未符后汉之制。惟按《后汉书·舆服志》注："按本传，旧典，传车骖驾乘赤帷裳，唯郭贺为冀州，敕去襜帷。"（可参阅蔡茂及贾琮传）观之，敕使乘传或刺使行部驾三赤帷乃西京及东汉初年旧典，若然此墓当在后汉中末叶，墓主或职在州郡及特使以上欤。

表二　汉百官车舆导从与壁画比较表

公卿以下至县令	属车六乘	导斧车　门下五吏车（贼曹　督盗　功曹　主簿　主记）
下至三百石长	属车五乘	门下五吏车
洛阳令　王国都县	属车七乘	兵车　门下五吏车　兵车
大使	属车四乘	贼曹　斧车　督盗　功曹（持节者重导从则八乘）
小使	属车三乘	贼曹　督盗　功曹
壁画车舆图	属车七乘	黑盖赤二乘　白盖安车五乘　皆单驾

以乘数论壁画与洛阳令王国都县令合，然画中确无辟车（兵车卒四人乘），且导车中有二乘相同参互者三，导车多而从车仅一乘或持节大使之重导从者欤。总之不在三百石长及小使下也。

表三　汉百官车前伍佰比较表

公	八人
中二千石　二千石　六百石	四人
四百石以下至二百石	二人
本墓壁画	十人

表四　汉百官车盖与壁画比较表

汉百官车盖		壁画车盖
千石以上	皂缯覆盖	一乘（主车）
三百石以上	皂布盖	二乘（前导）
二百石以上	白布盖	五乘（导从）

表三车前伍佰十人，数溢三公，或为持节大使，不与常官比也。表四皂缯覆盖，知其为覆盖者，因盖缘未露橑末，异与常制也。皂盖导车二乘，知主车乘者有三百石以上属吏为导从，其本人职程亦可得而知矣。

表五　汉乘舆公卿百官马饰制度表

天子	方钖翟尾	镳饰朱扇汗
王公列侯	方钖叉髦	镳饰绛扇汗
二千石　大使者	方钖叉髦	镳饰缇扇汗
壁画车骑	方钖叉髦	丹色扇汗

壁画马头皆叉髦，镳饰丹黄色，是缇扇汗，墓主人不在二千石及大使者以下又可知矣。总观上列五表，不特车驾导从、舆饰马文与制相符，而墓主官品必在二千石以上，尤为明白，且与大使者更近。次将车马杂制度可得考见者，表之于后。

(1) 高车、安车

古代乘车有二式，一为坐乘，跪坐车鞘上，如今蟠膝胡坐之法，名曰安车。二为立乘，实倚乘也，如今垂脚倚坐之法，以立乘故盖视必高，是为高车。汉乘舆属车有五立五安，由乘法不同之区分也。小吏坐乘之车，车马轻小，则别名小车。故刘熙释曰："安车盖卑坐乘，今吏之乘小车也。"又"小车驾马宜轻，使之局小也。"壁画车之白盖有橑末朱题者皆卑小，黑盖悬朱帨者皆高大，可知小吏之车，与三百石长吏以上皂盖之乘大不同也。

(2) 车帷裳

立乘高车之有帷者名"大车"，中二千石以上官法出乘之，敕命大使亦乘之，皆驾四。大使车赤帷裳，小使安车绛帷裳，惟驾二不立乘与大使异。《古今图书集成·车舆容盖》注："郑司农曰容谓幨，山东谓之裳帏，或曰幢容。郑康成曰盖如今小车盖。"又《后汉书·贾琮传》：

> "琮为冀州刺使，旧典，传车骖驾，垂赤帷裳，迎于州界。及琮之部，升车言曰：'刺使当远视广听，纠察美恶，何有返垂帷裳以自掩塞乎？'乃命御者褰之。"

可知车帷裳悬于普通车之上可垂可褰，与妇人乘用之辎车不同。观《释名》："辎车，辎屏也，四面屏蔽，妇人所乘。"可知，《古今图书集成·车舆部》"王后五路翟车"注：

> "郑锷曰：'有幄者，谓之帷幕以为幄（似有衍文），有幄者则无容盖。'郑康成曰：'如今辎车。'贾氏曰：'汉法，辎车无盖故举以况之。'"

汉法车无盖，则当如清代之轿车，其上漫圆以布幕之故如幄也。此式辎车汉石画像中亦有之。按《后汉书·梁冀传》：

> "其妻孙寿作平上辎车。"

平上既异常制，则辎车无盖矣。故知画中为赤帷车非辎也。

(3) 飞軨

飞軨者系于轴头之绥带车饰也，軨者铃也，原必有缀以铃者。高官贵族车驾有鸾和之音，故车軨乃演变为观瞻威仪之物，二千石以下官不得有也。故《后汉书·舆服志》飞軨注：

> "薛综曰：'飞軨以缇油（黑赤色油帛），广八寸，长注地，画左苍龙右白虎，系轴头。二千石亦然，但无画耳。'"

此种车饰，汉石画中未见，其理未喻。壁画各车皆丹色双绥缀轴头下注地，车得饰此，其为二千石以上长吏，又复何疑。

(4) 车幰

幰，车两旁御热幔也。其制不古，汉无定法。盖当时车制不得妄施帷幔乃有此物。形如匹帛，悬垂于车之前后，既可御热，又不违制，汉之车轻绥，亦此物（非古升车之绥仪饰也）。《汉旧官仪》卷上：

> "明帝临观，见洛阳令车骑，意河南尹，及至而非，尤其太盛，敕去轩绥。时偃师长治有能名，以事诣台，因取赐之，下悬遂以为故事。"

汉制洛阳令王国都县，乘大车驾二马，属车七乘，威仪之盛不下大使，明帝昧于旧典，故有此敕（可参看车舆项附第一二表）。按《释名》："绥夏后氏之旌也，其形衰衰也。白旆殷旌也，以帛继旃末也。"是绥以帛为之，挂于轩下衰衰下垂之物，纯系仪饰之见。语其原始之用，则御热也。《释名》曰：幰，幔也，御热也。棠，躁也，在车两旁，躁幰使不得进却也。壁画黑盖导车二乘，车旁有朱幰，形如悬帛，有文彩不甚清晰。幰背有双柱植于较上，结于弓橑，盖"命不进却"之棠也。县令车为导从，主人秩品高可知也。

(5) 乌啄

壁画导车衡上立短竿一本，端有羽葆状物蓬蓬然如今之鸡羽拂尘（掸子），竿下端二分如人字，连于衡轭交结处，殆汉人所谓之"乌口""乌啄"是也。《释名·释车》曰：

> "楅，轭也，所以扼牛颈也。马曰乌啄，下向叉马颈，似乌开口向下啄物时也。"

盖当时之俗称也。汉制天子五辂，衡上立鸾，左轭建纛，以为威仪。此则象乌以为饰乎，总之其非实用物无疑也。辀端各有大环鼻，马辔贯之，殆即《尔雅·释名》所谓："载辔之仪"者。

(6) 防钕

亦作方钕，汉制马头饰也。乘舆插以翟尾，王公以下插以叉髦。壁画车骑马头皆有高羽翅，殆此物也。按《说文》："钇，马头上防钇，插以翟尾，铁翮相角，以防罔罗，钇去之也。"《后汉书·舆服志》注：

"《独断》曰：'方铣，铁也，广数寸，在马骖后，后有三孔。插翟尾其中。'薛综曰：'钇，中央（低）两头高如山形，而贯中翟尾结著之。'徐广曰：'金为马文髦。'"

文叉必有一伪，然文言饰叉象形（相角）说皆通也。此物原系马饰，非实用物，罔罗之说迂不近理。故可以翟尾，可以铁翮，亦可以文髦为之。按史文：天子以翟尾，王公列侯以文髦，则铁翮相角者小吏通饰乎。此种遗物曾出于外蒙匈奴贵人古墓中，大可参考也（见梅原末治《北方文物之研究》）。

(7) 扇汗

古曰幩，镳饰也。镳，马勒旁铁。《诗》："朱幩镳镳"。毛传曰："人君以朱缠镳扇汗，且以为镳饰。"是也。汉俗名扇汗，故许氏说幩曰："马缠镳，扇汗也。"汉制天子朱扇汗，王公列侯绛扇汗，卿以下有绯者（二千石及使者）缇扇汗。壁画马口旁垂二朱黄绶是此物也。得用黄赤扇汗，主人当系有绯以上阶级也。

(8) 白马朱鬣

汉五行思想发达，于是五方五色五物五德等说成为一切政治文化基本哲学。而礼仪舆服上，尤为显著。汉制乘舆卤簿有五时车，其制与五德车同。按右表西方之秋车，车旗马饰皆以白，所谓"各如方色"（《后汉书·舆服志》）也。然汉以火德，主南方正赤之色，而纯白车马，不免惨淡，使人不快，故白马皆朱其鬣尾为"白马朱鬣是也"。此制在礼言，不失汉尚大赤之体，暗示为吉礼之仪。在色彩学及美学上观之，化单纯为复杂，以少量对比之色，破除寂寞之感，略增华赡之饰也。故立秋斩牲仪戎车白马亦如之（礼仪志）。盖秋属西方，斩牲有杀伐义，是以用之。壁画黑盖导车一乘，驾纯白马一匹，骨相神骏，鬣尾皆纯赤，殆是之也。盖此种马色，世不经见，一望而知为人工加染者。此制是否通于上下，史无明文，不敢臆断，然《后汉书·舆服志》："皇太子诸侯王公列侯二千石，诸马之文（饰也）案乘舆之制。"则似二千石以上得用之也。况此制出乎美观装点者多，于礼无关大要，在礼乐陵夷之际，演成习俗，通行上下，亦事理之常也。

4. 冠服（参看图 3-16-2、3-15-4 至 3-15-8）

秦统一六国，灭礼改制，汉承秦统，率由旧章。职官车舆冠服，尤为显然。历代沿袭虽亦间有因革，而推其渊源，实多出于西汉，盖秦燔群书，古传不存，六国混一，外夷殊俗与华夏杂糅，南楚北赵，东齐西秦，异冠奇服，礼无其文，今在二千载制度变改，实物不存，纪录疏略，残缺之后，欲究其源窥其制，殊非易事也。

中世礼家多就周礼以说汉制，附会穿凿，间多迂怪，聂氏礼图其代表也。有清以来，朴学大兴，及其季叶，尤重实物，故两汉砖瓦、石刻、明器、镜鉴之有图像者，皆为考古证史之所必资。近年来，考古大行，楚汉髹器，两汉古墓之画砖画壁时有出土者，考定古制，较前贤尤便，兹就壁画人物图像之有关冠帻者，疏记于后。先列《后汉书·舆服志》史文，以为根据。

表一 汉乘舆公卿百官常服冠帻表

冠名	服用者	制度渊源	形式尺度
通天冠	乘舆常服	秦制	高九寸，正竖顶少邪却，乃直下为铁卷梁，前有山展筒为述
远游冠	诸王	秦制	如通天，展筒横于前，无山述
高山冠	中外官谒者仆射	齐制	如通天，直竖不邪却，无山述展筒
进贤冠	诸文官（以一二三梁分尊卑）	周制	前高八寸，后高三寸，长八寸
法冠	执法者	楚制	高五寸，以缅为展筒，铁柱卷
武冠	诸武官	赵制	有金珰貂尾附蝉翟尾诸饰

续表

冠名	服用者	制度渊源	形式尺度
却非冠	宫殿门吏仆射	楚制	似祀服之长冠（刘氏冠）而下促
却敌冠	诸卫士	周制	前高四寸，后高三寸，长四寸，似进贤
帻	通用或用于冠下或单用	汉制	有颜题、双耳、巾屋、收

据表知汉代百官常服，文职无上下通服进贤，以梁之多少为尊卑之节：

① 公侯　　　　　　　　　　　　三梁进贤冠

② 中二千石下至博士及宗室刘氏　　二梁进贤冠

③ 博士以下至小史私学弟子　　　　一梁进贤冠

汉冠之中，此最普遍，次则为帻。以上自天子，下迄民庶，无贵贱通服之故，色彩形状兹多变改。其他特制服色尤多，况史文简单，注多纰缪，后世《礼图》更多虚构，兹就壁画图像人物之职位身份，执事动作归纳之，以求其冠服之名实。

(1) 进贤冠（图3-16-2 小府史图）

冠者贯发髻之具，与后世冒道之帽不同，帽大而冠小也。其制或以韦，或以布帛，意在实用，使髻不散而已。东周以降，礼制陵夷，诸侯僭乱，殊方异制，斗丽争华。秦并六国，多以其冠为臣服，汉兴因之，且多滋变。故考汉冠者必须注意二事：一、汉冠以卷梁者为多（柱卷亦梁之一种），制兴于秦。二、冠每与介帻并用，或但用帻而不冠。此皆古制所无者也。

进贤冠，为文儒者之服，虽曰古缁布之制，不过为儒家祖述三王之一说，按其冠形，仍似通天。其为秦制，不言而喻，兹比较之于后：

① 通天冠　高九寸，正竖顶少邪却乃直下为铁卷梁，前有山展筒为饰。

② 进贤冠　前高八寸，长八寸，后高三寸，有一二三梁之别，前无饰。

相同点：一是前高后低，二是有梁（进贤冠，以梁上起脊之多寡，为尊卑之节，如清朝顶珠彩色，近代军服几星也）。不同者，通天高而有饰，进贤则否，所以者何，臣僚减等犹诸王远游冠，体制虽似通天，而以横置展筒无山述减于天子一等耳。故谓秦制也。

其形前高八寸，梁长八寸，后高三寸，若前后以竖直拟之，冠底亦应长八寸，汉尺虽短，其长已超人顶纵长直径，冠之必如顶一后足稍短之小俎，其下再加更大有耳之帻其制奇大不伦，已失贯帻韬髻之义。其上长八寸，下无文者，盖以发髻为大小，略之也。故知其前八寸后三寸必斜立无疑。若前八寸直竖，上八寸向后低斜，以三寸之后高为内斜，不特短不能及髻，而全冠重量位于脑后，既不美观，亦欠安牢。以其尺寸揣之，必以前高八寸，上长八寸之二线作锐角而前突于顶上，始与人首部位，冠之重心均称也。

壁画人物清晰而冠此式者：宴饮二宾，运酒瓶者，主车御者，"小府史"题字下之二人物，约十余人。按《后汉书·舆服志》："进贤冠……自博士以下至小史私学弟子，皆一梁。"可知"小府史"人物所冠为一梁进贤无疑也。其冠下皆有介帻，后竖双耳甚长。冠下皆有缨系于颔下，下垂缨蕤于胸前长约尺余，按《后汉书·舆服志》：

"诸冠皆有缨蕤，执事及武吏皆缩缨，垂五寸。"

执事武吏冠缨缩短者，便动作也。文吏冠缨长垂可知矣。《后汉书·舆服志》：

"帻者，赜也，头首严赜也。至孝文乃高颜题，续之为耳，崇其巾为屋，合后施收。上下群臣贵贱皆服之。文者长耳，武者短耳，称其冠也。"

文冠进贤于巾帻上，耳不妨长，武冠大冠于巾帻外，耳必须短，故谓称其冠也。此等规制按之汉代石画，洛阳画砖，以及稍晚之《女史箴》《帝王图》皆合。以壁画校之，尤知《后汉书·舆服志》之精确不误也。

(2) 却非冠（图3-16-5白盖车图）

壁画车骑图中，白盖车之乘者二人，宴饮图中捧瓶侍者二人，皆介帻上冠一种直竖而全体微圆，基部细小之高冠。既无进贤、却敌二冠之铁卷梁，又无法冠之铁柱卷。且为汉代石雕壁画等材料中从所未见者，校以史文，似"却非冠"也。汉冠制度中史文最略者，莫如却非，既无大小尺寸，又未记详细形状。按《后汉书·舆服志》："却非冠，制似长冠，下促，宫殿门吏仆射冠之。"是也。又：

"长冠，一曰齐冠，高七寸，广三寸，促漆纚为之，制如板，以竹为里，初高祖微时，以竹皮为之，谓之刘氏冠，楚冠制也，民谓之鹊尾冠，非也。"

此冠无卷梁无柱卷，不前倾，不后斜，甚高而细如鹊尾，与上记壁画之冠绝类，画中者基部细小，尤符"似长冠下促"之文，其为却非，庶几无疑。惟史载服此者为宫殿门吏仆射，皆宫卫武职之较低者，葬者门下属吏不应有此，或史有疏略缺文欤，而门吏仆射秩程不高，人数不众，史特注其冠，亦文有残缺之证。

(3) 却敌冠

似进贤而差小，前高四寸，通长四寸，后高三寸，较进贤前高通长约减半，而后高独同。据尺寸推之，其侧影应为后稍斜却之方形。无若进贤之前有锐形突角者。后同高三寸者，盖直竖髻后，发髻之高低不以阶级限，人皆相等也。总之此冠之下长后高与进贤等，惟前低上短故无前突锐角为异。画中服之者，为车旁车后之从骑盖亦卫士之流也。

(4) 帻（图3-16-4杂伎图）

古者冠而无帻，帻非古制也。史谓起源于秦，以绛帕饰武将首或近之矣。关于帻巾起源及形式之最古记录，约有下列数种，录列于后以便归纳比较。刘熙《释名·首饰》：

"帻，迹也，下齐圆（一本作眉）迹然也，兑上下小大（一本上小下大）兑兑然也。或曰耿，耿析其后也。曰帻，形似帻也。（似伪）贱者所著曰兑，以发作之，裁裹发也。或曰牛心形似之也。"

《后汉书·舆服志》注：

"《独断》曰：'帻，古者卑贱执事不冠者之服也。'董仲舒《止雨书》曰：'执事者皆赤帻'，知不冠者之所服也。元帝额有壮发，不欲使人见，始进帻服之，群臣皆随焉。然尚无巾，故言'王莽秃，帻施屋'。冠进贤者宜长耳，冠惠文者宜短耳，各随其宜。《汉旧仪》曰：'凡斋，绀帻；耕，青帻；秋貙刘，服缃帻'。"

《后汉书·舆服志》：

"古者有冠无帻，……秦雄诸侯，乃加其武将首饰为绛帕，以表贵贱。其后稍稍作颜题。汉兴，续其颜，却摞之，施巾连题，却覆之……名之曰帻，帻者，赜也，头首严赜也。至孝文乃高颜题，续之为耳，崇其巾为屋，合后施收。上下群臣贵贱皆服之，文者长耳，武者短耳，称其冠也。尚书帻收，方三寸，名曰纳言，示以忠正，显近职也。迎气五郊，各如其色，从章服也。皂衣群吏，春服青帻，立夏乃止，助微顺气，尊其方也。武吏常赤帻，成其威也。"

许慎《说文》：

"帻，帻也（按应或为迹颐），发有巾曰帻，从巾责声。"

《急就篇》注：

"帻者，韬发之巾，所以整迹发也，常在冠下，或单着之，冠帻非一物也。"

归纳上记材料，可得下列数事：

① 帻非古制，渊源于秦，完成于汉。故冠、帻为两物。

② 孕育之源有二：一为军容抹额之绛帕，二为卑贱执事不冠者之㡊。

③ 演变之迹由绛帕，颜题，施巾，加耳，施收，起屋而完成标准汉帻之形式。

④ 初为卑贱执事不冠者之服。起孝文无上下贵贱通服之，故有㡊耿帻之别。

⑤ 其服法或用于冠下为官服，或单之为燕服，而武吏执事不冠者，仍其旧惯。

⑥ 其类型有四：一标准汉帻（介帻），二有屋帻，三武吏执事之帻（平帻），四庶民贱者上小下大状若牛心之㡊。他若终不加颜题之幅巾，亦此类也。

⑦ 其色有青赤白黑黄（五时五方之色）绛绀绯绿之别。

兹就壁画所见者，证以史文，疏列其形式制度于后。

平帻

帻发源于秦将饰首绛帕及卑贱执事不冠者裹发之巾，其质皆软，且简易不成制度。后乃稍作颜题。颜者直竖之立面，如人之有首面，题者上面之平顶，如屋椽笔管之有题端也。其形与村僻老婆头上所戴发罩，俗呼脑包或昭君套者略同，惟缺上顶为异。其颜题质硬，其顶上平，为执事不冠者之常服，名平帻。按《古今图书集成·礼仪典》引《英雄记》：

"公孙瓒字伯珪，为上计吏，郡太守刘基以事公车徵，伯珪褠衣平帻御车洛阳，身执徒养。"

壁画人物用此者，老鸡吏一人，腰襦大袴，以司斗鸡，正所谓"卑贱徒养"也。

介帻

汉兴续帻之颜题连巾于顶之中央。载之头首，下齐于眉，上冒全发，严巅不乱，故有帻名。及至孝文高颜题续之为耳，崇巾为屋，合后施收，成汉帻之标准形式。高颜题者，加高帻周围之介壁。续之为耳者，帻后上方接竖双耳也。

崇巾为屋者，高其顶上巾部为屋，便贯发髻。"王莽秃帻施屋"盖附会也。合后施收者，帻后合缝之外，加一方形物以掩合缝之迹，所谓尚书颐（帻）收方三寸名曰纳言是也。以颜题硬如介甲，故谓"介帻"连有软巾，亦称巾帻。无贵贱通服之，加于冠下则为礼服，单用之则为燕服。按《三国志·魏志·武帝本纪》注引《曹瞒传》：

"太祖为人佻易无威重……及欢悦大笑，以至头没杯案中，肴膳皆沾污巾帻，其轻易如此。"

是燕居帻而不冠之明证也。通两汉言之，初期冠而不帻（一说文帝时上下通服帻，一说元帝）。中期冠多加帻。末期则人从简易，燕居则帻而不冠矣（后世幞头、角巾皆源于此）。

壁画用此者，宴饮图主人而已，衣白常服戴双耳黑介帻，盖主人地位最高，又私第燕居，意在舒适，故不冠也。

屋帻

帻顶施屋，史谓新莽创制，实则顶既加巾，发髻高撑，软巾如屋，理所当然，其状前低后高，与唐代角巾略同。惟虽有颜题，后无双耳，盖双耳介帻为有秩之服，此虽较平帻略高一等，仍为斗食以下舆台徒养之服也。故壁画中惟仓吏及马上启戟之骑吏四人服之，亦平帻赤帻之亚也。

赤帻

帻源于秦武将首饰，故两汉军吏伍佰仍袭服之。其制度形状史无记载，而武职冠文者介帻仍短耳，则武职小吏帻无耳必矣。壁画中所见之赤帻有二式：

① 为赤色颜题之平帻。既无双耳，其颜题后亦不合，"耿析其后"是也。颇近红巾抹额之制（汉末山东贼以黄巾为识别或亦以此）。百戏之伎人，仪仗前驱，主画驺骑服之者约四十余人。此所谓"军容抹额"，"襦衣绿帻，厨人之服"者。《汉官仪》："夜漏未明三刻鸡鸣，卫士候于朱雀门外，着绛帻，专传鸡唱。"《古今注》："汉诸公行，则伍伯率其伍以导引，古兵士服韦弁，今伍伯服赤帻缲衣素袜弁之遗法也。"可知此为帻之原始式，无耳无屋，宜也。

② 为颜题较高，上起巾屋之赤帻。壁画中惟列坐之乐人服之，且皆长袍中单，帻虽无耳，盖较前者稍优矣。

他若发作之兑，不见于画。《汉官仪》百官之赤帻为介帻之赤色者，与此无涉，故皆从略。

(5) 铠胄（图 3-16-8 骑从图）

古兵士战阵之冠服，有甲者，或曰介或曰函。头铠则曰胄。秦汉以来，弓马大行，攻击之力既强，保护之道必周，铠胄形成于此期，为理所必然者。六经中不见铠甲兜鍪字，其物晚立之证也。汉混称铁幕冠服为铠甲，单称头铠曰兜鍪也。《说文》卷二七金下：

"铠甲也。铠，臂铠也。铠锻，颈铠也。鍪，头铠也。一曰鍪，首铠也。"

刘熙《释名·释兵》第二三：

"铠，犹垲也，垲坚重之言也，或谓之甲，似物俘甲以自御也。"

《汉书·刑法志》：

"魏氏武卒，衣三属之甲，操十二石之弩，负矢五十个，置戈其上，冠胄带剑，赢三日之粮，日中而趋百里，中试则复其户，利其田宅。如此，则其地虽广，其税必寡，其气力数年而衰，是危国之兵也"。服虔注曰：'作大甲三属，竟人身也。'苏林曰：'兜鍪也，盆领也，髀裈也。'如淳曰：'上身一，髀裈一，胫缴一，凡三属也。'（文信按：正文有冠胄语知苏说误）

概括之可得汉代铠胄之情状如下：

① 胄，头铠也，一称兜鍪，形如反唇小镘。

② 上身，髀裈，胫缴竟人三属之甲，颇为坚重。

③ 上身，含盘领（铔锻）之颈铠，两臂称钎之臂铠，及胴铠三部。

④ 髀裈，有甲之牍鼻裈也。髀，股也，《释名》："短刀曰拍髀。"又"裈，贯也，贯两脚，上系要中也。"是其明证。盖形如今日短裤，其用同后世之战裙也。

⑤ 胫缴，为下腿之甲。古曰逼，汉名行胜，隋唐曰袴袜。今之裹腿，或称腿绷者，是其类也。《释名》："逼，所以自逼束也。汉曰行縢，言以裹脚可以跳腾轻便也。"是也。

⑥ 铠，钾锻，钎，兜鍪，等字或从金、革，盖皆金、革为之，故坚重也。

壁画车骑导从执槊前驱者十人，冠胄如镀而缺，顶注大珠，上插若羽翅状物为饰者，是兜鍪也。颈围高领，上奢如杯盘者，是盘领也。前膝若近世战裙者，髀裈也。兜鍪、盘领满布直线如鱼鳍尾者，表铁札鳞比之迹也。上体斜文方目者，象甲片鳞鳞也。此种汉代铠胄图像世颇少见，实兵服史上之新材料也。

(6) 衣服（图3-16-2、3-15-4 至 3-15-8）

古者上衣下袴，为庶民执事之服，外加上衣下裳之深衣，则为正服，后为奠古儒者所服，又曰儒服。汉兴，高祖南人，不喜儒服，故臣下多改服楚制之短衣。其后叔孙虽稍定仪法，以殂落而未备，且其仪法制度亦皆沿袭前代，略加损益，故长冠均玄以为祭服，百工群吏皂袍而已，礼无其文，制度非古，虽成一代礼文，实非先王旧典，见讥于齐鲁之儒士，良有由也。后若贾谊议定制，而遭绛灌之阻，武帝初议立明堂，制礼服，以太后不喜儒术而废其议。董仲舒策言更张旧制，以外征而罢。孝宣时琅邪王吉言愿与大臣儒生共述旧礼，明王制，上不能纳。成帝时刘向议更定礼乐仪容，适帝崩而事不成。是西汉二百余年，仍沿秦代旧章未复周制明矣。

光武中兴，始修先王之礼，明帝始备旒冕九章之服，而百官庶民，一仍旧惯，别无更革。是东汉常服仍与西京相同也。按《后汉书·舆服志》：

"凡冠衣诸服，旒冕、长冠、委貌、皮弁、爵弁、建华、方山、巧士、衣裳文绣，赤舄，服绚覆，大佩，皆为祭服。其余悉为常用朝服。"

又《后汉书·舆服志》"通天冠"条：

"通天冠……乘舆所常服。服衣，深衣制，有袍，随五时色。袍者，或曰周公抱成王宴居，故施袍。《礼记》：'孔子衣逢掖之衣。'缝掖其袖，合而缝大之，近今袍者也。今下至贱更小史，皆通制袍，单衣，皂缘领袖中衣，为朝服云。"

可知通两汉除明帝制定之"文绣衣裳"为天子祭服，深衣为天子常服外，其余悉为"常用朝服"，此常服朝服，即"制有袍"之袍也。袍既为汉制，其源非古，当受之秦者，故儒士者流，一托之于周公，再附会于孔子，吾人观之，汉人所谓"今袍"实非"缝掖"之衣，而"抱成王之说"亦不过由袍有苞义，望文说解，皆非是也。其制为袍单衣皂缘领袖，中单，小衣袴，无贵贱上下通为官服。他若执役庶民，则依其贫富及执事性质之不同，而各有专服，此为古今理之所当同者。兹先列壁画人物服色为表，略记其制度可考者于后。

壁画人物冠服表

画题	人物	冠帻	外服	其他
宴饮图	1.主人	黑介帻	青袍领袖无缘	中单不清晰
	2.二宾	进贤冠黑介帻	青袍皂缘领袖	素中单
	3.室内二侍	却敌冠黑介帻	黑褐袍黑缘领袖	素中单
	4.室外运酒	进贤冠黑介帻	深青袍黑缘领袖	淡青中单
小府史	1.小史二人	进贤冠黑介帻	黑褐袍黑缘领袖	黄中单束带

续表

画题	人物	冠帻	外服	其他
伎乐图	1.击鼓人	赤平帻	紫袍黑缘领袖	背立中单不详 素黑鞋
伎乐图	2.舞人二	赤平帻	特制舞衣缘领袖	圆领不见中单 素袴黑鞋
	3.兽舞人	赤平帻	特制掷装有尾淡红衣	跣足，四腕系红缨
	4.弄丸等六人	赤平帻	杂色短襦 杂色领袖	犊鼻裈 行膝
	5.坐者九人	赤有屋帻	杂色袍 杂色缘领袖	杂色中单 束带
斗鸡图	1.老鸡吏	黑平帻	素圆领细腰衣长至膝	素袴腰黑鞋
仓廪图	1.仓吏	黑有屋帻	黑褐袍 黑缘领袖	素中单 束带
	2.仓役二	帻不清晰	黑筒简袖圆领衣长至膝	素袴 有带
车骑图	1.持鞘伍伯	胄	铠	胫铠黑鞋
	2.仪仗驺卒	赤帻	杂色短上衣杂缘领袖	杂色中单黑鞋
	3.棨戟骑吏	黑有屋帻	赤色短衣缘领袖	素中单黄袴黑鞋
	4.车旁从骑	却敌冠黑介帻	赤短衣黑缘领袖	素中单黄袴黑鞋
	5.御者三	进贤冠黑介帻	赤衣缘领袖（长短不详）	素中单
	6.乘者二	却非冠黑介帻	黑衣缘领袖（长短不详）	素中单
	7.从卒五	素平帻	赤短衣缘领袖	素袴
	8.骑从车	却敌冠黑介帻	赤短衣缘领袖	素中单黄袴

袍（图 3-16-9）

袍为官服汉制也，溯其名则甚古。《诗经·秦风·无衣》云："岂曰无衣，与子同袍。"《礼记·玉藻》："纩为补缊为袍。"盖古有著之长衣也。秦为朝服，汉承之不改，说已见前。《释名》：

> "袍丈夫著，下至跗者也，袍苞也，苞内衣也。"

可知袍为庶民便服，下长至足，用作外衣。朝服则单，便服著絮则曰缊袍，《后汉书·羊续传》：

> "灵帝欲以续为太尉，时拜三公者，皆输东园礼钱千万，令中使督之，名为左驺。……续乃坐使人于单席，举缊袍以示之，曰：'臣之所资，惟斯而已。'左驺白之，帝不悦，以此故不登公位，而征为太常。"

是公卿朝服便服亦皆袍也。不过应节为单棉及更易服色而已。皇后亦服之，下通于庶民之妇，不过贵者以绮縠，中者以练绢，贱者以麻帛而已。《释名·释衣服》：

> "妇人以绛作衣裳上下连，四起施缘亦曰袍。"

《后汉书·马皇后纪》：

> "（后）尝衣大练，裙不加缘。朔望诸姬主朝请，望见后袍衣疏粗，反以为绮縠，就视，乃笑。"

是妇人上下通著之证，不过领口袖襟下之四起，加缘为饰为不同耳。

其色为祭服时，随制而不同，常用官服则皂色，"皂衣群吏"为当时常语，可知其然也。其式为交领袖有胡较深衣者为短，领袖皆加缘饰。下虽至跗，但较中衣稍短，外加束带。后世往往误袍与长襦为一物，按《史记·匈奴列传》："文帝遗匈奴书曰：服绣袷长襦、锦袷袍各一。"袍与长襦连举，知非一物。

壁画人物确服皂袍而又标准者，为"小府史"二人，宴饮图侍者及运酒者五人亦服之，皆为侧影。伎乐图击鼓者为背影，乐人二列为坐像，虽皆杂色百戏乐舞之服，其式为袍则一也。汉制袍即通于贱吏小史，是"小府史"所服者为袍无疑矣。据图知其类型有二：

① **短后式袍**——亦可称为曲裾式，"直裾谓之襜褕"（《说文·衣服》）。小府史前立者，击鼓者二人服之，式为交领窄袂（袖口）长袪（袖头）前襟方正至跗，而后襟独短者。盖汉袍下长及跗，而旁无契口，非若后世袀衣便于乘骑步履，故必短后以济之。官民皆然，武吏尤短。汉袍既以短为便，久成自然，故视两襟相等之深衣，为儒生迂怪之服，梁冀衣裾曳地，称曰狐尾，视为服妖。此式见诸当时记载者，有《汉书·江充传》：

"初，充召见犬台宫，自请愿以常所被服冠见上（武帝）。上许之。充衣纱縠禅衣，曲裾后垂交输。冠禅纚步摇冠，飞翮之缨。"

注引：

"张晏曰：'曲裾者，如妇人衣也。'如淳曰：'交输，割正幅，使一头狭若燕尾，垂之两旁，见于后，是《礼·深衣》续衽钩边。贾逵谓之衣圭。'苏林曰：'交输如今新妇袍上挂全幅繒角割，名曰交输裁也。'"

今日吾人观之，曲裾衣轮一事也，注家如说较确，而是《礼·深衣》续衽钩缀边则大误。苏说为交输剪裁之法，与曲裾无关。张以时衣说之，今日已失明了之道。盖裾者后襟，曲裾者使后襟缺曲，与前襟之衽无关也。深衣续衽者，因深衣下裳为直幅，腰围较小，下以步履动作，襟之下宽今呼"下摆"者必须加大，故另用长与裳幅相等之幅帛二段，对角割之，作成四个不等边三角形，以割边续于裳前后之两侧，谓之续衽。其续衽三角形之次长边既向外，则其短边向外之角必上斜中矩，称其三角全体是为钩边（钩中矩也），今曰"贴边"，实一事也。此种裁法，妇孺皆知，实无出曲裾可能也。"交输裁法"者，为幅帛对角割以续衽之普通术语,谓曲裾应用此裁法则是,直指为曲裾之制则非是。

曲裾之法为后襟垂直两幅之下部,缺去一截顶三角形。其裁法由腰下垂幅之左右两角,各作对角线向中缝直割二之一或三之一,再由二止点连接割去之可得任意深浅之截头三角形缺裾矣。反顾其两侧所存垂下之锐角,外加续衽之贴边,适成如圭之两矩形,斜如燕尾。所谓"若燕尾垂之两旁,见于后"是也。质而言之,称其缺去之截顶三角形则为"曲裾"称其两旁所存之燕尾形则为"交输"。

此式汉袍见于画像石雕者较少(武氏祠石画以齐王为明显),见于空心墓砖者极多(据《汉砖集录》)。金县营城子汉墓壁画二门吏亦此式(《营城子》)。江充孝武时人,又为常所被服者,是曲裾袍为汉初以来贵贱通行之一种形式也。张晏、如淳皆曹魏人,其时新妇裁有此制,则其制度之改变当在东汉末。若然此墓年代,又得一证矣。

② **曲契式袍**——亦可称为开衩式。"小府史"后立者服之,袍上部形式同前,惟后裾长几注地,膝旁当前后襟际处,为一大缺曲,且有赤缘,知非画现上所致,而为特殊之形式也。其曲缺之用意当与前式同,且为后世衩衣之滥觞也。惟此式汉袍仅一见于武氏祠石画中,余未多见,似亦为汉袍之一式也,其人物胸前垂二带,当是衿结之缨,其上所以结袍衿使不开者,此制我国明代后已不存,朝鲜旧装仍有之,可为参考。且为当时史文画像所未见,亦一新材料也。

襦衣

襦字或作褕,原为有著冬衣,按《释名》"襦,䎡也,言温䎡也。单襦如襦而无絮也"是也。统观汉魏晋人记载,襦有汗襦、单襦、复襦、襦裈(曲领无右)、腰襦、短襦、长襦、反闭、襦衣等式。概而言之,襦为短躬、狭袖、圆领、无右襟之便服。长襦为无袖胡之长衣。反闭为衿结于背反著之服,如今小儿所著之背口洋服者。褠为简袖短衣,皆其演变也。

汉代官士阶级均喜"褒衣大召,衣长曳地"之服,此等动作方便之襦自然流行于执事劳动及贫贱庶民中。然考之记载,上自天子,下至斗食群吏,亦皆服之,惟官士富有者用为内衣,贫贱粗民则卓而已。

壁画演伎六人，所服者或圆领或交领之筒袖杂色短衣，皆襦也。老司鸡者所服素色圆领筒袖窄腰其下奢襟至膝者，盖为贫贱执事者典型之汉襦也。

裤袴

古代下著之服，与今裤袜等颇多不同。以其进化形式之顺序言之可分四种：

① 兜裆带袴

人类下著亵衣发展较晚，为世界各族通例，吾国亦然。初不过一带缠裹于两股及阴翳处，古之蔽膝（韨）其遗象也。故上古多不著袴，秦汉胡服倡兴，袴、袜、靴乃盛行于世。然时人或厌于束缚烦琐、或限于赀力物材，仍多不袴者。《后汉书·吴良传》：

"（良）初为郡吏，岁旦与掾史入贺。注引《东观汉记》：'良时跪曰：盗贼未尽，民庶困乏，今良曹掾尚无袴。'（王）望曰：'议曹惰窳，自无袴，宁足为不家给人足耶。'"

《三国志·贾逵传》注引《魏略》：

"逵世为著姓，少孤家贫，冬常无袴。过其妻兄柳孚宿，其明无何著孚袴去。"

吴良郡掾，元旦贺上而不袴，贾逵无袴而往妻家，今人观之，殊足惊怪。然在当时，袴盖可备可无，无之不足以为耻，备之反视为奢侈物，如今冬日之外套，夏季之雨衣也。惟不袴无袴非裸下之谓，别有物也。《释名·释衣服》：

"帕腹，横帕其腹也。抱腹，上下有带抱裹腹。上无裆者也。心衣，抱腹而施钩肩，钩肩之间施一裆，以掩心也。"

帕腹为今之围腰，毫无疑义。所谓"抱腹，上下有带，抱裹其腹者"。为上施二带钩挂于肩，带间加裆则名"掩心"，形近今日童稚之挂肩背心裤。惟抱腹既非横帕之"帕腹"，则其下带必络于两股阴尻之交。故此带实为原始下体亵服之一种，犊鼻裈之祖型也。今日东人多用兜裆带，吾国女妇之月事巾，乳儿溺布兜其遗法也。抱腹何以裹及下体，盖汉人视阴尻为腹背之一部故也。

《释名·释形体》腹下：

"腹，复也，富也，其中多品似富者也（次心、肝、肺、脾、肾、胃、胞诸释略）。自脐以下为水腹，水沟所聚也。又曰少腹，少小也，比于脐上为小也。阴，荫也，言所在荫翳也。"（其下胁、膈、腋诸释为体非腹属也）

《释名·释背》下曰：

"背，倍也，在后称也（次尾、腰、髋、臀诸释略）。尾，廖也，所在廖牢深也。"（其下释枢、髀、股、膝诸下，非背属也）

由二释之顺序观之，尻以属背，阴以属腹，故抱腹而阴为理所当然，不足为怪者也。

② 袴

为袴原为两裥，无前后裆，形如清代之套裤者，与今便裤不同也。汉人说此者有：

许慎《说文》：

"袴，胫衣也。"

刘熙《释名》：

"袴，跨也，两股各跨别也。"

扬雄《方言》：

"袴，关西谓之袴。"

颜注《急就篇》：

"袴之两股曰襱，合裆谓之裈。"

由引文观之，或释为"胫衣"，或释为"两股各跨别"，无一释为藏阴有裆之裤者。且"合裆谓之裈",袴不合裆可知矣。是汉人所谓袴者,除冬寒应备外,可有亦可无,故蜀人歌廉范"夜不禁"作曰:"不禁火,民安作。平生无襦今五绔。"孙略《冬日》"脱袴遗贫士"也(见《高士传》)。

③ 裈

裈字或作𢂽裩,别名襩,俗称犊鼻裈。其形大裆左右垂二孔,如子牛鼻,故名之。今下体内衣之裤衩,夏季之短裤是也。古为给使贫贱之服,颇见鄙于士宦阶级,故汉司马相如自著犊鼻裈,以要其妻父(本传)。晋阮咸未能免俗,晒衣节(七月七)张大布犊鼻于庭,为人所怪也。当时亦有袴裈并用者,《三国·魏志·裴潜传》注:

"(韩宣)尝以职事当受罚于殿前,已缚,束杖未行。文帝辇过……特原之,遂解其缚。时天大寒,宣前以当受杖,豫脱袴,缠裈面缚,及其原,裈腰不下,乃趋而去。"

"脱袴缠裈"其证也。盖袴无裆,以简而便脱,裈有裆烦琐,故止卷下其腰也。他若给使贱役或军伍,又每与行縢(后演为裤袜,有勒至膝)并用之。

④ 穷袴

穷袴,亦曰裤裆袴,前后有裆不便交通,今之死裆裤也。按《汉书·孝昭上官皇后传》:

"(后)即霍光外孙……光欲皇后擅宠有子,帝时体不安,左右及医皆阿意、言宜禁内,虽宫人使令皆为穷绔,多其带,后宫莫有进者。(注)服虔曰:'穷袴,有前后当,不得交通也。'
师古曰:'绔,古袴字也。穷袴即今之绲裆袴也。'"

是"穷袴"即为裈裆之袴,前后有裆连属,不便于男女交通,故后宫无进御者,则素著无裆,便于交通之袴明矣。其式或为活裆,或如套裤无疑。且此为创例,普通官民男女当以无裆裤为常服也。

上述为袴在文史记载上之演变实情,欲印证以实例则不可多得,盖汉代一切画像人物著长服者居多，襦裤短著者较少见。壁画百戏之伎人，皆著短襦，其下著赤色犊鼻裈者为弄丸、反弓等三人。袴肥大上系腰中，胫服素色，袴或行滕不得而别矣。著橙黄色亦缘裈者舞轮一人。倒立手行一人，著紫色犊鼻甚短，其下较长者为袴无疑。著素色裤裆袴者飞刀一人。击鼓者虽著素袴，以上著长袍，故不详其式。二舞者皆狭衣长裾，一素色衣腰际有横裥襕。一绿衣下连于裤，盖褗之立已衣之类也。

⑤ **百戏衣**

伎乐百戏之服，史文不详，以情揣之，形式必洒脱轻便，色彩必都艳丽华赡，质地必柔婉飘举，始合节度。莱子"著五采褊洒衣"以娱亲，其实例也。

壁画伎乐图之伎人乐工衣皆多彩，已见前记，是即所谓百戏之服也。盖汉以五彩绣缋为祭服之章饰，百工民庶以皂素二色为常服。若此旖旎多彩之衣，非常服所应有也。观后代记载犹可略得梗概。按《宋书·江夏文献王义恭传》：

"（义恭）又与骠骑大将军竟陵王诞奏曰……谨陈九事，……诏付外详，有司奏，……九条之格，犹有未尽，谨共附益，凡二十四条，……胡伎不得彩衣。舞伎正冬著袿衣，不得装面蔽花。自非冬会不得铎舞、杯柈舞、长跷、透狭、舒丸剑、博山、缘大橦、升五案。"

《魏书》卷十九上《乐浪王忠传》：

"子忠，肃宗时，复前爵，位太常少卿。出帝泛舟天渊池，令宗室诸王陪宴，忠愚而无智，性好衣服，遂著红罗襦，绣作领，碧绸袴，锦为缘。帝谓曰：'朝廷衣冠，应有常式，何为工著百戏衣。'忠曰：'臣少来所爱，情存绮罗，歌衣舞服，是臣所愿。'"

是知襦袴为百戏衣服之特色，杂采锦绣乃歌舞章饰之常规。宋魏如此，其来必远。下至唐宋，亦仍此制。按之两史乐志，记载尤多，皆足为两汉歌衣舞服参考之资也。

⑥ 鞮鞻

百戏伎人皆著黑色履，体长瘦，前端尖锐且翘起，其非吾国固有厚底方头布帛之履，一望而知，详其式则与今日无勒细尖黑皮鞋为近，盖与百戏同入吾国之外来履物也。秦汉以来，西域交通甚便，舍利幻人，都卢诸伎，源源而来，乐舞亦然，此种革履或随天马、葡萄同入吾国者。按《说文》革下：

"鞮，革履也。（《周礼》注引）鞻、鞮（一名）鞮沙也。"

《曲礼》鞮鞻注：

"鞮鞻，读如屦也，鞮鞻，四夷舞者所扉也。"

《释名》：

"靸韦，履深头者之名也，靸，袭也，以其深袭覆足也。"

又：

"靴，跨也，两足各以一跨骑也。"

《急就篇》注：

"靸谓履头深而兑，平底者也，俗谓之跣子。"

概观所记诸皮履之形，均与百戏诸伎服者相符。其名称吾国则为"鞮"（前尖无饰），又曰"靸"，胡称为"鞮沙"，其质为皮制，其式锐尖深头而平底。其原为游牧族骑服，来吾国之歌舞者皆服之。此亦西域文化流入吾国之一证也。

5. 仪仗

(1) 棨戟（图 3-16-9）

古戈原出新石器之石镰，一端纳于柄中缚之，汉铁镰出于辽阳、朝鲜者，仍作此式。本为句拉之兵，故古式单援戈有"句兵"之称。后渐进步，加胡为横击兼句拉之用，威力加多，而戈之常态成。复更进步利用内（纳入柲凿之横柄）端为锋，再增其威力，而成丁字形之三锋，名曰"戟"。是古者戈、戟实同形异制也。

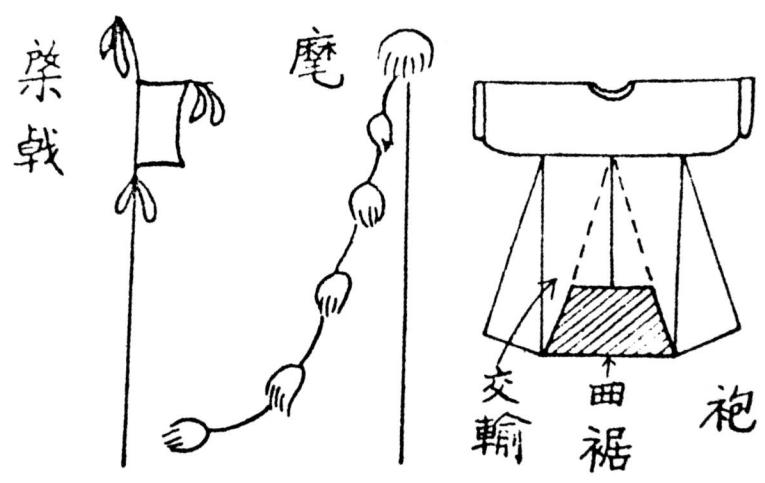

图 3-16-9　戟、麾、袍

至汉，又与刺兵结合，加矛锋于援上，与胡作垂直。略成卜字形（沈阳故宫博物院古物馆藏此式铜兵一件），为汉戟之祖型。盖汉兴车战渐废，而步骑大行，以直刺之汉戟，代句拉之古戈，理宜然也。汉戟之形态有二：一曰"句子戟"（《释名》：戈，句矛戟也。《后汉书·舆服》注薛综曰：戈，句子戟——句子、句矛、句戟，不知谁是），亦名鸡鸣，或曰拥颈（加筒形物纳柲不用内也）。二曰"三锋戟"（郑玄考工冶氏为戈注）。因郑氏以句子戟释戈，三锋戟释戟，故聂氏三礼图于直锋一侧加以前曲小锋者为戈，两面加锋加三叉者为戟，按之文献考之遗物，两不可通。考郑氏之意，汉句子戟虽成直锋之刺兵，然仍存横锋（枝格也），不失戈形，古释为戈，实则戟也。其实物出朝鲜汉墓者数例，日本东京美术学校亦藏二品（见《乐浪郡时代の遗迹》本文及图版）。汉戟之为用有三，车戟曰常，长丈六尺，骑戟次之，手戟最短，盖车骑步异用也。其形可于汉武氏祠石画中见之。汉戟之形态既明，次可解说当时之棨戟矣。

棨戟为两汉以来官吏仪物之一，其初用同斧钺。唐后演为斗戟之制，车驾仪仗仍皆用之，而原始形态，迄无详明记载，近世亦无考说之者。按《汉杂事》曰：

"窦固征匈奴，骑都尉秦彭擅刺军，司马固奏劾之，公府掾郭公曰：'汉制假棨戟以当斧钺，彭得斩人。'"

《汉书·韩延寿传》：

"延寿在东郡时，试骑士，治饰兵车……驾四马，传总，建幢棨，植羽葆。鼓车歌车，功曹引车，皆驾四马，载棨戟。（注）棨有衣之戟，其衣以赤黑缯为之。"

《后汉书·舆服志》：

"公以下至二千石，骑吏四人。千石至下三百石，县长二人，皆带剑，持棨戟为前列。"

崔豹《古今注》上卷《舆服第一》（《汉魏丛书》本）：

"棨戟，殳之遗象也。《诗》所谓'伯也执殳，为王前驱'。殳，前驱之器也，以木为之，后世滋伪，无复典刑，以赤油韬之，亦谓之油戟，亦谓之棨戟，王公以下通用之为前驱。"

可知棨戟者：
(1) 代古之斧钺为公至县长出行前驱骑吏所持之器。
(2) 以木为之，虽名曰戟，无复真戟之典型。
(3) 以赤黑缯韬之故，亦称油戟也。

此器至晋已滋伪无复典刑。及至唐宋，多以三叉形物及矛锋两则加月牙小锋如古文用字物当之，戟之原形益泯。此墓壁画车列前驱骑吏所持仪物如长竿，去竿端尺余出一成矩之横枝，枝下边柲（柄）结一布帛状物如袋亦如小旗。其竿端枝端及柄至小旗下处均结双叉赤缨为饰，盖叉戟也，可有三证：

(1) 行为前驱骑吏所持，武氏祠石画"此君车马"（武氏祠前石室第五石第三层）石车前前驱二骑吏持此物，上方榜题"此骑吏"三字，可谓铁证。戟枝斜向上方，布帛状物不下垂，可知其为韬戟之物而非旗帜。

（2）戟端及枝端均齐无尖锋，且有双文饰物，一望知为木制仪饰，而非实用兵仗。

（3）行为前驱之仪，居为斗卫之仗，史无记注，盖缺文也。

乘舆副车出则导从，居则充庭，其制一也。唐列斗戟，其源必远。《汉官解诂》：

"诸门部各陈屯夹道其旁当兵，以示威武，交戟，以遮妄出入者。"

门戟之制或源于此。辽宁金县营城子汉墓壁画门旁画二吏，各执一物，体制形态与上述之棨戟者同，盖门卫之戟也，按文考物，可谓略得其实矣。

前驱持棨戟之骑吏，既为官吏必有之仪饰，故棨戟又为官吏之代词。员额之多寡必视其官阶之高低。附列后汉骑吏表，以见墓主之地位。

后汉骑吏表

所部	官名	员吏总数	骑吏数	根据
太尉	太常卿	八十五人	十五人	汉官
	光禄勋	四十四人	六人	同
司徒	太仆	七十人	六人	同
	廷尉	百四十人	二十六人	同
	太鸿胪	五十五人	六人	同
司空	宗正	四十一人	六人	同
	少府	三十四人	六人	同

续表

所部	官名	员吏总数	骑吏数	根据
一般	二千石		四人	同
	千石至三百石		二人	同
	本墓车列图		四人	同

(2) 矟（图 3-16-8）

矛为刺兵，形制简素，殷周遗品尚多。汉废句兵，其形突变，刘熙《释名》卷第七《释兵》第二十三：

"矛，冒也，刃下冒矜也，下头曰镈，镈，入地也。松椟长三尺，其矜宜轻，以松作之也。椟，速椟也，前刺之言也。矛长丈八尺曰矟，马上所持，言其矟矟便杀也。又曰激矛，激，截也，可以激截敌阵之矛也。夷矛，夷，常也，其矜长丈六尺，不言常而言夷者，言其可夷灭敌，亦车上所持也。"

可知矛分三种：其矜三尺，以松作之轻而便于速前刺者，为手矛一也（步兵）。长丈八尺，马上所持，以便激截敌阵者，曰矟二也（马兵）。矜长丈六尺，车上所持，可夷灭敌者，曰夷矛三也（车兵）。

惟所释器形，颇为复杂，汉兴铁兵。遗例出土故少。以普通直锋有銎铜矛拟之，又殊不相类。"刃下冒矜"固可以銎解之，盖矜矛柄也。然"松椟"之制，则颇不明了。况刘氏"速椟"之释，似亦不典。且矛銎中空，装以三尺松椟之矜，以汉尺度之，实长约六十余公分，合今二尺许，虽系手兵，亦嫌过短。惟朝鲜大同江汉墓所出铜矛与释兵颇合，知刘氏不误也。其一为起脊两面刃直锋之矛，基部两侧逆出（向后斜出）羽翅状之斜锋二，结为略呈两长边三角形之矛体，下插于圆形长筒（銎）内，筒一侧起环鼻为系矛旒处，此殆"冒矜"之制也。长銎下继有长筒瓦状物二片互合于柄，为护柄之外甲，防敌刃也。椟有藏义，此之谓乎！其二虽无逆锋，结构相同且以矛身、长筒、长甲三物度之，已三尺余，再加三尺松椟，庶几可用矣。

壁画前驱介胄武士十余，皆马上持长矟，矟体长大，正作二长边有逆锋之三角形，与朝鲜出土物略同，与汉石画像之步矛略异。矟尖及矜中（楯甲下故当矜中）结赤色矛旒甚美，其一旒大如伞盖，盖亦皆仪饰之具，所谓象剑仪刀之类，非实用品，故《中华古今注》矛殳曰"其器也，以木为之"也。

（3）幢（图3-16-8 骑从图）

六瑞五节，古之契信也，秦汉制用铜虎，中分为符，右在内府，左付郡国长吏，发兵取物，符合乃行，有符者，必持节，符以取信，节以旄别，二物成一事，虽符节连称实非一物也。汉制凡发兵，出使外夷，巡行郡国，特使将命者皆用之，所谓"使者所拥之行节"是也。

其用于旌功表德，彰威扬武，则名旌幢，旌言用，幢言形也。汉人字或用橦幢，其物新立之证也。故刘熙释之曰："幢，童也，其貌童童也。"童童者，言幢首羽葆蓬蓬象短发稚童也。汉乘舆用于跸马，则名左纛，中世用于仪仗，则名纛头，后演变为皂纛，皆缀毛羽于竿头之器，因其用而异名也。

幢即原出于节，其形制亦当金由节求之。按《释名》：

"节注旄竿首其形燊燊也。"

幢可作橦，既有竿义，燊燊亦童童也，其形同可知。其竿以竹长八尺，《后汉书·光武纪》注：

"冯衍与田邑书曰：今以一节之任，建三军之威，岂特宠其八尺之竹，牦牛之尾哉。"

八尺之竹，注以牦尾，说与刘合，皆不言重数者或系原始形式，或略之也。汉初毛葆二重，《汉书·高帝纪》原注：

"节以毛为之，上下相重，取象竹节，因以为名，将命持之以为信。"

是也。东汉葆为三重，日渐奢美，亦为渐变为威仪之证也。《后汉书·光武帝纪》原注：

"节，所以为信，以竹为之，柄长八尺，以旄牛尾为其眊三重。"

是其证也。

节毛三重，顶称第一葆，二、三亦如之。汉以火德，节毛纯赤，武帝征和二年七月以巫蛊事发，戾太子持节称兵，故加黄以别之（《本纪》）。加黄毛于赤毛以资别，非改色也。新莽即真服色尚黄，使节之旄旛皆纯黄，始变汉节之色。是汉兴至武帝征和二年七月间，节毛纯赤。直至新莽即真天子位之初始二月间，节第一葆赤毛上加黄毛。新莽十五年间节毛纯黄。东汉中兴，节胜三重，虽史无毛色明文，然《后汉书·百官志》"符节令"史注：

"《魏氏春秋》曰：中平六年，始复节上赤葆。"

复者去武帝所加之黄毛，复汉初纯赤之旧节也。《后汉书·袁绍传》：

"中平五年，初置西园八校尉，以绍为佐军校尉。……卓复言：'刘氏种不足复遗。'绍勃然曰：'天下健者，岂惟董公。'横刀长揖径出，县节于上东门。（注）《山阳公载记》曰：'卓以袁绍弃节，改第一葆为赤旄。'"

"改第一葆为赤旄"与"复节上赤葆"为一事，纪年不同者，盖袁弃节为五年，董六年改之耳。用是知光武中兴，直至中平六年，节之第一葆为赤加黄旄，中平六年后始复汉初纯赤之节。

节之流变如此，而幢亦当沿其制。汉制乘舆属车则建之以扬威武，《后汉书·舆服志》：

"戎车，其饰皆如之（如五辂也），蕃以矛麾金鼓羽析幢翳，輮车胄甲弩之箙。

轻车，古之战车也，洞朱轮舆，不巾不盖，建矛戟幢麾輮辄弩服。"

戎车、轻车均为兵戎之乘,故树之为威仪。大将军有之,专命典兵者得假给之。《后汉书·班超传》:

"(建初五年)拜超为将兵长史,假鼓吹幢麾。"(注)"横吹、麾幢皆大将军所有,超非大将,故言假。"

节幢虽属一物,一表信,一彰威,其用则异,故节付专使持之,不得离左右,爰盎之解节怀毛,苏武节毛落尽,犹仗之归汉,示不可失节也。幢赐武臣,行则杖之前驱,居则建之牙门,战阵则为指麾之具也。

中世以来,符变而为佩鱼、金牌,而幢流为仪饰。节则名实两亡。近世滋伪,幢已失注毛竿首童童之义,求其原形,殆不可得。汉画像中持节者多,如武氏祠石画之"齐高行"石使者所持。"义姑姊"石齐将军所持。"义妇"石,齐将所持者皆是也。

壁画车骑前队马上持幢者二人,幢竿粗壮,幢葆如盖,第一葆灰褐色,第二葆大亦如之,黑廓设丹赤色,或未复第一葆时物。果然墓属东汉,葬者典兵者欤。

(4) 麾(图3-16-9)

麾者挥也,本军阵指挥之具,书"武王右秉白旄以麾"是也。故汉制乘舆戎车建之,轻车亦建之,将军法有之,专命典兵假给之,武官称麾下,亦以此故。古考"全羽为燧,析羽为旌",羽者,毛羽之总称,兽得称禽其证也。全羽者禽兽之尾翅,故树鸟尾翅于竿,则为羽翟翳翳之属。缀兽尾于竿,则为旐麾之属,故有下垂顺滑之貌。(《释名》语)析羽者零星毛羽也,注于竿头,则为节幢旌纛之属,故有精光童童之称。(《释名》语)故此种威仪装饰,实皆原始文化之残遗,名则后立者也。是麾本为结兽尾于长竿,作军阵指挥旗帜之用者,豹尾其遗法也。后渐滋伪,编毛羽于长绚,为多节之羽葆,结于有葆似幢之竿头,故后世误麾为旌幢,全失析羽童童之义,求其原形,不可得矣。汉制,乘舆属车建之为先驱则曰鸾旗,俗名鸡翘。《后汉书·舆服志》:

"乘舆属车四十六乘,前驱有九游云罕,凤凰阖戟,皮轩鸾旗，皆大夫载。鸾旗者，编羽旄，列系幢旁（原注胡广曰：建盖在中）。民或谓之鸡翘，非也。"

此虽鸾旗，实即麾也。编羽旄者非注也，结于长绚也。系幢旁者，绚系于幢竿之首，节节羽葆之长绚垂幢旁也。即可系编羽毛之长麾于幢旁，幢为直竿，旁原无物可知，是亦后世误麾为幢之证也。诗"崇牙树羽"，《正义》引："汉礼器制度云，为龙头及颔，口冲壁，壁下有旄牛尾。"（传世《辑本》无）可见汉制之一斑矣。其麾色在汉，亦有制度，《古今注》：

"麾，所以指麾，武王执白旄以麾是也。乘舆以黄，诸公以朱，刺史二千石以纁。"

麾即为军阵指挥之具，必用显赫长大之物，如今旗语之旗，而析羽童童短竿，（幢）何足当之。壁画车骑前队一人持竿，首注赤缨，下系绳如长鞭，上等距缀赤色羽毛五簇飘垂马后甚长。观其陶陶下垂飘摇顺滑之状，知其为麾无疑。汉制麾既为军容之饰，二千石不得用朱，则此墓主人盖二千石以上典兵者。

6. 乐舞饮食器

壁画中属此类者较少，建鼓，舞节，舞盘为乐舞器，饮食器则仅食案酒壶而已。他如帱幕筵席之属，以世俗所知故略之。

(1) 建鼓（图 3-16-4）

鼓为革制击乐之一种，其制由木竹陶金等质之鼓腔鞔皮而成，历代虽有损益，其大体无甚变化。古传夏鼓立以四足，商殷立以木柱，周则以木架悬之，故《礼记·明堂位》曰：

"夏后氏之鼓以足，殷楹鼓，周县鼓。"

然此不过表示皮鼓架设进化之过程，必为三代不相因袭之制，则失于固矣。按《礼记·大射仪》：

"建鼓在阼阶西。南鼓（注）建犹树也，以木贯而载之，树之跗也。"

可知楹鼓亦见用于周代也。周悬鼓之架横木曰栒（或作笋），植者曰虡（或作簴鐻），由文义观之，其形应为方柱横木如矩尺者，以故其跗（或作柎），每以兽形为饰，或以金属作之形同钟者，称其重使不厌也。《说文》卷九虡下：

"虡，钟鼓之跗也，饰为猛兽，从虍異象形其下足。"

后汉张衡《西京赋》亦曰："猛兽趪趪"是也。后世对栒虡形式之解释与古略异，皆作两柱横梁下饰兽形为跗，宋以来礼乐书图皆作此式，求之汉代则未见（《释名·释乐器》亦无此说）。以情理推之，编钟、磬应作此式，若特悬钟鼓，则矩尺式架，上悬于梁，侧系于柱，为极便利之方法，近世仍多用之者。

汉代乐鼓以余之所知，见于石雕画像者四例：山东武氏祠及鱼台县出者二例。鼓腔皆横贯柱中，柱下猛兽为跗，柱上端有盖，形同车盖，旁垂出二长枝为饰。孝堂山者大章车（乐车）一例，鼓横建于车之上层，形同前例，惟二垂枝下结龙首为异。武氏祠后石室雷公辇一例，二鼓横建于车舆之前后，鼓形如鞠（摇鼓）上出杯形花头状物为饰，上结羽状饰物三支而一向相连。见于辽阳南林子汉墓壁画者一例（此墓现仍保存原状）。大鼓横建柱上，下以大形十字木架为跗，上树赤色翟尾状物四枝。括而观之，可得汉鼓形式之要点如下：

① 为建而不悬。
② 跗有兽形十字二式。
③ 上有羽盖长枝为饰。

《汉书·礼乐志》中《安世房中歌》：

"大孝备矣，休德昭清。高张四县，乐充宫廷。芬树羽林，云景杳冥，金支秀华，庶旄翠旌。"（注）"臣瓒曰：乐上众饰，有流溯羽葆，以黄金为支，其首敷散，若草木之秀华也。"

是汉代鼓上饰物，在文献图像两方极为符合也。

壁画伎乐图之鼓亦横建于柱中，柱下钝圆锥形座为跗，上柱中出偃月状物为饰，当系盘状以断面表现之者，色皆纯赤。鼓腔鼓面皆朱墨杂绘图文。鼓上木柱作二层羽盖如羽葆幢。下层盖上贯柱为木方台，四角植曲垂长枝状物下齐鼓面。下端作大结，缀流苏甚大。其色除羽盖墨廓外，余均纯赤。此图与上述史文及画像比观，尤为吻合，盖汉代乐鼓标准形式之一种也。

东晋丧乱以来，法物零散，礼家误于《礼记·大射仪》朔应二鼓陈于建鼓左右之文，竟结二小鼓于建鼓鼓腔左右，以致伐鼓扬声，诸多不合。又因鼓上应有羽盖为饰之说，乃作锦帛大盖顶立一鸟按鼓上，误解礼文，迂拙可笑。惟其误甚渐，宋晋书唐宋史乐志所记虽可略得梗概，然其前后误变之迹，仍欠详备。今以东晋末顾恺之《洛神赋图》及五代聂崇义《三礼图》中之建鼓为比较，可得其演变真相。

①《洛神赋图》　原系端陶斋中故物，今归美华盛顿福利亚美术馆。阮元《石渠随笔》、胡敬《西清劄记》均有批评，或谓摹本，或谓真迹，其物当不在六朝后。图中建鼓横树于圆柱，下为十字形趺，趺上贯柱，方板为饰。鼓腔侧附以小鼓，彼侧当亦有之。上大圆盖一，盖顶四旁出枝状物，下垂六簇缀缨流苏注地。盖上短竿首缀毛羽如幢，上立一鸟，长颈短尾如鹤。其与汉鼓最大之不同为：一、鼓侧加小鼓。二、布帛大圆盖。三、顶上立鸟。余则大致仍汉之旧制（图见日本故内藤湖南著《支那绘画史》第二图，《六朝之绘画》第九图）。

②聂氏《三礼图》　聂崇义为周世宗时太常博士，为釐正典礼，考三礼旧图，制成此书，宋太祖建隆三年表上于朝，颁其书南宫，并图于国学壁上以尊崇之，为传世礼图之最古者。建鼓图在下卷第七，鼓构建于方柱，下为四兽后体相连之十字状趺。鼓上方形大盖，四角龙首含结绶缨缀五簇流苏。盖上出一竿，中贯同形无饰如斗之小盖。竿顶立一鸟。与汉鼓异点更多：一、趺上柱中无饰。二、盖方形无四出枝而有流苏。三、顶立鸟而无羽葆幢。而不变者鼓、柱、趺三要件而已。

前图同汉鼓之点多，后图则反是。其与时演变之迹，历然可见，一物之微，变化之烈，有如此者，亦可藉知壁画古墓时代不在魏晋时也。

(2) 舞节（图3-16-4）

节者，节制乐舞缓急之器也。其类有二：一为发音之具，二为标视之器。周时属一类者曰雅，第二类者曰籥。按《周礼·春官》：

"笙师掌教白牍应雅以教祴乐。"

《礼记·乐记》：

"讯疾以雅。"

是一类也。《诗经·邶风·简兮》：

"简兮简兮，方将万舞，左手执籥，右手秉翟。"

是二类也。盖雅，乐器以为乐舞强弱缓急之节，籥，仪饰，以为舞容进退俯仰之识。按籥虽乐管，以侧诸干戚翟等舞器中，且执于左手，非吹奏器可知矣，及至有汉，二者混一而为节（礼仍存其旧典而已）。

沈约《宋书·乐志》四"革"条：

"节，不知谁所造，傅玄《节赋》云：'黄钟唱歌，《九韶》与舞，口非节不咏，手非节不拊。'此则所从来亦远矣。"

后汉傅毅《舞赋》曰：

"于是蹑节鼓陈，舒意自广。……乃至回身还入，迫于急节。"

是知节为二物成一器，歌者执而击之以合唱，舞者蹑其音响以为容者也。节为打乐，魏晋南北朝仍行之。按《宋书·乐志》：（《晋书》抄此，故不取之）

"魏晋之世，有孙氏善弘旧曲，宋识（古典作曲家）善击节倡和，陈左（伴奏家）善清歌（古曰讴亦曰徒歌，无伴乐之清唱也）。"

《晋书·王敦传》：

"每酒后辄咏魏武帝乐府歌……以如意（搔背器）打唾壶为节，壶边尽缺。"

梁简文帝《舞赋》：

"于是徐鸣娇节，薄动轻金。"

是也。惟节之形制，迄无记载。及至唐代，称为节鼓。《旧唐书·音乐志》曰：

"节鼓，状如博局，中间圆孔，适容其鼓，击之节乐也。"

唐世节鼓为节乐之具，形若方棋局，上有孔容鼓，其渊源必有所受，或唐前亦作此式也。后又流而为拍板。（一说晋魏间宋纤所创，见《野记》，或即宋识之误欤）

《旧唐书·音乐志》：

"拍板，长阔如手，厚寸余，以韦连之，击以代抃。"

段安节《乐府杂录》：

"拍板本无谱，明皇遣黄幡绰造谱。"

是唐始流行之证，《野记》所载，盖误认善击节和歌宋识之所击者为歌板，纤识殆形近致误也。近世俗曲仍用之，以鼓伴奏曰鼓板，俗称唱拍曰板眼者是也。秦腔之梆子，学歌之拍节机，乐师之指挥棒，皆其类也。第二类之仪饰则转变为歌扇舞巾，仍为歌舞伎所常用。

壁画杂伎图，坐者二列，左四右五，每列持短杖者二人，状如马策，长约二尺强，径如手指，殆即击节之器也。此物亦见于山东武氏祠左石室画像中，石画一石三段，中为车骑，下为庖厨，上段亦杂伎乐舞图。右端管弦乐工六人，左端俯身舞于四鼓之上者一人，左手足两膝履鼓上，右手扬袂作回首惊顾状。

左右二人相对助舞,一屈膝,另一足履一鼓上,二人均执节杖作抑扬高下之状。其为节制舞容之器,尤为明显,堪作壁画参证者也。右列坐者前方置一器,形如方案,中植柱负一物如兜鍪,上结赤色小绥二,左殆即节制舞容之节也。其形下方如棋局,中有孔植发音器,颇与唐节鼓为近,惟发音具有不作鼓形,或系小乐钟及其他可发音响者。且置于歌舞队之前,为节无疑也。

(3) **舞盘**(图3-16-4 杂伎图)

盘为汉代燕乐舞器之一,字古或作盘枒。其为用也,陈于广庭,舞伎手足肘膝履之而舞。盖其伎已近百戏,与郊庙乐舞不同,故史不记也。按沈约《宋书·乐志》曰:

> "盘舞汉曲也。张衡《舞赋》云:'历七盘而纵蹑。'王粲《七释》云:'七盘陈于广庭。'近世文士颜延之云:'递间关于盘扇。'鲍照云:'七盘起长袖。'皆以七盘为舞也。"

是汉魏盘舞盛行,且每以七盘为率也,亦有盘鼓并用者,按汉张衡《舞赋》云:

> "音乐陈兮旨酒施,击灵鼓兮吹参差。……美人兴而将舞,乃修容而改袭,……拊者啾其齐列,盘鼓焕以骈罗,抗修袖以翳面,展清声而长歌。"

后汉傅毅《舞赋》云:

> "轶态横出,瑰姿谲起,眄盘鼓则腾青眸,吐哇咬则发皓齿。"

是也。盘之多寡,盖视舞师技艺之优劣,及舞会之情形也。

舞盘既为燕舞专用之器,必系特制之品。其质或以金属,或以木漆,非后世陶瓷薄脆之物,可想而知矣。此器不特与晋世流行之杯盘舞者不同,其舞法亦异。盖杯盘舞者,手托酒食所用之杯盘而舞,俯仰回旋而反覆之,危而不坠。或舞伎交互周旋进退之际,以杯盘遥相受授,似险而安。故后人讥其苟安于酒食,知不及远，其器必薄脆易碎者。此伎后仍流行，如传歌扇，接舞巾者是。近世杂伎亦有相类者，所谓"递间关于盘扇"是也。

汉鼓上舞见于山东武氏祠石画像者二例。盘舞以余之所知，前此尚无考古学上之实证。壁画伎乐图长袖舞师二人，其一扬袂若飞两足蹋二物，黑色椭圆，殆即木质黑漆之舞盘也。其形椭圆如卵者，盖盘体较薄又陈于地面，在画法上只有如此表现之道，汉画盘案构图多作鸟瞰平面者以此，亦汉画表现之特色也。

沈约所引记述盘舞四人中：张云"历而纵蹋"，王云"陈于广庭"，可知确履盘上而舞者。颜云"递于间关"，鲍云"起于长袖"，确为子舞杯盘无疑。张王汉魏人，颜鲍刘宋人，可知盘舞之技，晋已不传，古墓画此，亦时代不在汉魏以后之证也。

(4) 食案

几、俎、案同属而异用者也。几，面长方有二足，多为升床登车凭腰之用，所谓车几、床几、凭几是也。俎，形略同而为祭礼陈肉器，铜器俎面有四斜十字孔者，盖所以沥汁也。案，有方、圆二式，方或长方者四足，圆者多三足。其用途有二：大形者用为书写读书，史文所谓"书案""奏案"是也。其形稍小而用为个人饮食者曰食案，其制则与今日多人食早不同。有无足者则称盘，其形式用法，则与今日木方盘茶盘相类。以日常生活所必备，故上自天子，下及民庶通用之。不过贵者缪金错玉，中者髹文绘彩，贫者素漆白木为异耳，中世以来，席地之风变革，此具不传，释"举案齐眉"为碗者误也。按《说文》：

"案，几属也。"

又：

"槾，圆案也。"

《礼记·考工记》玉人：

"案，十有二寸，枣栗，十有二列。"

可知食案有方圆二式,并可列陈干果,径在十二寸,非碗甚明。史汉以下记者尤多,列其要者如下。《楚汉春秋》:

"(张良答楚王使曰)汉王赐臣玉案之食,巨阙之剑,臣背叛之,内愧于心。"

《史记·田叔传》:

"(高祖)过赵,赵王张敖自持案进食,礼甚恭。"

《汉书·石奋传》:

"(万石君石奋)子孙有过失,不肖让,为便坐,对案不食。然后诸子相责,因长老肉袒固谢罪,改之,乃许。"

《汉书·贡禹传》:

"元帝初即位,征禹为谏大夫。禹奏言:尝从之东宫,见赐杯案尽文画金银饰,非当所以赐食臣下也。"

《东观汉记》:

"(梁鸿)妻孟光为具食,不敢鸿前仰视,举案齐眉。"

同书:

"魏霸延平元年仕为光禄大夫,妻死长兄伯为娶妻,送至官舍,(略)即自放拜,其妻手奉案前跪,霸曰不敢相屈,妻愧求去。"

食案之形式,进食之礼仪,读之皆可一目了然矣。惟此等事物久已不见于吾国,而日人今仍用之,所谓礼失,求诸野也。日人日常起居仍行我国席地之古法,故食案亦仍存旧式。其式多方而有短垣,径约二尺以来,分有足、无足两种,皆木质髹朱,有加金银五彩藻绘者。进食时罗列肴馔食器于案,膝行高举奉客。昧我多加瓜果时，别加大盘于案外。进酒添饭，皆以漆盘承送之，礼极恭谨。古人每盘案连举，盖以此故，不得视为盘碗也。

见于汉代石刻画像者数例。武氏祠"专诸刺吴王图"，为圆案有垣而三足，中列箸等数事。同祠前室"莱子娱亲图"，亦有垣圆案而无足，中罗杯碗之属。同石室"燕飨乐舞图"，一大有垣无足圆案，中列耳杯四，肴馔二器，案左右各加一盘。同祠左右室"乐舞图"，为方案有垣而无足，中杯、缶各一器，外附一大盘中有食物。

明器陶案出于我东北汉墓者尤多，只举二例以概其他。金县营城子第一号墓，圆形有缘无足案一，近缘有三孔，别无文彩。第二号墓（壁画墓）出土三案，一圆二长方，皆有垣无足，且皆有粉画花纹，方者四孔，圆者三孔，孔非实物所应有，盖表神明之器，非生人之物也。经余发掘出土于沈阳市南湖公园第十五号汉墓者一例（报告尚未出版），长方形无足，长约四十厘米，宽减三分之一，有内圆外方边垣，垣内线画流云纹方框，中央画颠倒双鱼二尾，线条健丽豪快，中列耳杯瓦缶六七事（藏沈阳博物院古物馆）。皆可见案之形式文彩及食器陈列之梗概。

实物出朝鲜乐浪郡时期汉墓者，尤为有名，且皆有年款，王盱墓者二器，皆圆而无足，周有短垣，朱漆彩画神仙奇兽文，极为生动精巧，直径42厘米左右，背有后汉明帝永平十二年款。出他墓者，全数十余枚，款中大形者称饭盘，小者称果盘，单称盘者尤多。方案出大同江面（面为朝鲜乡屯组织名称之一，同我国之乡）汉墓者一例，后归日本东京根津嘉一郎之根津美术馆，木质有足，长方形，长约65厘米，宽约42厘米，其制朱漆平面而起缘，下面横二带，每带有二只简化兽形短足，皆黑漆，全体无文彩，一带上有后汉和帝永元十四年款。上三器为汉盘案遗存实物之最精者，图像可参详日本京都梅原末治著《支那汉代纪年铭漆器图说》。

壁画燕饮图，宾主间一赤色方案，四角有足，下端外卷作兽足式，上一朱色圆筒形器，腾气氤氲如云起状，盖满盛食物也。旁一赤圆盘稍小，中无一物。二器与朝鲜出土实物极类似，盖亦木漆制品也。其年代相去当亦不甚相远。

总之，案为陈列食具持以进食者，其用近乎我北方炕上短足小食桌。盘为持送酒饭果物者，其用与今日加菜之托盘方盘为近，非今肴馔之盘也。

(5) 酒罂

宴饮图诸小吏均抱器趋奉，其器腹圆而高，上有管状长颈，与今之胆瓶相类，盖酒罂也。字亦作罃，故《说文》曰：

"罃，备火长颈瓶也。"

又：

"罂，甈也，甈，小口罂也。"

其器小口而颈长，为盛酒专用器，与口大之钟壶不同，与汲水器之瓶亦稍异。《汉书·赵广汉传》：

"（广汉为京兆尹）发长安吏自将，与俱至光子博陆侯禹第，直突入其门，搜索私屠酤，椎破卢罂，斧斩其门关而去。"（注）"师古曰：'卢所以居罂，罂所以盛酒也。'"

《南雍州记》：

"辛居士名宣仲，家贫，春季鬻笋充觞酌，截竹为罂，用充盛置，人问其故，宣仲曰：'我惟爱竹好酒，欲二物常相并耳。'"

可知罂之在汉，确为盛酒酌酒之具，后世酒注酒壶流行，此器不传，人亦少知其形者，汉代图文上亦少见其状，此新资料也。

（六）结　语

　　略记墓形及壁画之内容如上。此墓后经日本东京帝大文学部整理调查，出土资料尚未归还。壁画摹本虽经沈阳博物馆古物馆接收，中经光复，略有散佚，殊为可惜。同墓北二里许又发现一墓，壁画较此尤佳，保存亦好，惟以种种原因，迄无调查之望，坐视破坏，实属痛心。北园一地以有三大土阜，故有"三台子"之俗称，除此墓外，尚有二阜，仍类古墓，果能发掘调查，或有更大发现。附记于此，以期来日。

　　综合本墓壁画内容，知其年代当在东汉中期或后期，至迟不能至晋。葬者之职官，当为武职，品秩似在二千石以上，与专命特使者尤近。死葬辽东，当系土著。坟封未坏，似与赤族之公孙氏无关。

　　由壁画所见礼仪制度一节，篇幅冗长，不欲附入，且与记略体例不符，惟以插图相关，便于阅读，故并为一节，付之印刷。

　　写稿时适值笔砚共首十年之益友，上虞罗子期（福颐）五兄有北平之行，虽在百忙中，仍对汉代尺制符节、印鉴凡有关制度者，多所指示，前半并承校改一遍，又赠历代摹尺一份，以资使用，均为终生不敢忘者。由壁画所见礼仪制度一节，本无意写出，后经本院秘书阎述祖先生（文儒）数次策励，勉强完成，并多有指示。乡弟孙雨龛（作云）对内容排比、插图制作亦多指正，均应附记以表谢意。

1947 年 7 月末重录

第四章　辽阳壁画墓的特点

　　根据考古发现和研究证明，历史上壁画墓的出现时间，是在我国的前汉时期。但作为考古学的名词，"壁画墓"一词，过去是没有的，它是在现代考古学兴起以后，由于考古发现才产生的，说起来这个名词的存在也只有近百年的历史。说起壁画墓的发现，现在学术界都以辽阳的发现为最早，关于这个问题，许多考古研究方面的论著，都是持这种认识的，文繁不录，下面只引用最具有权威性的《中国大百科全书》为例说明，并且它也将壁画墓的发现史讲得很清楚，故摘录如下："汉壁画墓的发现，始于东北地区。从20世纪初到抗日战争时期，日本的考古学者先后挖掘了辽阳北园、迎水寺、玉皇庙、南林子以及旅顺营城子等地点的汉魏时期壁画墓。20年代末，在洛阳市旧城西的一座西汉晚期空心砖壁画墓也被盗掘发现。中华人民共和国成立后，50年代初发掘了望都汉壁画墓，到1966年止，通过对洛阳旧城西、平陆枣园村、徐州黄山陇、梁山后银山、密县打虎亭、托克托、辽阳棒台子屯和三道壕等多座壁画墓的发掘及有关问题的探讨，初步了解了汉壁画墓的分布及其大致特点。70年代，河北安平逯家庄、定县八里店、陕西千阳、内蒙古和林格尔和洛阳卜千秋等墓的发现，进一步增进了对汉壁画墓的分布、产生年代和壁画题材内容等方面的了解。"[①]

　　到现在为止，汉魏晋时期的壁画墓发现有六十余座，但仅辽阳发现的就有

[①] 中国大百科全书总编辑委员会《考古学》编辑委员会：《中国大百科全书·考古学》，中国大百科全书出版社1986年8月版，第158页。

二十多座，占全国总发现量的三分之一，可见辽阳一地壁画墓数量之大。正是由于其墓葬甚多，故而更显示出它与其他地区不同的特点。下面简单地做些分析和说明。

一、辽阳壁画墓建筑材料选用

墓葬是安置死者的场所，历史极其悠久。但墓葬在历史进程中，显现出不同的变化，无论是纵向来看还是横向来看，都可以看出它们的差别和特征，如墓葬的建筑方式、使用材料、结构形状、随葬遗物等等，都会各有自身的特点。纵向看，不同时代的墓葬，其特点也不相同，明显反映出时代的习俗；横向看，尽管是同一时代，由于地域关系，也有很大差别，具有地域性特征。总之，时空关系在墓葬特点上反映还是很强烈的。

汉代墓葬，可以说只要是当时汉王朝辖境，今天随处即可发现，数量甚大，诸如土坑墓、木棺或木椁墓、砖室墓、石室墓、瓮棺墓等，墓葬形式多样，形制区别很大，其中以砖室墓更具特点，墓室用砖砌成，砖的形状因建墓用途不同而有多种，故其砌筑的墓室结构可以多样。

辽阳壁画墓的建筑用料为石材，在石材上绘画，别具一格，因此这种绘有壁画的石墓，在全国来说都很少见。就从壁画墓的发现来说，国内已知的汉魏晋时期的壁画墓，基本都是砖筑墓室，很少见石室壁画墓的，现知仅在山东东平县驻地后屯一号壁画墓是有绘画的石墓，除此之外，未见在其他地区还有这种石室壁画墓的。因此，在石板上绘画在已发现的壁画墓中，少之又少，几至于无，而砖室壁画墓则是占绝大多数的。尽管东平小屯墓为石室壁画墓，但与辽阳壁画墓壁画绘制的方法不同，它不是在石壁上直接绘画，虽然建墓时石板已经打制得很平整，但还是要在石面上涂上白色，然后再作画；而其他砖室壁画墓，砖的壁面都要加工处理，或抹白灰层或刷上白色，再于其上作画。更有特殊的，如酒泉丁家闸壁画墓，在砖壁上抹草泥，其上施极细的土做成黄色泥皮，于此壁面上再行绘画。这些做法，在绘画前都是要先铺底的。

在辽阳这种巨型石板构筑的石室壁画墓，只出土在今辽阳市区的周围，其分布均不甚远，而以北郊为最多，且多为近郊，远郊虽有，但数量很少，且亦非很远。同样是同时代的壁画墓，外省各地的壁画墓前面已经说过，主要是砖室墓，不再论述。仅以辽宁地区来说，也是绝无仅有的，只见一例，即位于辽南地区的营城子汉代壁画墓（图4-1-1、图4-1-2），它是一座砖室壁画墓，虽然墓的规模也很高大，但不是石室壁画墓。可见辽阳以外的壁画墓基本都是砖室的，这一现象是很值得注意的。不仅如此，就是在辽阳本地，在同时代的墓葬中，也有砖室墓，并非都是石墓，如三道壕、望水台、鹅房、唐户屯等地，都曾发掘有砖室墓，但只有石室墓才有壁画。因此可知，这种石室壁画墓，应是古代襄平（今辽阳城区）四周附近我国汉至魏、晋时期所特有的一种壁画墓类型。

图4-1-1　营城子墓 门洞上及两旁门卒与神兽图

第四章　辽阳壁画墓的特点

图 4-1-2　营城子壁画墓　主室北壁祝祷升仙图

辽阳壁画墓建墓用的石材是沉积南芬页岩，这种岩石质地极为细腻，呈淡青色，和谐悦目，开采山岩皆成片状，石材的厚薄与体量的大小均可随建墓需要而灵活打凿，打凿后石板自然水平层劈裂，石面不需修磨而平整光滑。辽阳壁画墓就是用这种南芬页岩石板，在挖好的墓圹内，墓底铺石，四壁立支石板，间隔成椁室，上面再搭盖石板便成墓顶。用这种方法建造的墓室非常坚固，已发掘的这么多座墓葬，在地下历两千余年而无倒塌损坏，可证这种建筑结构的墓室稳定牢固。这是辽阳壁画墓重要的特点之一。

二、辽阳壁画墓建造形制

研究古代墓葬,对墓室的建筑形制等方面的问题,也要给予关注,对形制的认识,有助于对墓葬的深入了解。辽阳壁画墓的建造形制特点,可以从两方面看,一个是从墓室结构看,另一个是从墓葬方向看。下面按墓葬时间早晚,依次说明。

1. 辽阳旧城东门里后汉壁画墓:墓门向南,偏西10度,门内即为棺室,将其间隔为二,后部有廊,左、右两端为明器室(图4-2-1)。

2. 北园一号后汉壁画墓:墓门向西,偏南11度,门内为前廊,左、右两端为耳室,中部是棺室,间隔为三,棺室外边两侧为左、右廊,廊外侧为左耳室,棺室后部为后廊,廊后壁中间为后小室(图4-2-2)。

3. 棒台子一号后汉壁画墓:墓门向东,偏南10度,门内为前廊,两端为左、右耳室,中部为棺室,间隔为三,棺室外边两侧为左、右廊,棺室后部为后廊,廊后壁中间为后小室(图4-2-3)。此墓与北园一号墓在结构上极为相似。

4. 三道壕后汉车骑壁画墓:墓门向南,偏东15度,墓门内为前廊,两端为左、右耳室,廊后为棺室,间隔为二棺室(图4-2-4)。

5. 三道壕一号后汉壁画墓:墓门向南,偏西22度,墓门内是前廊,两端为左、右耳室,后部为棺室,间隔成四棺室(图4-2-5)。

6. 三道壕二号汉魏壁画墓:墓门向南,偏西14度,墓门内是前廊,右侧为右耳室,廊后部为棺室,间隔成二棺室(图4-2-6)。

7. 棒台子二号汉魏壁画墓:墓门向南,偏东20度,门内为前廊,两端为左、右耳室，中部为棺室，间隔为四，后部为后廊，两端突出（图 4-2-7）。

8. 鹅房一号汉魏壁画墓：墓门向南，偏西 30 度，门内为短小的前廊，两端为左、右耳室，中部为棺室，间隔成二棺室，后部为后廊，其左、右两端向外突出（图 4-2-8）。

9. 南雪梅一号汉魏壁画墓：墓门向南，偏东 40 度，几成东南方向，墓门内为前廊，两端为左、右耳室，中部是棺室，间隔为三棺室和一中廊，墓室后部为后廊，后廊的后面中右部为明器室，后廊左侧墓壁上开有一墓门，门内又形成为一个左廊，这是此墓特点（图 4-2-9）。

10. 三道壕魏令支令壁画墓：墓门向北，偏东 12 度，墓门内为前廊，右侧有右耳室，前廊后面是棺室，将其间隔成三棺室（图 4-2-10）。

11. 三道壕三号魏壁画墓：墓门向南，偏西 10 度，墓门内为前廊，两端为左、右耳室，后部为棺室，棺室后部为后廊，两端亦向外扩出（图 4-2-11）。

12. 北园二号魏壁画墓：墓门向南，偏西 5 度，门内为前廊，廊左端为左耳室，廊后部为棺室，间隔为三，棺室右侧出右耳室，后部是后廊，廊后壁出有小室（图 4-2-12）。

13. 三道壕晋太康十年壁画墓：墓门向南，偏东 15 度，墓门内为前廊，两端为左、右耳室，中部为棺室，间隔三，后为后廊，两端向外突出（图 4-2-13）。

14. 上王家晋壁画墓：墓门向东，偏南 16 度，门内为前廊，廊较宽大，两端为左、右耳室，中部为棺室，间隔成二棺室（图 4-2-14）。

第四章 辽阳壁画墓的特点

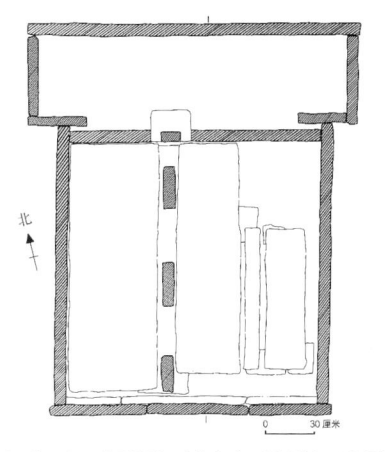

图 4-2-1　辽阳旧城东门里后汉壁画墓

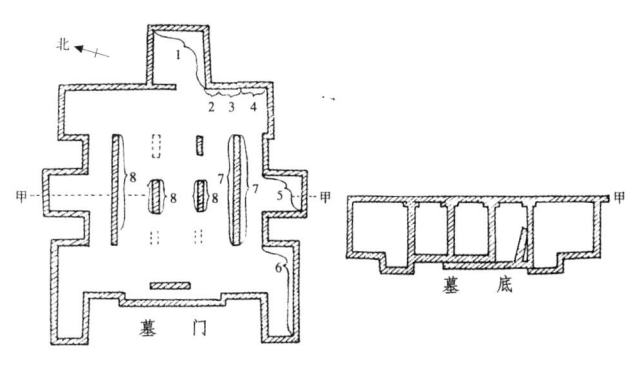

图 4-2-2　北园一号后汉壁画墓

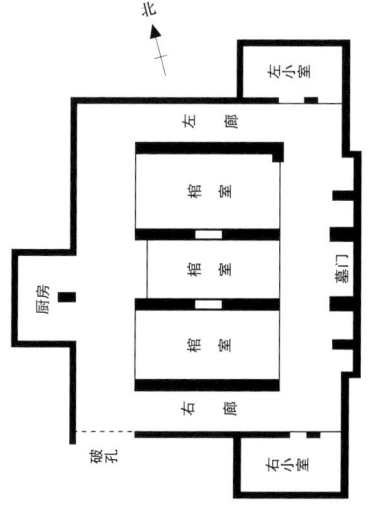

图 4-2-3　棒台子一号后汉壁画墓

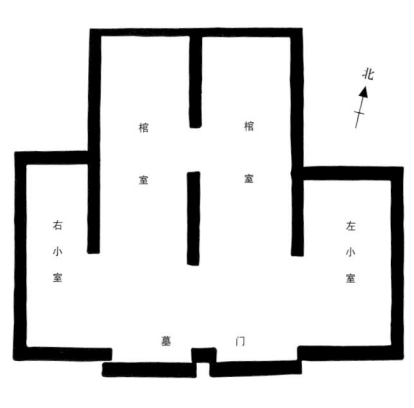

图 4-2-4　三道壕后汉车骑壁画墓

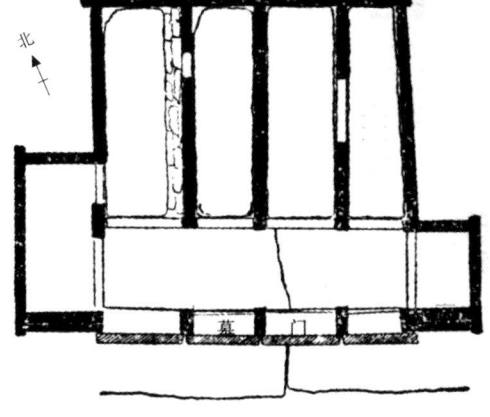

图 4-2-5　三道壕一号后汉壁画墓

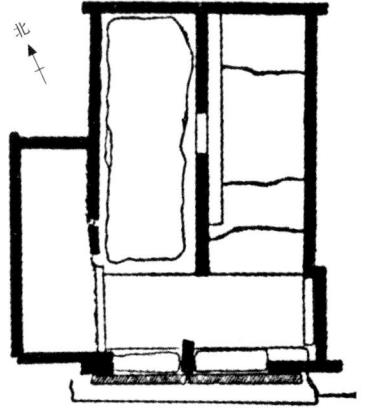

图 4-2-6　三道壕二号汉魏壁画墓

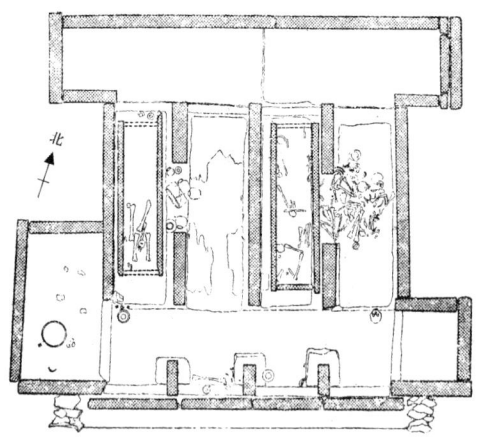

图 4-2-7 棒台子二号汉魏壁画墓

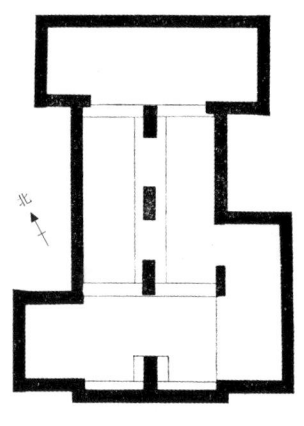

图 4-2-8 鹅房一号汉魏壁画墓

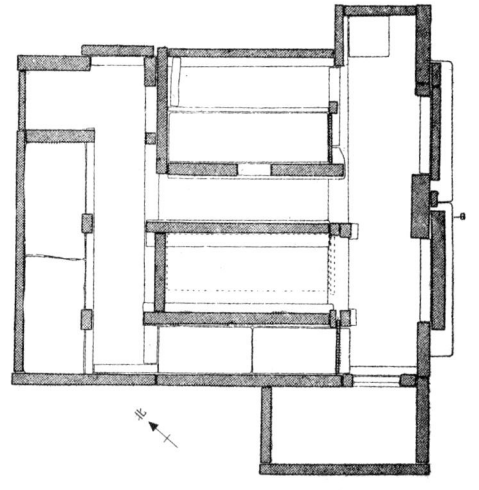

图 4-2-9 南雪梅一号汉魏壁画墓

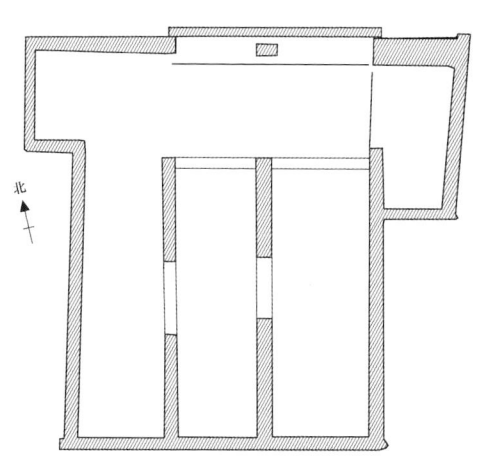

图 4-2-10 三道壕魏令支令壁画墓

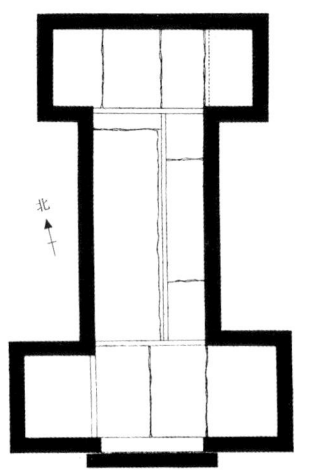

图 4-2-11 三道壕三号魏壁画墓

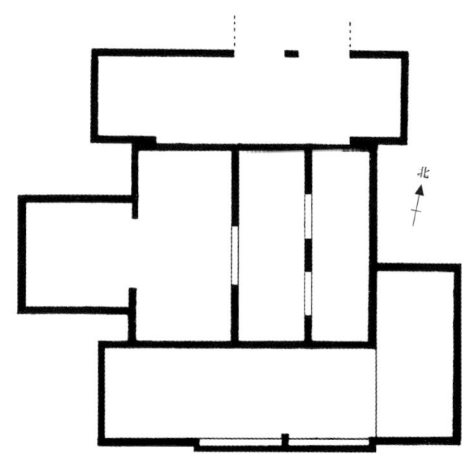

图 4-2-12 北园二号魏壁画墓

第四章　辽阳壁画墓的特点

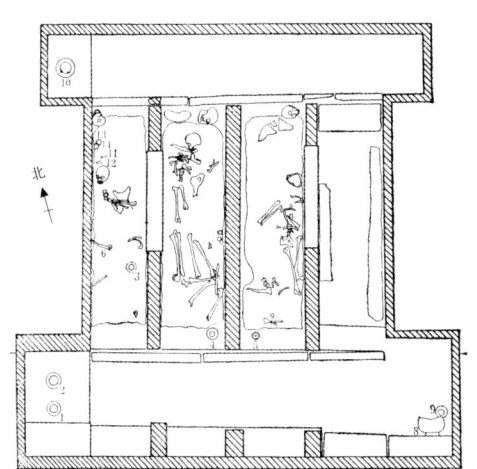

图 4-2-13　三道壕晋太康十年壁画墓

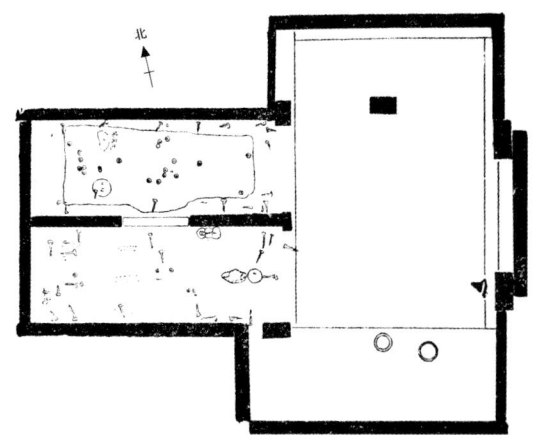

图 4-2-14　上王家晋壁画墓

从上述列举的壁画墓中，可以明确看出这几种现象：

墓室建造规模，应该说和时代的关系不大，而是和当时人们的观念与习俗有关。经过发掘，辽阳地区的壁画墓，早期的墓葬有较大型的，结构复杂，如北园一号后汉壁画墓、棒台子一号后汉壁画墓。但晚期也有大型的，如三道壕晋太康十年壁画墓。而早期墓葬也有规模较为小型的，如辽阳旧城东门里后汉壁画墓，就比较小，这都是很明显的例子。因此，墓葬规格的大小、结构复杂与否，和时间早晚没有什么关系。然而为何墓葬又有如此差别？墓葬规模、形制、结构、用材大小等，都有不同，这应与死者的身份、地位有一定的关系，即权力、财力起作用，如北园一号后汉壁画墓、棒台子一号后汉壁画墓等。但也不完全是如此，应也有当时宗法社会、人生观念的原因。如进行家族从葬的，一座墓中可葬多人，"聚族而葬"，因而这样的墓葬就建造得大些，可有四个棺室，能多次入葬，如棒台子二号汉魏壁画墓、三道壕晋太康十年壁画墓等。但一般是夫妻合葬，墓室就要简单一些，如辽阳旧城东门里后汉壁画墓、鹅房一号汉魏壁画墓、三道壕三号魏壁画墓等，这些即是一般正常的墓葬。

墓葬的朝向，从各墓的墓门所在位置看，没有一个明确的标准方向，各种朝向都有，墓葬历时从汉到晋，有三百年的时间，竟没有形成一个固定规律，显得很乱。我们试看一下这些壁画墓的墓向：辽阳旧城东门里后汉壁画墓的墓门是向南而偏西，北园一号后汉壁画墓的墓门是向西而偏南，棒台子一号后汉壁画墓的墓门是向东而偏南，三道壕后汉车骑壁画墓的墓门是向南而偏东，三道壕一号后汉壁画墓的墓门是向南而偏西，三道壕二号汉魏壁画墓的墓门是向南而偏西，棒台子二号汉魏壁画墓的墓门是向南而偏东，鹅房一号汉魏壁画墓的墓门是向南而偏东，三道壕魏令支令壁画墓的墓门是向北而偏东，三道壕三号魏壁画墓的墓门是向南而偏西，北园二号魏壁画墓的墓门是向南而偏西，三道壕晋太康十年壁画墓的墓门是向南而偏东，上王家晋壁画墓的墓门是向东而偏南。

  辽阳的这些壁画墓，虽然朝南的多一些，不过其南向也并不一致，偏东、偏西皆有，而方向完全不同的门朝东、朝西、朝北，则更显得突出，尤其应该看到，这些墓葬朝向不同是在相距不远的一地，互相间封土都可以望到，竟然差别这么大，这就应该注意了。还有一点，辽阳附近皆是平原之地，没有任何高低参差，不像有山的地区，在不同山坡下造墓，如在山的南坡、东坡、西坡或北坡，因受不同地势影响，可以设计不同的墓的朝向，但辽阳附近根本不存在这方面问题，而墓葬的朝向竟然如此多样，这确实是辽阳壁画墓的一个特点。所以会出现这种情况，我以为并非无意造成。建造墓室有那么大的投入，无论是人力、物力还是财力，都要精心安排，结果选择墓向却是很随便、不经考虑、任施工时人们率意而为，我认为这是不可能的，其墓向的选择，一定是有明确的思想认识的，墓向应是在某种观念支配下的反映，具有某种含义。

  几十年来，我发掘汉魏以来的墓葬很多，并且也看到无论是中原地区还是其他地方，一处墓葬多者可几百座，并非罕见，墓地中各种朝向都有。如学术界熟悉的较典型而发掘的汉墓数量又比较多的洛阳烧沟汉墓[1]，就是这种情况。虽然各方向多少不一，有的某种朝向较多，有的较少，但却是每个方向的墓都有。为什么会出现墓的朝向不一致这种情况呢？有没有什么寓意在内？长时间以来，关于墓向问题，未见有人提出意见，大多对此不以为意。笔者就辽阳壁画墓的

---

[1] 洛阳区考古发掘队：《洛阳烧沟汉墓》，科学出版社1959年12月版。

第四章 辽阳壁画墓的特点

发掘体会，觉得这是一个值得注意的现象，可以试探一下。我以为，墓葬朝向的选择是有生活原因的。墓葬原本是为安厝死者的处所，在古代"视死如视生"的观念中，墓葬这所"阴宅"就是"阳宅"的一种表现形式，因此在墓室里凡生人日常所用则应有尽有，物质和精神方面皆备。墓的方向表示什么意思呢？

从墓地看，几里路之外就是辽阳市（古代的襄平城），这些墓内的死者，他们生前都是住在古襄平城内的居人，死后葬于城外，建起地下的住所，也应与其生时一样——为了考虑死者生时已形成的生活习惯，地下住所也应当与其在世时的阳宅一样。襄平城内道路有南北、也有东西，他们既然住于城内，是在道路的某侧，城内的宅第如在路北者门向南、在路南者门向北、在路东者门向西、在路西者门向东，死者生前已习惯于在自家宅院出入，门径熟悉，于是建造墓葬时，对墓门的各自朝向即作了不同的选择。坟墓的门向，也就同于阳宅的门向。因此，就出现了我们今天所见的辽阳各种不同墓向的壁画墓。

三、国内各地发现同时期壁画墓与辽阳壁画墓的异同

（一）我国发现壁画墓概况

壁画墓，现在是一个指意明确的词，即专指在墓葬的内壁上绘有彩色或黑白墨线的绘画而言。墓中绘画起源较早，而延续时间也很长。本书所说的壁画，是早期的壁画，即汉代到魏晋时期。

从我国历史上看，壁画墓的出现时间，是在前汉，以后经历一段较长时间的发展，约有三百年，至魏晋时期，这是我国壁画墓的早期阶段。但在考古发现中，早期的前段时间壁画墓，发现数量较少，在后汉乃至魏晋时期，始大量出现，并且也较成熟，分布于我国北部的广大地区，蔚为大观。此时壁画墓所绘内容，虽各墓都有差异，但总体大致相同，特点突出，反映出这一时期壁画的特点。在此后也有壁画墓，如隋唐时期，其壁画墓与前期比较，有所不同，早期壁画墓较为质朴，而后世的壁画墓，主要是皇室或贵族、高官的墓葬，所画内容与前期也不尽相同，更加富丽堂皇。及至辽、宋、金、元时，壁画墓在传统之上又另具特点，尤其是辽代壁画墓，数量较多，在汉唐传统文化中又加入许多北方游牧民族的生产、生活的内容，而使壁画别开生面，呈现出另一种新的风貌。

壁画墓的出现，与文化艺术的进一步发展有密切关系，当前汉之时，绘画技法已较为成熟，随着人们观念的变化和丧葬制度的影响以及墓葬选材的拓

展与建筑技术的进步，砖墓、石墓均优于以前流行的土圹竖穴墓、木棺木椁墓等，有了表现思想观念的条件，拓展了思维的空间，绘画可以实现过去无法表达的意愿，如升天思想等，都可在墓壁上借用作画表现出来。并且，古代人建造墓葬，是效生人而为死者修建的地下居室，一如阳宅，也须装饰，起到了美化墓室的作用，同时又可表达思想愿望：死者地下生活一切如常，车马盈门，且可飞升天界，这些过去不易办到的事，现在可以通过壁画的形式，完整地表现出来。从壁画墓的内涵观察，其思维是多方面的。就从已有壁画内容看，诸如日常生活、家居、庖厨、宴饮、乐舞、百戏、出行、生产、耕作、车马骑从、门吏伕役等，一应俱全，还有天象、日月、星辰，以及四神、瑞兽、流云，真的是人间天上，无不追求，并有的表现出墓主人升天乘飞鸟而去的幻想情景，还有的绘历史故事，有古圣先贤，也有人生处世之道的经验教训等，确是内涵庞杂，表现了生人对死者的无限关注、深切缅怀、细致设想与周密维护。

这种墓中绘画的兴起，是随着社会经济繁荣，丧葬制度进一步发展而出现的，到了前汉时期就产生了此种墓葬，也可以说，这是一种新的墓室装饰。这种壁画墓兴起于前汉，之后在一些地区流行，直到后汉和魏晋时期。壁画墓的墓主人，多为高官显贵或地方豪强。

在地域分布上，这种早期壁画墓所在的地方，主要是在我国北方的几个省、自治区。通过考古发现，壁画墓主要分布在山西、陕西、河北、河南、安徽、江苏、山东、内蒙古、辽宁等地。

前汉中期以后，由于豪强大族厚葬习俗的发展，砖、石墓葬流行起来，经济、文化发达地区丧葬制度竞奢豪华，于是就产生了壁画墓。最早的壁画墓，首先是在今河南、河北出现，随后延展至北方地区。经过考古发掘，在今北方地区的许多地方都发现了壁画墓，其中比较重要的，有河南省洛阳市烧沟前汉壁画墓、洛阳市烧沟前汉卜千秋壁画墓、洛阳市老城西北前汉壁画墓、洛阳市浅井头前汉壁画墓、洛阳市八里台前汉壁画墓、密县打虎亭前汉壁画墓、洛阳市金谷园村新莽时期壁画墓、洛阳偃师县新莽壁画墓、安徽省亳县董园村前汉壁

第四章 辽阳壁画墓的特点

画墓、江苏省徐州黄山陇前汉壁画墓、河北省望都县所药村前汉壁画墓、安平县逯家庄前汉壁画墓、定县八里店前汉壁画墓、山西省平陆县枣园村前汉晚期王莽时壁画墓、陕西省西安交通大学前汉壁画墓、西安理工大学前汉壁画墓、西安曲江池一号前汉壁画墓、西安曲江翠竹园前汉壁画墓、千阳县壁画墓、咸阳龚家湾一号壁画墓、洛阳市北郊后汉壁画墓、洛阳机车工厂后汉壁画墓、洛阳市郊区后汉壁画墓、洛阳市西工后汉壁画墓、洛阳市朱村后汉壁画墓、洛阳偃师县杏园村后汉壁画墓、山东省梁山县后银山后汉早期壁画墓、山西省夏县后汉壁画墓、陕西省靖边县杨桥畔渠树壕后汉中晚期壁画墓、江苏省徐州市黄山陇后汉晚期壁画墓、安徽省亳县董园村后汉晚期壁画墓、甘肃省嘉峪关市后汉壁画墓、内蒙古自治区托克托县前汉闵氏壁画墓、内蒙古自治区和林格尔县小板申后汉壁画墓、内蒙古自治区霍洛柴登壁画墓和辽宁省辽阳市北园、棒台子、三道壕、鹅房、南雪梅等后汉、魏、晋壁画墓。

壁画墓发现多了，自然就要思考一些问题，同时可进一步研究。首先注意到墓葬的年代，考虑了分期，又注意发现地点，进行分区，这些都有利于我们加深对壁画墓的认识。

早期壁画墓可分为三期。前汉早期的壁画墓现在还没有发现，所发现的墓葬都是前汉中晚期包括新莽时期的，此期代表墓葬有八里台墓、烧沟无名氏墓、卜千秋墓、枣园墓、千阳墓、西安墓、鄂托克墓、商丘墓等；第二期为后汉中晚期，包括此外所有的汉代壁画墓；第三期为此后的魏晋时期，此期的墓葬发现较少，但在辽阳和嘉峪关的发现，却很有代表性。在地域上，壁画墓的分布，从发现较为集中看，大致可有如下几区：陕西西安、千阳、咸阳、靖边墓，山西平陆、夏县墓，河南洛阳、密县墓，江苏徐州墓，安徽亳县墓，山东梁山墓，河北望都、安平、定县墓，甘肃嘉峪关墓，内蒙古和林格尔、托克托墓，辽宁辽阳墓。

在我国墓葬壁画早期的汉魏晋壁画墓中，发现时间最早的是辽宁辽阳各地的壁画墓，它在20世纪初就发现了，日本考古学者发掘了北园、南林子、玉皇庙、迎水寺等地的壁画墓，其他各地的壁画墓都是在此以后陆续发现的，时间是在20世纪50年代以后，河北望都壁画墓是在1952年发掘的，时间也较早。上述各地发现的壁画墓虽然地点很多，但密集成群的却较少，一般一地仅有一两座墓，而辽阳则不同，在今辽阳市周围发现的壁画墓已有二十多座，作为国务院批准的"全国重点文物保护单位"定名为"辽阳壁画墓群"，即可见一斑，这种情况比较少见。辽阳壁画墓不仅数量多，且其自身特点也很突出，与全国各地的壁画墓比较，确有许多不同之处，为了能进一步了解壁画墓的内涵和发展状况，于此对国内各地发现的相关壁画墓作一简单的介绍，从而可较为明确地认识辽阳壁画墓的特点。

（二）各地发现的前汉时期的壁画墓

前汉时期的壁画墓，有代表性的主要有如下几座：

（1）洛阳烧沟卜千秋壁画墓。1976年，在洛阳市烧沟村发掘了一座前汉时期的壁画墓，墓中出土一枚印章，根据印章名字知为前汉卜千秋墓。此墓用空心砖和小砖混合构筑，墓葬主室长方形，并有左右两耳室，主室全部由特制的空心砖砌筑，顶部为仿券顶做成两坡平顶形式。出土有陶壶、陶罐、陶鼎、陶仓、陶井、铜昭明镜、"五铢"钱等前汉晚期特征的随葬遗物。卜千秋墓内绘有壁画，绘画之前在砖面上涂白色，然后进行彩画，再以单线勾勒边线。此墓的壁画，以墓室顶部绘墓主人升仙图为主，内容是日、月、伏羲、女娲、四神、仙禽、神兽等反映天上的世界，男女主人则在仙人指引下，乘仙鸟、龙舟凌空飞升。绘在门额和后壁上部的绘画，有仙禽、怪兽、四神等形象（图4-3-1）。此墓年代，为前汉中期稍后，即昭帝至宣帝（公元前86年—公元前49年）期间[1]。

（2）西安交通大学壁画墓。1987年4月，在位于西安市东郊咸宁路中段、兴庆路南段东侧的西安交通大学第二附属小学校园内，因建教学楼发现一座汉墓，此墓西北方向直线距离约十公里即前汉首都长安城，东南方向不远即汉宣帝的杜陵。墓所在地是一处四周低、中部高的土岗，前汉时为上林苑东部地区，

---

[1] 洛阳博物馆：《洛阳西汉卜千秋壁画墓发掘简报》，《文物》1977年第6期。

图 4-3-1　洛阳烧沟村前汉卜千秋壁画墓壁画

唐代为兴庆宫址。墓葬为砖筑，有主室和两耳室，平面呈"早"字形。正南北方向，墓门向南。此墓因被盗，存留的遗物不多，有陶器、铜器、铁器、玉器、蚌器。墓室内绘有大量彩色壁画，依据所绘内容，可分为两部分，一部分是墓室券顶和后墙上部，一部分为后墙下部和东、西、南三面墙壁。上部一组绘日、月、星、流云、四神、鹿等，下面一组绘出云纹，有不同的飞禽和走兽，有虎、天鹅、小鸟、鹿、狐狸（狼）等（图4-3-2、图4-3-3）。此墓的天象图最为精彩突出。墓葬年代，根据墓室结构和出土遗物特点分析，应在前汉宣帝、平帝之间（公元前73年—公元5年），最晚也不会超过王莽时期[①]。

（3）西安理工大学壁画墓。2004年2月，在西安市南郊岳家寨村北的西安理工大学校区基建工程中发现古墓葬，文物部门发掘四十余座墓。其中一号墓较大，并且有壁画。该墓地面原有高大封土，墓室在地下，平面呈"甲"字形，

---

① 陕西省考古研究所、西安交通大学：《西安交通大学西汉壁画墓》，西安交通大学出版社1991年5月版。

图 4-3-2　西安交通大学壁画墓壁画

图 4-3-3　西安交通大学壁画墓后壁上部壁画

由墓道、左右耳室、甬道、墓室组成，墓门向南，偏东5度。墓为砖筑，券顶。墓虽被盗，遗物残存一百余件，有陶器、铜器、铁器等，还有封泥、印章和"五铢"钱四百多枚。墓室内绘有壁画，先在墓壁和券顶刷一层白膏泥，再于其上用墨线起稿，充填颜色。壁画内容主要有车马出行（图4-3-4）、骑马持弓狩猎、宴乐（图4-3-5）、斗鸡等日常生活场面，还有内绘金乌的红日、绘蟾蜍玉兔的明月、翼龙、翼虎、凤鸟、仙鹤、乘龙羽人、缭绕云气等升仙图景。墓葬年代，根据对墓葬结构、砖的形制、遗物特点考察，并且"五铢"有武帝、昭帝钱，也有宣帝钱，最晚为元帝"五铢"钱，下葬年代应在西汉晚期。

（4）曲江翠竹园壁画墓。2008年11月，在陕西省西安市南郊曲江新区翠竹园小区基建施工中，发现四座古墓，其中一号墓规模较大，并有彩色壁画。此墓为砖筑，门正北方向，主室长方形，近前部左右出耳室，两耳室北面向外又各出一小室。出土随葬遗物有陶器、玉器、铜饰件、蚌壳、"五铢"钱等。墓有壁画，分别绘于墓室内壁（图4-3-6），先在砖面上刷一层白灰，然后作画。北面墓门两侧各绘一门吏，室壁上绘人物，有捧物婢女和贵妇人、佩剑男子等，人物多为单体站立，墨线敷彩（图4-3-7），墓顶为天象图，有云气纹、太阳金乌、月亮蟾蜍、星宿、青龙、白虎、人物等。墓葬年代，根据墓室结构、子母砖、出土釉陶器、"五铢"钱、绘画风格、服饰等综合分析，大体在西汉晚期。[①]

（5）托克托古城闵氏壁画墓。1956年5月，在内蒙古托克托县古城西门外发现一座古墓，墓上有封土，占地面积有半亩地，因取土烧砖露出墓室。此墓为砖筑，由前室、前室右边二耳室、左边一耳室、中室、中室左右二耳室、后主室共为八室组成。墓门向北。墓因早年被盗，遗物不多，有陶器、铜钱，为"五铢"钱和小"五铢"钱。墓内绘有壁画，主要绘于中室及东、西两耳室壁上，内容有车马（图4-3-8）、侍女、庖厨图等。壁画的墨书榜题很多，"闵氏从奴""闵氏从婢""闵氏牛车一乘""闵氏□一奴一人乘""闵氏婢"等，从隶书题

---

① 西安市文物保护考古所：《西安理工大学西汉壁画墓发掘简报》，《文物》2006年第5期。

图 4-3-4　西安理工大学壁画墓骑马人物

图 4-3-5　西安理工大学壁画墓宴乐图

第四章 辽阳壁画墓的特点

图 4-3-6　曲江翠竹园墓全景

图 4-3-7　曲江翠竹园壁画墓人物图

字看,墓主为闵姓,惜未书名。墓葬年代,"根据这个墓出土的残余随葬物和墓室壁画的风格,可以看出是属于前汉后的"[①]。

(6)洛阳金谷园壁画墓。1987年10月,在洛阳金谷园村东发掘一座石门砖室墓,规模较大,有前室、后室和东耳室、甬道附耳室。墓门向西,偏北45度。此墓被盗,出土遗物有陶器及一些铜、铁、石器等。随葬铜钱八百多枚,有"五铢"钱及王莽时钱币,计有"契刀五百""大泉五十""小泉直一""货泉"等。此墓葬为壁画墓,在前室、后室内均有壁画

---

① 罗福颐:《内蒙古自治区托克托县新发现的汉墓壁画》,《文物参考资料》1956年9期。

· 343 ·

图 4-3-8　托克托古城闵氏壁画墓右室后壁壁画

图 4-3-9　洛阳金谷园壁画墓前室

（图4-3-9）。因画面白灰脱落，壁画保存较差，所绘内容呈现出二龙穿璧、操蛇神人、人头鸟身或人头兽身、人兽合体形象，表现为四方神灵、天地阴阳等画面，有日象图、月象图、太乙图、天地图、句芒像、凤鸟像、飞廉像、岁星和青龙像、荧惑与轩辕二星像、祝融像、玄冥像、玄武像、辰星和天马像等。此墓的年代为前汉末王莽时期，应在地皇元年（公元20年）至四年（公元23年）之间①。

（7）平陆枣园村壁画墓。1959年4月，在山西省平陆县枣园村发现一座壁画墓。此墓用小砖砌筑，由主室和右侧一个耳室组成，上部券顶。墓门向东，偏北1度。出土遗物有绿釉陶器、灰陶器、铁刀和"大泉五十"铜钱等。墓室内壁绘有壁画，四壁绘车马、房屋和人物（图4-3-10）。其中绘在南壁上的牛耕图、西壁上的耧种图，真实地描绘了当时农业生产活动的情景，在券顶上绘天象云气纹和四神图。墓葬年代，根据出土遗物特点，应是前汉末年王莽时期或后汉初期②。此墓壁画，画风朴实，构图简单，用笔熟练。

（8）千阳县壁画墓。1972年9月，在陕西省千阳县的一工厂基建中发现古墓，遂即发掘。墓门为小型砖砌筑，门向南，偏西15度。墓室长方形，在墓门后部，为土洞，顶部作船篷式，顶部和墓壁均未砌砖，只用稀白灰在土壁上粉刷，再于其上绘壁画，墓底铺砖。墓中置两木棺，出土遗物有陶器、铁剑、铜镜、铜钱、漆器等。绘画在东西两壁上，东壁前部绘太阳，内有金乌（图4-3-11），四周云气围绕，后为苍龙，上为星象。西壁前边绘月轮，周绕云气，后是白虎图，壁间分布群星，有的其间连线。墓葬的年代，"从出土铜镜及'大泉五十'货币判断，当为西汉末的王莽时期"③。

---

① 洛阳博物馆：《洛阳金谷园新莽壁画墓清理简报》，《文物资料丛刊》第9辑，1985年10月。
② 杨陌公、解希恭：《山西平陆枣园村壁画汉墓》，《考古》1959年第9期。
③ 王永光：《陕西省千阳县汉墓发掘简报》，《考古》1975年第3期。

图 4-3-10　平陆枣园村前汉壁画墓藻井及四壁壁画

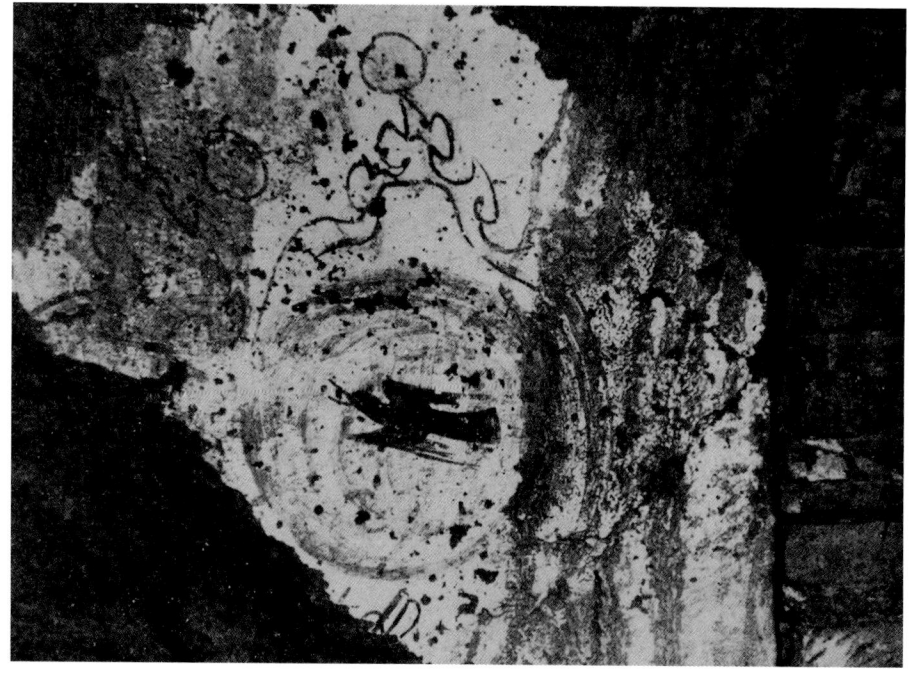

图 4-3-11　千阳壁画墓天象图

（三）各地发现的后汉时期的壁画墓

后汉时期的壁画墓，有代表性的主要有如下几座：

（1）洛阳烧沟一号壁画墓。1975 年在河南省洛阳市西北处烧沟汉墓区的西南部，发掘一座壁画墓（编为 M61 号），此墓在老城西北一公里处。这座烧沟村后汉壁画墓，是用空心砖和小砖混合砌筑，墓门向东，偏南 10 度。主室较大，中部用立柱和隔梁将墓内分为前室和后室（图 4-3-12）。出土有陶壶、陶罐、陶鼎、陶仓、陶水井等遗物。墓室内绘有壁画，在砖面涂白色地，然后于其上施彩绘，再以单线勾轮廓。壁画在墓室顶部绘日、月等星象图，表示天空，隔梁下部和后壁绘"孔子见老子""二桃杀三士"等历史故事，在隔梁上部，用空心砖雕镂彩绘西王母和仙禽、神兽等图像（图 4-3-13）。此墓的年代，为后汉初年，即建武末年后至章帝末年（公元 56—88 年）①。

（2）东平后屯壁画墓。2007 年 10 月，在山东省泰安市东平县今驻地后屯建东平商城工地施工过程中，发现古墓葬，共发掘了十八座墓，其中一号墓、

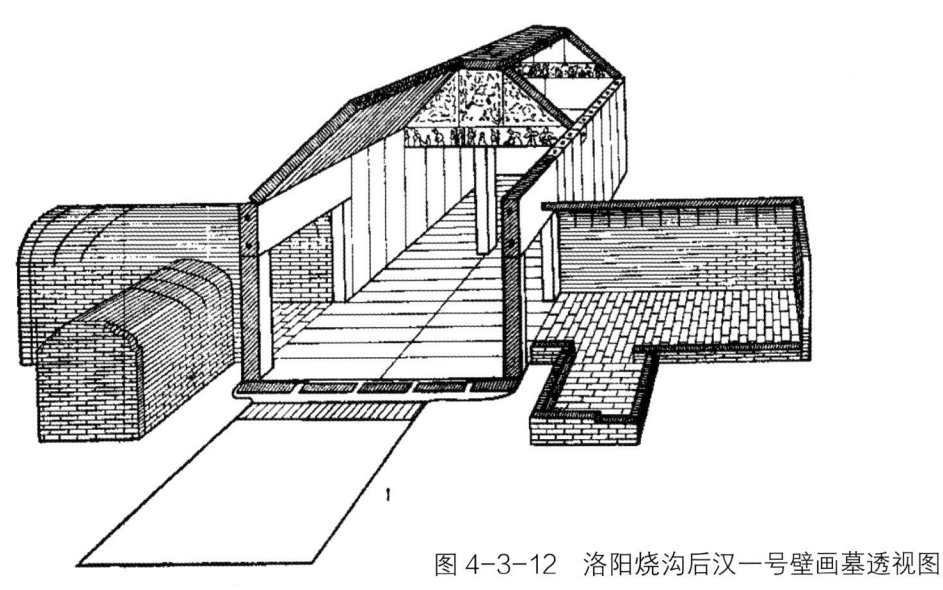

图 4-3-12　洛阳烧沟后汉一号壁画墓透视图

---

① 河南省文化局文物工作队：《洛阳西汉壁画墓发掘报告》，《考古学报》1964 年 2 期。

图 4-3-13　洛阳烧沟后汉一号壁画墓壁画

十二号墓、十三号墓为壁画墓,并以一号墓保存最好。

一号墓为石板构筑,墓门向西,双门洞,有前廊和四棺室。遗物因多次被盗,已无存。墓内有壁画,建墓石板打制平整,于其上涂成白色,然后作画,内容丰富,保存也很完好。此墓壁画分别绘在墓门内侧、立柱、门楣、前廊与墓室内壁上(图 4-3-14),门绘武士,墓壁绘人物(图 4-3-15)、鸡、狗等动物,总体布局为敬献、谒见、宴饮、斗鸡、舞蹈等,所绘人物多达四十八人,其中"孔子见老子"就是较为罕见的画幅,墓顶绘天象图,有云气、金乌等,反映太阳和天空情况。

十二号墓,为砖和石板混筑,其与一号墓形制基本近似,墓门亦向西,双门洞,有前廊,后为二棺室。壁画绘在前廊门楣上,绘青龙、白虎和神人,墓室内亦绘壁画。

十三号墓,墓门方向、形制结构与一号墓相同,双棺室,外有回廊。壁画绘在前廊门楣等处,有射虎图等。

从发掘现场看,这里是一处家族墓地。山东地区汉墓特点,石墓在前汉流行,

第四章 辽阳壁画墓的特点

图 4-3-14 东平后屯壁画墓壁画

图 4-3-15 东平后屯汉壁画墓人物像

砖砌券顶和多室墓则是后汉特点，此地壁画墓应在后汉早期[①]。

（3）梁山后银山壁画墓。1953年12月，在山东省梁山县后银山当地村民发现一座墓。墓由砖石砌筑，南北方向，正南方为墓门，全墓结构有前后二室，后室为三棺室，前室覆斗式墓顶。此墓有壁画，绘在前室。壁画内容，在覆斗式墓顶彩绘藻井。前室在墓壁上先涂一层泥，再于其上薄施石灰粉刷，画即绘在上面。西壁分上下二层，上层最前边是一被割掉头的牛，一个两手和头面都

---

① 山东省文物考古研究所、东平县文物管理所：《东平后屯汉代壁画墓》，文物出版社2010年11月版。

血污的人按住牛的头部，似在宰杀，中间为一赤帻红衣长尾人物，题名"伏戏"，其后是含果飞翔凤鸟，下层是墓主淳于谒卿出行，前骑题"游徼"，其后车马题名"功曹"，中间题名"淳于谒卿车马"，后面车马为"主簿"，后一人未题名（图4-3-16）。南壁画两层楼房，题"都亭"二字，楼内外均有人，左侧一人旁，上题"曲成侯驿"，再一是此墓中最大的执长柄幡人像。东壁画一大树，上立乌鸦，然后题名"子之""子礼""子任""子仁"等九人名，均为墓主人的儿子。藻井为象征日月的金乌、玉兔及行云流水①。墓的年代，由壁画"曲成侯驿"题名可确定，曲成侯为刘建，是后汉明帝时人②，因此，墓应在明帝之后，约为后汉中晚期。

图4-3-16　梁山县后银山淳于谒壁画墓车马出行图

（4）密县打虎亭壁画墓。1960年至1961年，在河南省密县打虎亭村西，相继发掘两座大型墓葬。这两座墓东西并列，相距三十米，地面上均有高大的封土，二者相连。

一号墓，居西部，为砖混筑，由两前室、一中室、两后室、一侧室、两耳室组成，各室之间有石门相通（图4-3-17）。一号墓以画像石为主，于此从略。

二号墓，为壁画墓。但二号墓门为画像石墓门。此墓砖筑墓室，形制与一号墓相同，只规模稍小。墓室壁画很有规模，除西后室和侧室外，各墓室均绘有彩色壁画。中室墙壁上绘墓主人车骑出行图、宴饮图、百戏图（图4-3-18）。

---

① 关天相、冀刚：《梁山汉墓》，《文物参考资料》1955年第5期。
② 范晔：《后汉书》卷四一《寒朗传》，中华书局点校本1965年5月版，第1417页。

墓顶绘芙蕖、方格、卷草纹组成的藻井，墓顶两侧绘有飘动的云气和各种神兽，壁画构图严谨，色彩鲜艳。

此二墓的年代，均为后汉晚期。①

图 4-3-17　密县打虎亭壁画墓墓室结构

图 4-3-18　密县打虎亭壁画墓百戏图

---

① 安金槐：《密县打虎亭汉代画像石墓和壁画墓》，《文物》1972 年第 10 期。

（5）安平逯家庄壁画墓。1971年春，在河北衡水市安平县逯家庄因村民取土发现一座大墓，遂进行考古发掘。墓葬为砖筑，东西方向，门朝东，由甬道、墓门、前室、前室左右二耳室、中室、中室左右二耳室、中后室、中后室左耳室、左后室、右后室，附壁龛等十室二龛组成。墓葬规模巨大，有出土遗物。墓室内绘有多幅彩色壁画（图4-3-19）。墓室内的壁画，分别绘在前室南耳室、中室、中室南耳室诸处，所绘壁画内容有车马出行（图4-3-20）、建筑群、属吏、乐舞等，还书写有《急就篇》《论语》《孝经》等书的文句，还有"赵"字及"惟熹平五年""主人"等字[1]。此墓壁画中，题字和壁画院落楼阁图、车马出行图、属吏图等，人物众多，很有特点，对了解墓主人的身份、地位，有所帮助。

关于此墓主人，可有两说。一是《发掘简报》认为：从时间上与题字"赵"来看，"该墓主人很有可能是（灵帝时宦官）赵忠家族的重要成员"的墓。又一说是从壁画出行图的导从制度及题记看，"墓主人可能是东汉安平国的最高统治者"安平王的墓[2]。此墓的年代，后室墓顶所书"熹平五年""主人"等字，由题记可知，此墓为后汉时期的壁画墓，熹平是灵帝的年号，熹平五年（176年）距后汉亡仅有45年，此墓系后汉晚期的墓葬。

（6）望都县所药村壁画墓。在望都县所药村东发现两座汉墓，东西并列，相距30米。1952年发掘一座，1955年发掘东侧二号墓。从墓地看，两墓的地面上都有高大的封土，则此二墓应是同一墓地，当为亲族。

一号墓，在西侧。墓室由前室、中室、后三室、四个耳室和后室小龛组成。墓早期被盗，遗物有石围棋局、石榻及残存陶器等。墓内壁画保存较好，绘于前室四壁及前、中两室甬道墓壁上，画面分两层。上层为属吏图，绘有25个人物，并有榜题。墓门两侧是"门亭长"和"寺门卒"，其他的人物则为"追鼓掾""门下史""门下贼曹""门下游徼""门下功曹""鸡侯夜不失其信也""仁恕掾""贼

---

[1] 《安平彩色壁画汉墓》，《光明日报》1972年6月22日。
　河北省文物研究所：《安平东汉壁画墓发掘简报》，《文物春秋》1989年第1期。
　河北省文物研究所：《安平东汉壁画墓》，文物出版社1990年12月版。
[2] 河北省文物管理处：《河北省三十年来的考古工作》，《文物考古工作三十年》，文物出版社1979年11月版，第47页。

第四章 辽阳壁画墓的特点

图 4-3-19 安平逯家庄后汉壁画墓壁画

图 4-3-20 安平逯家庄后汉壁画墓壁画

曹""辟车五百八人"等（图4-3-21）。下层绘祥瑞图，榜题有"羊酒""芝草""白兔游东山""鸳鸯""凤凰翔"等。在前、中两室间的甬道顶部上的壁画，为仙禽、异兽和流动的云气图案。在前室和西耳室甬道壁上书写文字，"嗟彼浮阳，人道闲明，秉心塞渊，循礼有常。当轩汉室，天下柱梁。何亿掩忽，旱弃园阳"朱书铭赞。①

二号墓，较一号墓大，从前至后纵向有五室，两侧有八个耳室，壁画绘在前一、二室的壁上，因墓室券顶坍塌，壁画大部分残坏，其内容和一号墓的壁画相近，绘有人物，也有题记，如"□食太仓谷""□都邮""□下卒"等。墓中出土砖质买地券，有长篇文字，开首即说"□和五年二月□□□廿八日己卯"长篇文字，应是后汉灵帝光和五年（公元182年）的墓②。

图4-3-21 河北望都所药村壁画墓属吏图

望都壁画墓的年代，一号墓中赞铭有"当轩汉室"，根据壁画内容所反映的情况，墓主人曾任河南尹，后升三公，二号墓据出土的朱书买地券和玉衣残片，知为中山国蒲阴助所博成里人，姓刘，曾任太原太守，可能是汉朝皇室族人。此二墓的年代，皆为后汉晚期③。

（7）河南偃师杏园村壁画墓。1984年5月，为配合洛阳首阳山电厂基建工

---

① 北京历史博物馆、河北省文物管理委员会：《望都汉墓壁画》，中国古典艺术出版社1955年9月版。
② 河北省文化局文物工作队：《望都二号汉墓》文物出版社1959年6月版。
③ 俞伟超、信立祥：《望都汉墓壁画》，《中国大百科全书·考古学》，中国大百科全书出版社1986年8月版，第542页。

程，在河南省偃师县杏园村南一里处，发掘一座壁画墓（图4-3-22）。此墓为砖筑，门向南，偏西10度，有前室、后室结构的墓葬。墓曾破盗，遗物残存不多，有陶器、铁镜、铜钱等；铜钱近百枚，有"半两"、"五铢"、剪轮"五铢"三种。墓室有壁画，绘在前室的南、北、西三面墓壁上，壁画内容，以车骑出行为主（图4-3-23），另有庖厨宴饮图。全部壁画以车马出行展开，前面为前导属吏，中间是墓主，后面是随从，画面上有九乘安车，七十多个人物，五十余匹奔马，场面壮观。

关于此墓的年代，从墓葬形制看，与下葬于汉灵帝光和二年的洛阳王当墓相同；从出土遗物看，与洛阳烧沟东汉墓第四组出土遗物相类，又与此墓之西葬于建宁元年墓几乎完全一致。因此，墓葬应是葬于灵帝建宁元年（公元168年）至光和二年（公元179年）的这段时间[①]。

图4-3-22 偃师杏园壁画墓墓室

① 中国社会科学院考古研究所：《杏园东汉墓壁画》，辽宁美术出版社1995年4月版。

图 4-3-23　偃师县杏园壁画墓壁画

（8）靖边县杨桥畔后汉壁画墓。2015年5月，陕西省文物考古研究院对陕西省靖边县杨桥畔镇杨二村墓群中的墓葬进行考古发掘。墓地在杨二村西南二公里处，芦河南岸沙滩梁峁区，附近是林地和农田，当地人称"渠树壕"。这里是"全国重点文物保护单位"汉代墓葬分布区，发掘即为壁画墓。在墓群和杨二村之间有明代长城通过，墓距长城一里余。墓有长斜坡墓道，砖券拱顶，前后墓室。墓中有大量壁画，除主室南、北、西三面无壁画外，全墓室都绘有壁画，主要绘画内容为门吏图、车马出行图（图4-3-24）、侍女图、宴乐图、星象图等。特别应当说明的是，位于墓室拱顶部的星象图，有四宫二十八星宿，具有星形、星数、图象、题名四要素的天文星象图，是我国考

图 4-3-24 靖边杨桥畔镇杨二村渠树壕后汉壁画墓

古中的首次发现，为我们准确认识二十八宿及中外星官提供了科学依据，壁画中星象图表现了三垣、中外星官以及黄道和日月相对位置。壁画还有关于汉代建筑、服饰、兵器以及风俗、神话、宗教、美术等方面的资料。根据对星象图和车马出行图的研究，此墓的年代为后汉中晚期[1]。

（9）乌审旗巴日松古敖包壁画墓。2015年9月，在内蒙古自治区鄂尔多斯市乌审旗嘎鲁图镇巴日松古敖包附近发现两座古墓，这两座墓葬均绘有壁画。

一号墓是在灰色沙岩上开凿的洞室墓，有前室、后室，硬山式墓顶，平面呈"凸"字形。墓门在南，偏西。墓内存木棺、人骨，因经盗掘，遗物不多，出土有陶器、铜器、铁器、"五铢"钱7枚。墓内壁画，在墓内平整沙岩表面抹一层白色黏性矿物质作为地仗，然后压平抹光，再于其上绘画，壁画绘于墓门、前室和后室。墓门两侧绘门扉图，前室有武库图、骑马游猎图、车舆图、

---

[1] 陕西省考古研究院、靖边县文物管理办：《陕西靖边县杨桥畔渠树壕东汉壁画墓》，《考古与文物》2017年第1期。

山林牧放图、牛耕图、乐舞图、辎车出行图（图4-3-25）、楼阁图、孔子见老子图、吟诵图、鸾凤图、卷草图、妇人倚门图、云气天象图等。

二号墓在一号墓西北110米，墓室结构与一号墓相同，亦为洞室墓，有前室、后室。壁画绘于前室四壁、侧龛、墓顶、硬山起坡处、后室三壁与墓顶等处。壁画有导骑图、山林放牧图、楼阁宴饮图（图4-3-26）、燕鸣图、放牧牛耕图、车马出行图、卷草祥瑞图、日月金乌蟾蜍星象图等。

墓葬的年代，根据墓葬形制、出土器物及壁画情况，认为其"时代应为东汉时期"①。

（10）和林格尔壁画墓。1972年秋，内蒙古自治区和林格尔县新店子公社小板申村民在农田基本建设中发现一座古墓，遂进行发掘。墓上有封土，存高2米，墓为砖筑，门向东，偏北，由前室、左右耳室、中室、右耳室、后室等

图4-3-25　乌审旗巴日松古敖包壁画墓乐舞图（上）辎车出行图（下）

---

① 鄂尔多斯博物馆、鄂尔多斯市文物考古研究院、乌审旗文物管理所：《内蒙古鄂尔多斯巴日松古敖包汉代壁画墓清理简报》，《文物》2019年第3期。

第四章　辽阳壁画墓的特点

图 4-3-26　乌审旗巴日松古敖包壁画墓楼阁宴饮图

三主室及三耳室组成，墓为券顶（图 4-3-27）。墓早年被盗，遗物不多，有陶器 70 余件、变形四叶四凤纹"长宜子孙""位至三公"铭文铜镜残片等。墓室内壁上绘有彩色壁画，多达 46 组，各组壁画分别画在各墓室。在前室四壁及中室的东、南两壁及甬道北壁上的壁画，内容主要是以墓主人的仕宦经历为序，上部绘举孝廉至任使持节护乌桓校尉各职的车马出行图，下部绘任西河长史至护乌桓校尉时所居的离石武成府舍图、土军城府舍图、繁阳宫寺图等。前室至中室甬道北壁和中室东壁的宁城图（图 4-3-28），描绘出墓主人在护乌桓校尉幕府中接见乌桓首领的巨大场面。在后室、耳室、中室北壁绘有反映墓主人日常生活的采桑、放牧、农耕、燕居、厨炊、宴饮、乐舞和坞壁等内容。在中室的西壁、北壁绘"孔子见老子""七女为父报仇""二桃杀三士""丁兰孝亲"等历史故事图，还有数量很多的麒麟、神鼎等祥瑞画面。在前室和后室的墓顶

图 4-3-27　内蒙古和林格尔壁画墓墓室全景

上，绘有星月、云气、仙人、四神等天象和神话的内容。各图在图像旁均有榜题，题字多达 250 条，这些榜题注释了各图像所表达的内容。

根据墓室结构和遗物特点，墓葬年代应为后汉晚期，尤其从壁画和题记可知，死者当在顺帝永和五年（公元 140 年）以后，至献帝建安二十五年（公元 220 年）之前[①]。此墓处于这一时间段，是后汉晚期的墓葬。

（11）甘肃武威雷台壁画墓。1969 年 10 月，在武威县二生雷台发现一座古墓并进行发掘，墓上原有封土，明代时藉此封土建成一个长 106 米、宽 60 米、高 8.5 米的高大土台，称为"雷台"，墓葬就位于现雷台的东南部下面。墓为砖筑，由前室、左右耳室、中室、中右耳室、后室共六室组成，门向正东。墓葬出土一百多件铜铸车马武士仪仗俑和现在为人们熟知的铜"马踏飞燕"遗物。

---

① 内蒙古文物工作队、内蒙古博物馆：《和林格尔发现一座重要的东汉壁画墓》，《文物》1974 年第 1 期。盖山林《和林格尔汉墓壁画》，内蒙古人民出版社 1977 年 3 月版。

第四章 辽阳壁画墓的特点

图 4-3-28　内蒙古和林格尔壁画墓"宁城图"壁画

出土铜钱有前汉"半两"、前汉"五铢"、王莽"货泉"、后汉"五铢"，并有剪轮"五铢"、磨郭"五铢"、綖环"五铢"及铁钱等。此墓有壁画，多为图案式花纹。在接近墓门的墓道两面壁上，绘有朱红色彩带与高大的树状花纹，似为树灯（图4-3-29）。墓门门券的照壁上，涂以粉墨，黑白相间，中间绘出门、柱、梁、枋、斗拱等。墓室四壁用粉、墨绘花纹图案，其上部为盝顶，当中嵌以方砖，砖上彩绘莲花藻井。

此墓年代，根据出土的各种遗物考察，墓主姓张，为将军，是灵帝中平三年（公元186年）至献帝（公元189—219年）这段时间内下葬的[①]。

---

① 甘肃省博物馆：《武威雷台汉墓》，《考古学报》1974年第2期。

（12）嘉峪关新城壁画墓。1972年4月，在嘉峪关市东面四十里新城公社西五里的戈壁滩上跃进村民发现古墓，发掘了五座。墓上有封土，有的外有围墙，墓的建造是在墓道后面凿土洞，用砖无胶合叠砌，前后双室或三室，左右耳室，覆斗式墓顶。墓多被盗，出土遗物不多，有陶器、铜器、铁器、骨尺等。其中一号墓、三号墓、四号墓、五号墓都有壁画。此地墓葬的壁画较有特点，有大幅壁画，也有小幅，即"以每块横面砖（36厘米×17厘米）为一个画面"，因此每幅都很小，称为"画像砖墓"。实际也是壁画墓，只是画幅大小不同而已。砖面上以白灰作底色，一般在砖的四边用红赭色勾出边框，然后于其上作画。

一号墓，门向北，微偏西，有前室、前室左右耳室、后室。壁画有庖厨图，饮

图4-3-29 甘肃武威雷台壁画墓墓道壁画

食图、赏乐图、出行图、狩猎图、坞壁图、衣架丝束图等，图旁多有榜题，如"耕种""畜牧""井欧"等，其中一人像旁题"段清""幼絜"诸字（图4-3-30），"段清"约是墓主人的姓名，其字"幼絜"，汉代段家在河西一带颇负"盛名"，特别是安帝时段禧曾担任西域都护，故段氏从上邽迁籍姑臧，桓帝、灵帝时段颎即出自这一支，因此这个段清很可能即其族人。

三号墓，在一号墓北面300米处，墓门向北，偏西，有前室、前室左右耳室、中室、后室。壁画有出行图、坞壁图、狩猎图、庖厨图、出巡图、农事图、酿醋图、营垒图、屯垦图、牛耕图、牧放图、奏乐图及屠宰、蚕茧丝束图等。

四号墓，在三号墓西北9米处，墓葬形制与三号墓基本相同，只是没有中室。

图 4-3-30　嘉峪关新城一号墓宴饮图

图 4-3-31　嘉峪关汉画像砖出行图

壁画大致与一号墓相同，有人物、狩猎、庖厨、农牧、绢帛、丝束图等。

五号墓，在三号墓的旁侧，其墓室结构和一号墓近似。墓中壁画的艺术技巧却大大超过了前述各墓，是一座地下画廊，有采桑图、射猎图、放牧图等，均很少见，尤其大幅出行图（图 4-3-31），队伍整齐，色彩绚烂，十分瑰丽，是汉代无名艺术家的一幅杰作。

墓葬的年代，从墓的形制、砖及壁画内涵看，是同一时代的，从墓中出土有剪轮"五铢"钱、朱书镇墓罐、尺的长度、漆棺盖上伏羲女娲画法及随葬器物等考虑，"初步判断这几座墓应系东汉晚期墓葬"[1]。

---

[1] 嘉峪关市文物清理小组：《嘉峪关汉画像砖墓》，《文物》1972 年第 12 期。

（13）嘉峪关壁画墓。1972年春，嘉峪关市嘉峪关乡嘉峪关村牌坊梁，酒泉钢铁公司在挖排水管道时发现古墓。经发掘，墓为砖砌，分前后两室，在沿斜坡墓道方向在地下开凿长方洞穴，然后用干砖叠砌墓室。前室墓顶用条砖叠造成覆斗式，四壁镶嵌彩绘的画像砖12块，画面内容有庖厨、农耕、畜牧等。出土遗物有陶器、铜器、铁器、丝织品等。

该墓葬是"一座东汉晚期的墓葬"[①]。

（四）各地发现的晋代的壁画墓

晋代的壁画墓，有代表性的主要有如下几座：

（1）嘉峪关新城壁画墓。前已记载嘉峪关市新城壁画墓，其地经过多次发掘，从1972年到1973年发掘了八座墓葬，第一次发表了五座墓的发掘材料，其中四座墓有壁画，如前所述发表《嘉峪关汉画像砖墓》发掘报告。后来于其地又发掘三座，其中两座墓有壁画，陆续出版报告，有《嘉峪关壁画墓发掘报告》《嘉峪关魏晋墓室壁画》，囊括前所发掘的五墓在内共八座墓的资料，一并论证，时代定为三国魏和西晋。

笔者在本书中依报告做记录，对墓地材料分别引述，今两存之，故在此只介绍后发掘有壁画的两座墓。

六号墓，墓葬有前室、前室右一耳室左二耳室、中室、后室，墓内葬二人。墓内有壁画，是在砖上抹面，然后作画，主要是小幅，每块砖画一幅（图4-3-32），大幅少见。

七号墓，门向北，偏西，有前室、前室右耳室、中室、中室左耳室、后室，墓内合葬四人，出土有印章"王霩印信"（图4-3-33），此应是墓主名字。

墓葬年代，是三国魏和西晋时期，出土铜钱六百多枚，有"半两"、"五铢"，也有剪轮"五铢"、綖环"五铢"，还有"大泉五十"、"货泉"、綖

[①] 嘉峪关市志办公室：《嘉峪关市文物志》，甘肃人民出版社1990年12月版，第57页。

环"货泉",另外还有年代晚后的小型"五铢",这些都是后汉晚期的特点。更重要的是,其中一号墓陶罐上有朱书文字,开篇即为"甘□二□□"等字,推测此为"甘露二年",是三国魏高贵乡公曹髦的年号,因此可定一号墓当为三国曹魏时墓。六号墓中出土酱釉陶壶,此器则是西晋时期年代明确的遗

图4-3-32　嘉峪关新城六号墓宰牛图

物①。而另一部壁画报告也认为:"根据墓室的出土器物、壁画反映的舆服制度和时尚来看,这六座墓属于魏晋时期,一号墓约为曹魏时期,三、四、五号墓约为曹魏和西晋之际,六、七号墓约为西晋时期。"②

(2)酒泉县丁家闸壁画墓。1977年5月,在酒泉县丁家闸村发掘五座墓葬,其中五号墓为壁画墓。墓地外有茔地园墙,墓为砖筑,门向东,偏南2度,由前室、后室组成。墓内葬三人,遗物有陶器、铁镜、铜削、石砚,铜钱有"半两""大泉五十""货泉""五铢"、小"五铢",以五铢为最多。墓内绘壁画,在砖壁上抹草泥,其上施极细土黄色泥皮,于其上作画。墓前门楼、墓门、前

---

① 甘肃省文物队、甘肃省博物馆等:《嘉峪关壁画墓发掘报告》,文物出版社1985年10月版。
② 张朋川、张宝玺:《嘉峪关魏晋墓室壁画》,人民美术出版社1985年2月版,第30页。

图 4-3-33　嘉峪关新城七号墓狩猎图

室自墓顶至墓壁皆绘画，主要在前室。门绘卷草纹，前室墓顶绘莲花，下面四壁分五层，绘有东王公、西王母、金乌太阳、蟾蜍盈月、山峦、飞驰神马、奔腾白鹿、飞翔羽人、墓主人宴居行乐（图 4-3-34、图 4-3-35）、耙地、扬场、坞壁、耕地、羊群、鸡群、车马出游、采桑、庖厨等，后室分三层，有庆云、器物笁、盒、弓、箭箙等。

根据墓葬形制、随葬器物、壁画内容如腰鼓等判断，此墓为东晋后期、十六国时，"具体的年代可定在后凉至北凉之间，即公元 4 世纪末至 5 世纪中"①。

---

① 甘肃省博物馆：《酒泉、嘉峪关晋墓的发掘》，《文物》1979 年第 6 期。

第四章 辽阳壁画墓的特点

图4-3-34 酒泉丁家闸晋墓宴居行乐图

图 4-3-35　酒泉丁家闸晋墓宴居行乐图

四、对辽阳壁画墓的认识

本书介绍了辽阳壁画墓中的壁画。绘画本有多种载体，如皮革、木板、漆器、纸张、丝绢或其他物体，因介质不同，分别有不同的称谓。所谓"壁画"者，是专指"绘于墙壁上的画"。但画在墙壁上的画也有很多种，如宫廷苑囿、佛寺庙宇建筑的墙上都有壁画，甚至有的民居住宅也有在墙上作画的，各因其建筑性质归属不同，也就命名为不同名称的壁画，还有如石窟中的洞壁上也有绘画，甚至是绘有更大量的壁画，如最知名的"敦煌壁画"就是代表。但本书所介绍的，是壁画中较为特殊的一种，即墓葬壁画。墓葬因有壁画而自成体系，遂称其墓为"壁画墓"。

在我国古代墓葬中，壁画墓是诸多不同类型墓葬中的一种。前面已经说过，所谓壁画墓，即是专指在墓葬墙壁面上有绘画的墓而言。但从考古发现看，不是每座墓葬都有壁画，恰恰相反，绝大多数的墓葬都是没有壁画的。因此，壁画墓是不同种类墓葬中数量较少的一种。故壁画墓的发现，在考古发现中是非常受珍视的。

壁画墓兴起的年代，过去知之不多，但从我国近几十年的考古发现看，逐渐明晰起来，在20世纪初开始发现，并且首先是从辽阳开始的，其后从20世纪50年代以来，在全国各地发现了更多，可以说逐渐形成一个较为完整的序列，通过各墓的互相比较，时代早晚也即逐渐辨识出来，于是壁画墓发展的时间趋势也就随之清晰了。

关于辽阳壁画墓的年代，虽然这些年来发现的墓葬很多，但都未出土有绝对年代的文字材料，因此其年代都是依据考古发现推测出来的，如墓室特点、壁画内容，尤其是出土随葬遗物的信息，综合考察而后确定的。

特别应当说明的是，辽阳发现的壁画墓，不是几座，而是二十多座，其数量在国内来说，是数量最多的地区。因此，确定它的年代就非常重要。辽阳地区的壁画墓，不是单一的某个时期形成的，而是前后历时较长、跨度很大的一段历史时间。多年来，根据在辽阳地区的考古调查和发掘，经过对墓葬本身和出土遗物的研究，目前已经取得较为明确的认识，辽阳壁画墓的年代，是从后汉中期开始，经历三国魏到西晋时期，前后历时达二百多年。

这些墓葬处在辽阳的城郊，距离市区都不太远，像鹅房在城外东南部，三道壕村距城区仅五里，其他墓也都较近，而旧城东门里墓就在市区内，这些墓反映了今辽阳的历史发展等情况。

今辽阳是东北地区最早有建置的城市，始于战国燕时，司马迁在《史记》中说："其后，燕有贤将秦开，为质于胡，胡甚信之。归而袭，破走东胡，东胡却千余里。与荆轲刺秦王舞阳者，开之孙也。燕亦筑长城，自造阳至襄平，置上谷、渔阳、右北平、辽西、辽东郡以拒胡。"[①]设置的辽东郡，即以辽阳为中心，其首府襄平城，即今辽阳。自此以后，辽东郡与首府襄平城之名，直到最晚壁画墓的晋代，都一直未改。当燕国末年，秦王嬴政统一六国时，燕国最后一位君主燕王喜与太子丹，都"走保辽东"避秦兵锋，以襄平为后方。燕以后，历秦、汉，辽东一直是其重要地区，尤其是经过中原王朝三百多年的经营，社会有长足的发展和进步。及至后汉晚期，中原大乱，群雄蜂起，战争连年，生灵涂炭，流离失所，民不聊生。此时辽东地区远离战乱，没有战祸，社会相对安定，在此背景下，中原地区的人民大批逃往辽东，在这里生活。这其中有不少社会贤达，"游学之士，教授之声"，改变当地的风俗和文化。有些人被记录于史，

---

① 司马迁：《史记》卷一一〇《匈奴列传》，中华书局点校本1959年9月版，第2885页。

如王烈①、邴原②、管宁③等人。来辽东的人应该是很多的，他们这些人只是中原地区来往辽东的代表人物而已。

自前汉以来，辽东地区经过二百多年的经营，社会相当发展，文化与中原同步前行。1955年，我们发掘的辽阳三道壕前汉村落遗址，就是一个明显的例证，出土有20万件（片）遗物，种类丰富，应有尽有，发掘的两万多平方米的遗址面积，也只是这个村落的很小一部分，有六户人家，都自成院落，每家都有房屋、炉灶，还有非常科学的桶状陶管氆深水井、储物防变质的深井式土窖，有畜圈、厕所等，还有向外通达远方的铺石大路，烧砖的窑址有七座之多，可见这处村落遗址当年是何等兴旺和繁荣，这是前汉社会发展的一个缩影。

后汉晚期，中原战乱，辽东地区相对安静，在公孙氏几代人的治理下，社会稳定，吸引中原人民来归，更加促进生产发展，文化相应进步，百姓生活富裕。在这种背景下，丧葬文化也会随之变化，尤其在上层社会率先反映出来，在后汉中期以后，壁画墓应运而生，开始在辽东地区流行，尤其是首府襄平，集中当时经济、文化，展现更为充分。从这时起，流行到西晋时期，历二百多年。辽阳壁画墓的墓主人，现在虽然还不能确知其为谁，但已见有"季春之月汉""魏令支令""公孙夫人"等墓中题字，则可知属于当时社会上层人物，即这一时期辽东郡的官员、地方豪强、公孙氏族、社会贤达等。

辽阳壁画墓独具特色，墓室均用巨大厚重的石板构筑，仅此一点，就和国内所有发现的同时期汉魏晋的壁画墓完全不同，是其他地区所没有的。再有就壁画创作本身来讲，用矿物颜料绘于石面上，这样的"画地"也是其他地区同时代壁画墓所不见的。辽阳壁画墓的壁画都是直接绘在石面上，这种南芬页岩石板，开采面非常平整光滑，不用打磨，而且石质非常细腻，因而不像砖墓有

---

① 范晔：《后汉书》卷八一《王烈传》载："（太原王烈）以义行称。……遭黄巾、董卓之乱，乃避地辽东，夷人尊奉之"，公孙度、曹操"闻烈高名"，欲委以官，皆不应，"终于辽东"。中华书局点校本1965年9月版，第2696、2697页。
② 陈寿：《三国志》卷十一《邴原传》载："（邴）原以黄巾方盛，遂往辽东。……原在辽东，一年中往归原居者数百家，游学之士，教授之声，不绝。"中华书局点校本1959年12月版，第350页。
③ 陈寿：《三国志》卷十一《管宁传》载：天下大乱，闻公孙度令行海外，遂与原及平原王烈等至于辽东。……时避难者多居郡南，而宁居北，示无迁志，后渐来从之。"中华书局点校本1959年12月版，第354页。

缝隙需修饰加工，仍难掩其砖缝间的沟痕，在这种平整的石面上作画，并且所用颜色丰富艳丽，益显壁画气势完整、不琐碎而沉稳。具有这种特点的壁画墓，在国内其他地区是没有的。

辽阳壁画墓由于是用石板构筑的墓室，因此四壁包括墓顶平面，都特别规整，易于作画，且不受限制，因此画幅可以很宽大，收入的内容庞杂，人们日常生活所需所用，应有尽有，从物质生活到精神生活，都有描绘，可以说壁画墓充分地反映了辽东地区当时社会生活的真实面貌。

汉代壁画墓的壁画，如果从整体作一观察，会发现这些墓葬的壁画是很成熟的，尽管它只是为安葬死者而修建的墓室内画在永无见天日的坟墓里，不是真正意义上供人欣赏的绘画，但它的绘画艺术成就仍是很高的，这一点毋庸置疑。尤其从辽阳壁画墓中的壁画看，更能证明这一点。其绘画水平无比高超，写实能力强，绘人状物，静态、动感，表现出色。就以三道壕车骑墓的"车马出行图"来说（图4-3-36），壁画绘在石壁上，壁面宽阔，从构图来看，经过精心的设计，车马列队出行，排列整齐，秩序井然，马跑车奔，不乱队形，尘土飞扬，浩荡行进，场面极为壮观。从绘画技法看，笔力纯熟，线条圆润，走笔不滞，如行云流水般自然，粗细匀称，恰合需要。尤其敷色，各臻其妙。本来汉墓壁画，许多是外勾线条，平涂填色于内，如此，不免稍显生涩。而此地壁画，则别有表现，比如出行图中的各色马匹，瞬间动态捕捉准确，而画法上更为曼妙，马并非勾线填色，而是用不同彩色画出队列行进中的奔马，如果单独拿出来一匹马（图4-3-37），和闻名世界的甘肃武威雷台汉墓中出土的表示"天马行空""马驰如飞燕之速"的铜马（图4-3-38）来比较，二者孰能分出高下？姿态相同，如出一人之手。而壁画墓中的马，用彩色表现，膘肥体壮，周身浑圆，显出毛色亮丽。如此画法高超、技艺精到的壁画，虽出自墓葬中，亦是非常难得的，代表了一个时代的审美与艺术水平。因此，我们可以说，汉魏以来的绘画技艺已经达到一个相当高的境界，只是他们的作者是无名的画师而已。他们的传承，开启其后的晋代的绘画，晋代出现了许多高挂在历史天空中如耀眼星辰般的著名画家，如卫协、张墨、顾恺之、张僧繇、萧绎等，他们

第四章 辽阳壁画墓的特点

的成就是有历史继承的，正因为有源头活水的滋养，才有如此繁荣的绘画艺术花朵发展起来。总之，辽阳壁画墓数量很大，壁画内容丰富，为我们提供了多方面的信息，尤其是为我们研究汉、魏、晋时期的绘画艺术提供了难得的具体而又翔实的珍贵史料。

辽阳壁画墓，无疑是一座极其珍贵的艺术宝库！对它的进一步深入研究，则有待于未来更多学者的加入。

图 4-3-36 三道壕车骑壁画墓车骑图（部分）

图 4-3-37　三道壕车骑墓出行图之红马

图 4-3-38　武威雷台后汉墓出土铜奔马

第五章

辽阳壁画墓彩色照片图版

一、辽阳旧城东门里后汉壁画墓彩色照片图版

图 5-1-1　墓室后部明器室西端随葬遗物（自南向北摄）

图 5-1-2 明器室内遗物出土形态

第五章　辽阳壁画墓彩色照片图版

图 5-1-3　明器室东半部遗物分布情况（自西向东摄）

图 5-1-4　墓室西侧前端墓内积土

第五章　辽阳壁画墓彩色照片图版

图 5-1-5　西侧棺室北视明器室

图 5-1-6　墓室西壁北端牛车图与后部明器室

第五章 辽阳壁画墓彩色照片图版

图 5-1-7 棺室间隔北端扁石柱东面小吏图（一）

图 5-1-8　棺室间隔北端扁石柱东面小吏图（二）

图 5-1-9 小吏图（细部）

图 5-1-10 墓室西壁出行图前部导骑图（一）

图 5-1-11 墓室西壁出行前部导骑图（二）

图 5-1-12 导骑图之前面回望导骑

图 5-1-13 导骑图之后面倒乘导骑

图 5-1-14　出行图导骑上部装饰帷幔与水波纹

第五章 辽阳壁画墓彩色照片图版

图 5-1-15 墓室西壁出行图后部牛车图（一）

图 5-1-16　墓室西壁出行图后部牛车图（二）

第五章 辽阳壁画墓彩色照片图版

图 5-1-17 墓室东壁前端壁画

图 5-1-18　出行图导骑上部装饰帷幔与水波纹

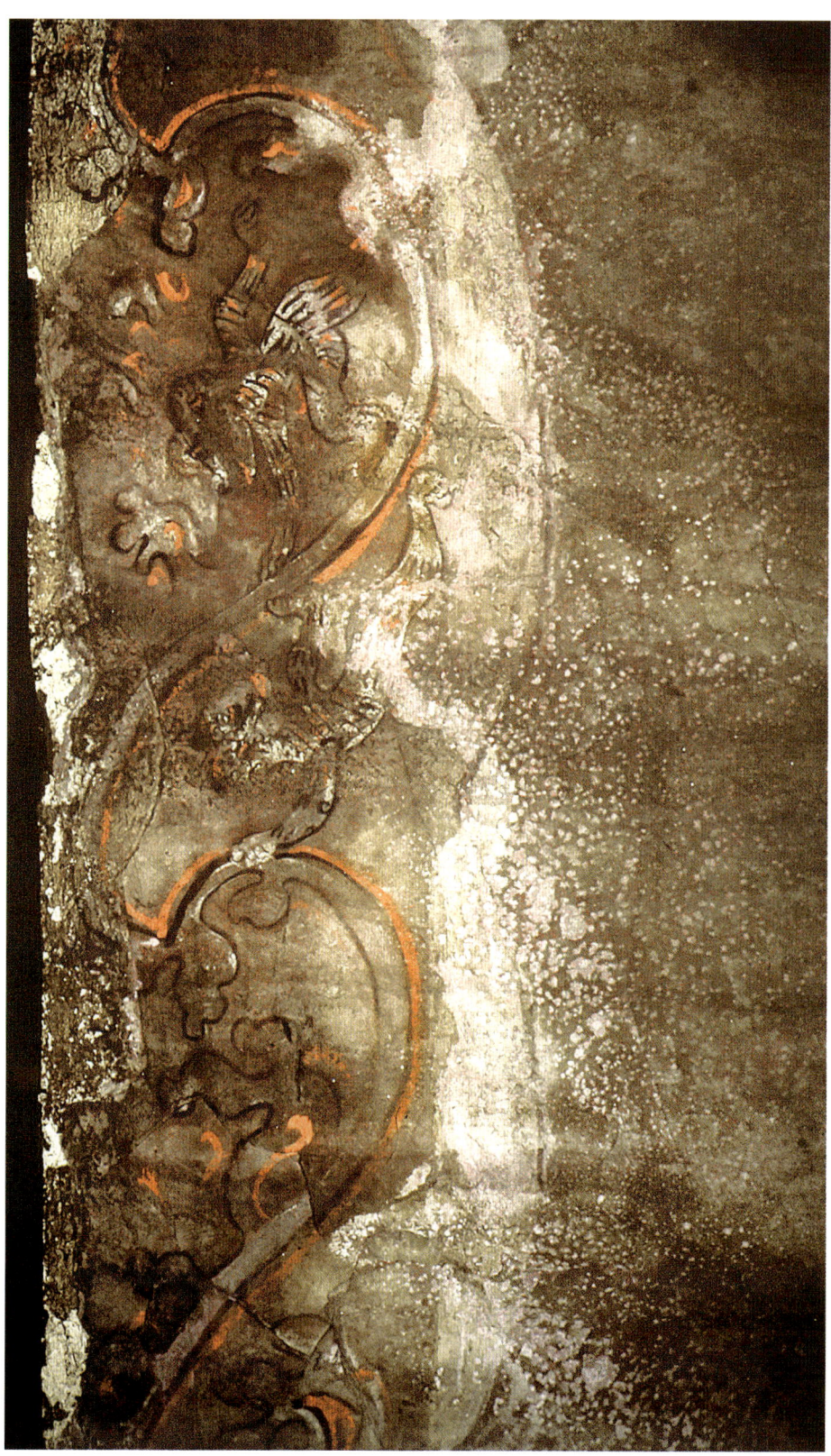

图 5-1-19 墓室东壁中部壁画

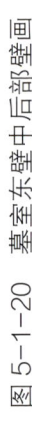

图 5-1-20　墓室东壁中后部壁画

图 5-1-21 墓室东壁中后部壁画细部

图 5-1-22 墓室北部明器室及东壁后部壁画

图 5-1-24 墓室东壁后部人物（一）

图 5-1-24 墓室东壁后部人物(二)

第五章　辽阳壁画墓彩色照片图版

图 5-1-25 墓室东壁后部人物（三）

图 5-1-26 墓室东壁后部人物（四）

图 5-1-27 墓内耳室横枋与右侧立柱图

图 5-1-28　墓内耳室左侧与东壁后部结构图

图 5-1-29　墓内耳室前部左侧立柱上图像

第五章 辽阳壁画墓彩色照片图版

图 5-1-30　墓内耳室前部左侧横枋和立柱上图像

图 5-1-31　墓内东棺室东南角壁画及墓顶红日图（一）

图 5-1-32　墓内东棺室东南角壁画及墓顶红日图（二）

图 5-1-33 墓内东棺室墓顶红日中之金乌图

图 5-1-34　墓内西棺室墓顶明月与繁星图（一）

图 5-1-35　墓内西棺室墓顶明月与繁星图（二）

第五章 辽阳壁画墓彩色照片图版

图 5-1-36 墓内西棺室墓顶繁星图

图 5-1-37　墓内西棺室墓顶明月中之玉兔图

第五章 辽阳壁画墓彩色照片图版

图 5-1-38　墓内出行图前面导骑冠服

图 5-1-39　墓内导骑图后面导骑冠服

图 5-1-40　小吏图冠服

图 5-1-41　东壁上部纹饰（细部）

二、辽阳棒台子一号后汉壁画墓彩色照片图版

图 5-2-1　辽阳棒台子一号壁画墓地上封土

图 5-2-2 棒台子一号壁画墓封土与"全国重点文物保护单位"标志

第五章 辽阳壁画墓彩色照片图版

图 5-2-3 在墓内观看壁画（一）

图 5-2-4 在墓内观看壁画（二）

图 5-2-5 墓门内前廊（由西视东）

图 5-2-6 墓门内前廊墓顶图画(一)

图 5-2-7 墓门内前廊墓顶图画(二)

图 5-2-8　墓门东立柱东面门卒与西立柱东面门犬图

图 5-2-9 墓门东立柱东面门卒图

图 5-2-10　墓门东立柱东面门卒头部与柱斗彩画

图 5-2-11　墓门内前廊结构与左（东）耳室

图 5-2-12　墓门西立柱西面门卒图

第五章 辽阳壁画墓彩色照片图版

图 5-2-13 墓室前廊墓门东立柱西面门犬图（一）

图 5-2-14 墓室前廊墓门东立柱西面门犬图（二）

图 5-2-15 墓室前廊墓门东立柱西面门犬图柱斗彩画

图 5-2-16　墓门西立柱东面门犬图（一）

图 5-2-17 墓门西立柱东面门犬图(二)

图 5-2-18 墓室前廊墓门东立柱东面门犬图柱斗彩画

图 5-2-19　墓门石柱上栌斗彩画

图5-2-20 墓室右廊出行图（一）

第五章 辽阳壁画墓彩色照片图版

图 5-2-21 墓室右廊出行图（二）

图 5-2-22　墓室右廊出行图之黑盖车

第五章 辽阳壁画墓彩色照片图版

图 5-2-23 墓室右廊出行图

图 5-2-24 左耳室后壁饮食图

第五章 辽阳壁画墓彩色照片图版

图 5-2-25 墓门内左壁乐伎图（一）

图 5-2-26 墓门内左壁乐伎图（二）

第五章 辽阳壁画墓彩色照片图版

图 5-2-27 塞门内左壁乐伎图（三）

图 5-2-28　墓门内左壁右侧乐伎图（一）

图 5-2-29 塞门内左壁右侧乐伎图（二）

图 5-2-30 右耳室右壁壁画

第五章 辽阳壁画墓彩色照片图版

图 5-2-31 后小室右壁与后壁庖厨图（下部色深者为水土浸蚀形成）

图 5-2-32 后小室后壁庖厨图（下部色深者为水土浸蚀形成）（一）

图 5-2-33 后小室后壁局部图（下部色深者为水土浸湿造成）（三）

图 5-2-34 后小室后壁庖厨图（下部色深者为水土浸蚀形成）（三）

第五章 辽阳壁画墓彩色照片图版

图 5-2-35 后小室右壁庖厨图（下部色深者为水土浸蚀形成）（一）

图 5-2-36 后小室右壁庖厨图（下部色深者为水土浸蚀形成）（二）

图 5-2-37 墓室石壁与墓顶石梁、顶石结构情况

图5-2-38 墓室后小室左壁伯句厨图

图 5-2-39 墓室前廊右壁上层壁画（右侧部分）

图 5-2-40 墓室右耳室壁画饮食图

图 5-2-41　墓室右耳室壁画饮食图细部

图 5-2-42　墓室前廊右壁左侧壁画

图 5-2-43　墓室前廊右壁左侧上、中、下层壁画

图 5-2-44 墓室前廊右壁左侧上层壁画细部

图5-2-45 墓室前龛右壁左侧下层壁画残迹图

图 5-2-46　墓室前面室顶及模梁上壁画

图 5-2-47 墓室前部墓顶壁画云气图

三、辽阳三道壕后汉车骑壁画墓彩色照片图版

图 5-3-1　车骑墓地上封土

图 5-3-2　车骑墓"全国重点文物保护"标志（一）

第五章 辽阳壁画墓彩色照片图版

图 5-3-3 车骑墓 "全国重点文物保护" 标志（二）

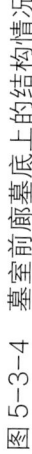

图 5-3-4 墓室前廊墓底上的结构情况

图 5-3-5 右棺室右壁车骑图（一）

图 5-3-6 右棺室右壁车骑图（二）

第五章 辽阳壁画墓彩色照片图版

图 5-3-7 右棺室右壁车骑图（三）

第五章 辽阳壁画墓彩色照片图版

图 5-3-8 右棺室右壁车骑图（四）

图 5-3-9 右棺室右壁车骑图（五）

第五章 辽阳壁画墓彩色照片图版

图 5-3-10 右棺室右壁车骑图（右前马）

图 5-3-11 右棺室右壁车骑图（左前马）

图 5-3-12 右棺室右壁车骑图（右前二马）

图 5-3-13 右棺室右壁车骑图（左前二马）

图 5-3-14 右棺室右壁车骑图（黑盖车）

图 5-3-15　右棺室右壁车骑图（黑盖车后右侧骑从）

图 5-3-16 右棺室右壁车骑图（黑盖车后左侧骑从）

图 5-3-17　右棺室右壁车骑图（后部牛车）

图 5-3-18 右棺室右壁车骑图（牛车右侧人物）

图 5-3-19 右耳室前壁车马出行图（一）

图 5-3-20 右耳室前壁车马出行图（二）

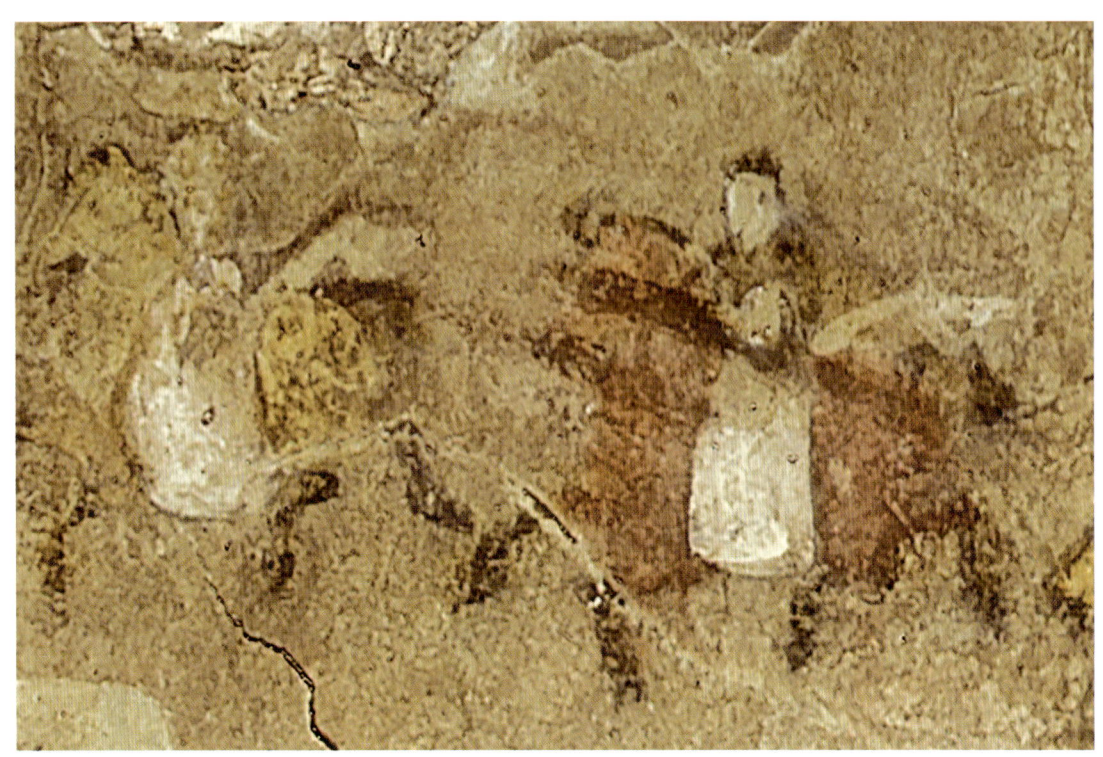

图 5-3-21　右耳室前壁车马出行图（右二前导）

图 5-3-22　右耳室前壁车马出行图（左二前导）

第五章 辽阳壁画墓彩色照片图版

图 5-3-23 右耳室前壁车马出行图（左前人物）

图 5-3-24 右耳室前壁车马出行图后部黑盖车图

图 5-3-25 墓室右耳室右壁车马出行图（一）

图 5-3-26 墓室南耳室台壁牛马出行图(二)

图 5-3-27　右耳室右壁车马出行图前右导骑（一）

图 5-3-28　右耳室右壁车马出行图前左导骑（二）

图5-3-29 右耳室右壁车马出行图载物车

图5-3-30 左耳室后壁及左壁家居宴饮图

图 5-3-31 左耳室前壁家居宴饮图

图 5-3-32 左耳室左壁家居宴饮图(左侧图)

第五章 辽阳壁画墓彩色照片图版

图 5-3-33 左耳室左壁家居宴饮图（右侧图）

图 5-3-34 左耳室左壁与前壁家居宴饮图

图 5-3-35 左耳室前壁家居宴饮图

图 5-3-36　左耳室后壁家居宴饮图

图 5-3-37 左耳室后壁家居宴饮图(细部)

图 5-3-38　左耳室右壁家居宴饮图（一）

图 5-3-39 左耳室右壁家居宴饮图（二）

图 5-3-40　右耳室右壁及后壁庖厨图

图 5-3-41　右耳室右壁庖厨图（一）（下部色深者为水土浸蚀形成）

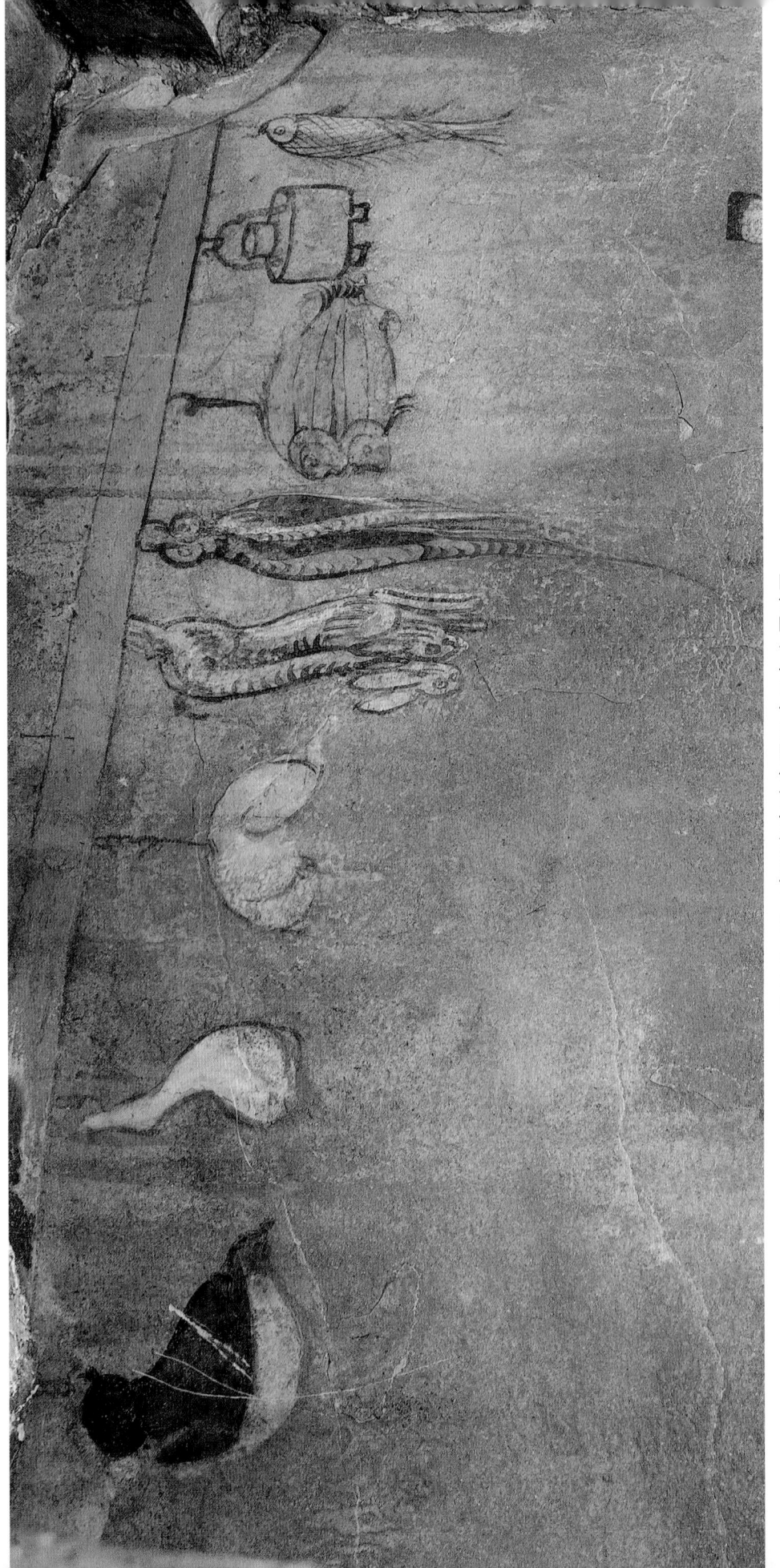

图 5-3-42　右耳室右壁庖厨图（二）上层壁画

图 5-3-43 右耳室右壁庖厨图（三）中层壁画（下部色深者为水土浸蚀形成）

图5-3-44 右耳室右壁庖厨图（四）下层壁画（下部色深者为水土浸蚀形成）

图 5-3-45　右耳室后壁庖厨图（一）

图5-3-46 右耳室后壁庖厨图（二）

图 5-3-47 右耳室后壁庖厨图（三）

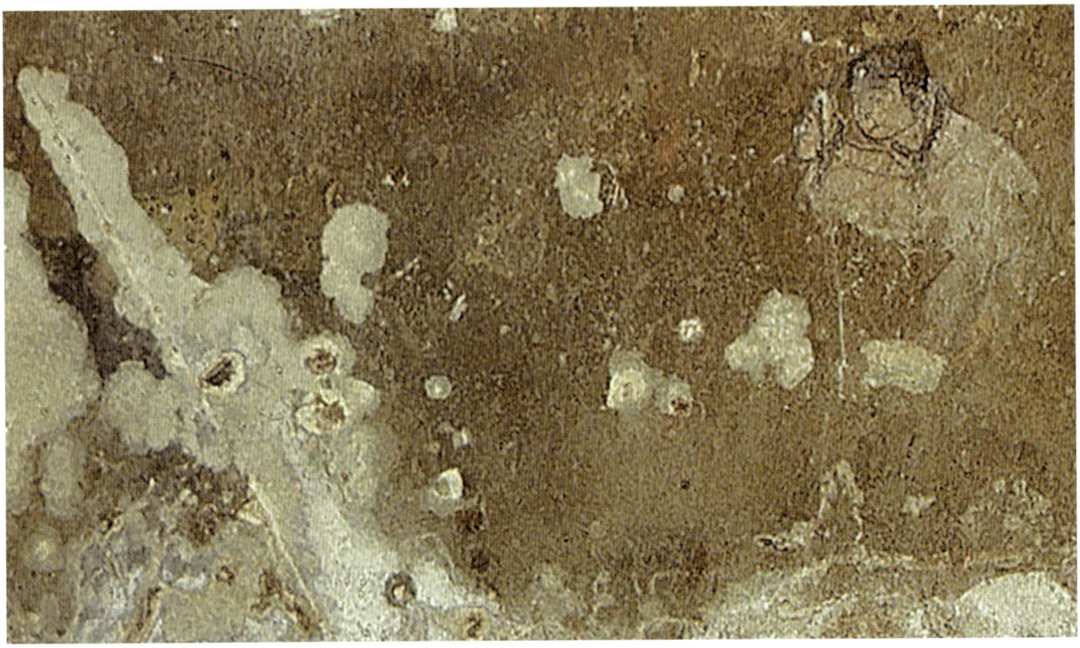

图 5-3-48　右耳室后壁庖厨图（四）

图 5-3-49　右耳室后壁庖厨图（五）

第五章　辽阳壁画墓彩色照片图版

图 5-3-50　前廊墓顶太阳图（一）

图 5-3-51 前廊墓顶太阳图（二）

第五章　辽阳壁画墓彩色照片图版

图 5-3-52　前廊墓顶月亮及夜晚天空图（一）

图 5-3-53　前廊墓顶月亮及夜晚天空图（二）

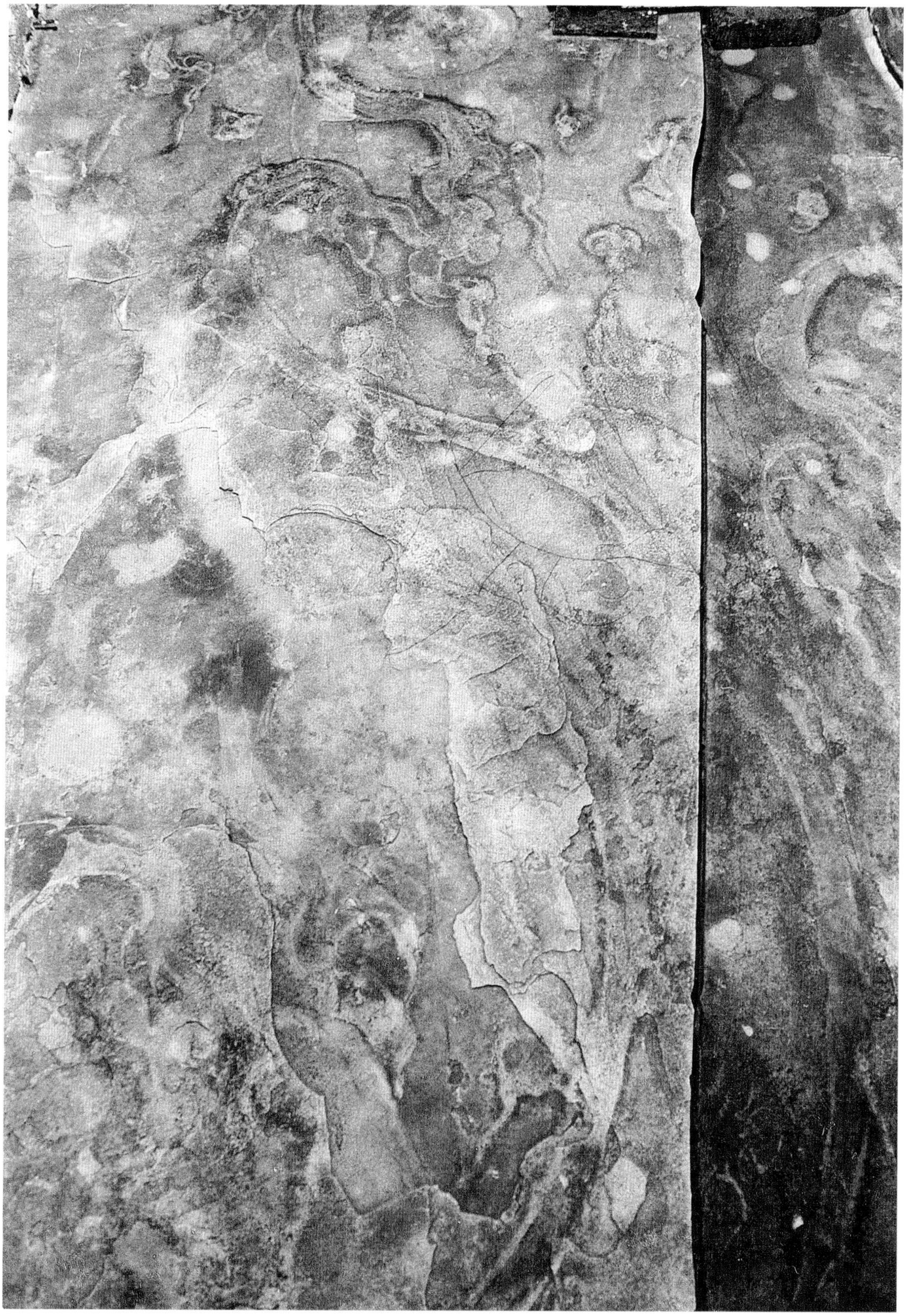

第五章　辽阳壁画墓彩色照片图版

图 5-3-54　前廊墓顶流云图

图 5-3-55　墓室托檩栌斗上承墓顶情况

主要参考文献

1. 司马迁：《史记》，中华书局点校本 1959 年 9 月版。
2. 班固：《汉书》，中华书局点校本 1962 年 6 月版。
4. 司马彪：《后汉书志》，中华书局点校本 1965 年 5 月版。
3. 范晔：《后汉书》，中华书局点校本 1965 年 5 月版。
5. 陈寿：《三国志》，中华书局点校本 1959 年 12 月版。
6. 房玄龄：《晋书》，中华书局点校本 1974 年 11 月版。
7. 蔡邕：《独断》，《丛书集成初编》第 811 本，商务印书馆 1939 年 12 月版。
8. 刘熙：《释名》卷七《释车》，光绪丙申刊本。
9. 司马光：《资治通鉴》，中华书局点校本 1956 年 6 月版。
10. 李文信：《辽阳北园画壁古墓记略》，《国立沈阳博物院筹备委员会汇刊》第 1 辑，1947 年 10 月版。
11. 李文信：《辽阳发现的三座壁画古墓》，《文物参考资料》1955 年第 5 期。
12. 沈欣：《辽阳市北郊新发现两座壁画古墓》，《文物参考资料》1955 年第 7 期。
13. 李庆发：《辽阳上王家村晋代壁画墓清理简报》，《文物》1959 年第 7 期。
14. 王增新：《辽宁辽阳县南雪梅村壁画墓及石墓》，《考古》1960 年第 1 期。
15. 王增新：《辽阳市棒台子二号壁画墓》，《考古》1960 年第 1 期。
16. 邹宝库：《辽阳发现三座壁画墓》，《考古》1980 年第 1 期。
17. 冯永谦、韩宝兴、刘忠诚、邹宝库、柳川、萧世星：《辽阳旧城东门里东汉壁画墓发掘报告》，《文物》1985 年第 6 期。
18. 邹宝库：《辽阳市三道壕西晋墓清理简报》，《考古》1990 年第 4 期。
19. 辽宁省文物考古研究所：《辽宁辽阳南环街壁画墓》，《北方文物》1998 年第 3 期。
20. 李龙彬、马鑫、王爽：《新发现的辽阳河东新城东汉壁画墓》，《东北史地》2016 年第 1 期。
21. 洛阳区考古发掘队：《洛阳烧沟汉墓》，科学出版社 1959 年 12 月版。
22. 中国科学院考古研究所：《新中国的考古收获》，文物出版社 1961 年 12 月版。
23. 中国社会科学院考古研究所：《新中国的考古发现和研究》，文物出版社 1984 年 5 月版。
24. 中国大百科全书总编辑委员会《考古学》编辑委员会，中国大百科全书出版社编辑部：《中国大百科全书·考古学》，中国大百科全书出版社 1986 年 8 月版。
25. 文物编辑委员会：《文物考古工作三十年》，文物出版社 1979 年 11 月版。
26. 文物编辑委员会：《文物考古工作十年》，文物出版社 1991 年 1 月版。

27. 北京历史博物馆、河北省文物管理委员会：《望都汉墓壁画》，中国古典艺术出版社 1955 年 9 月版。
28. 河北省文化局文物工作队：《望都二号汉墓》，文物出版社 1959 年 6 月版。
29. 中国社会科学院考古研究所：《杏园东汉墓壁画》，辽宁美术出版社 1995 年 4 月版。
30. 盖山林：《和林格尔汉墓壁画》，内蒙古人民出版社，1977 年 3 月版。
31. 甘肃省文物队、甘肃省博物馆等：《嘉峪关壁画墓发掘报告》，文物出版社 1985 年 10 月版。
32. 张朋川、张宝玺：《嘉峪关魏晋墓室壁画》，人民美术出版社 1985 年 2 月版。
33. 河北省文物研究所：《安平东汉壁画墓》，文物出版社 1990 年 12 月版。
34. 陕西省考古研究所、西安交通大学：《西安交通大学西汉壁画墓》，西安交通大学出版社 1991 年 5 月版。
35. 山东省文物考古研究所、东平县文物管理所：《东平后屯汉代壁画墓》，文物出版社 2010 年 11 月版。
36. 邹宝库：《辽阳考古记略》，辽宁民族出版社 2012 年 2 月版。
37. 嘉峪关市志办公室：《嘉峪关市文物志》，甘肃人民出版社 1990 年 12 月版。
38. 辽宁省博物馆文物队等：《朝阳袁台子东晋壁画墓》，《文物》1984 年 6 期。
39. ［朝］金瑢俊：《关于安岳三号壁画坟墓主及其年代》，《美术研究》1958 年第 4 期；
40. 洪晴玉：《关于冬寿墓的发现和研究》，《考古》1959 年第 1 期。
41. 黄明兰：《洛阳西汉卜千秋壁画墓发掘简报》，《文物》1977 年第 6 期。
42. 西安市文物保护考古所：《西安理工大学西汉壁画墓发掘简报》，《文物》2006 年第 5 期。
43. 西安市文物保护考古所：《西安曲江翠竹园西汉壁画墓发掘简报》，《文物》2010 年第 1 期。
44. 罗福颐：《内蒙古自治区托克托县新发现的汉墓壁画》，《文物参考资料》1956 年 9 期。
45. 洛阳博物馆：《洛阳金谷园新莽壁画墓清理简报》，《文物资料丛刊》第 9 辑，1985 年 10 月版。
46. 山西省文物管理委员会：《山西平陆枣园村壁画汉墓》，《考古》1959 年第 9 期。
47. 宝鸡市博物馆、千阳县文化馆：《陕西省千阳县汉墓发掘简报》，《考古》1975 年第 3 期。
48. 河南省文化局文物工作队：《洛阳西汉壁画墓发掘报告》，《考古学报》1964 年第 2 期。
49. 关天相、冀刚：《梁山汉墓》，《文物参考资料》1955 年第 5 期。
50. 安金槐：《密县打虎亭汉代画像石墓和壁画墓》，《文物》1972 年第 10 期。
51. 河北文化局文博组：《安平彩色壁画汉墓》，《光明日报》1972 年 6 月 22 日。
52. 河北省文物研究所：《安平东汉壁画墓发掘简报》，《文物春秋》1989 年第 1 期。
53. 陕西省考古研究院、靖边县文物管理办：《陕西靖边县杨桥畔渠树壕东汉壁画墓》，《考古与文物》2017 年第 1 期。
54. 鄂尔多斯博物馆、鄂尔多斯市文物考古研究院、乌审旗文物管理所：《内蒙古鄂尔多斯巴日松古敖包汉代壁画墓清理简报》，《文物》2019 年第 3 期。
55. 内蒙古文物工作队、内蒙古博物馆：《和林格尔发现一座重要的东汉壁画墓》，《文物》1974 年第 1 期。
56. 甘肃省博物馆：《武威雷台汉墓》，《考古学报》1974 年第 2 期。
57. 嘉峪关市文物清理小组：《嘉峪关汉画像砖墓》，《文物》1972 年第 12 期。
58. 甘肃省博物馆：《酒泉、嘉峪关晋墓的发掘》，《文物》1979 年第 6 期。

后 记

　　岁月匆匆，不觉间距我当初参加发掘辽阳壁画墓，时间已经过去65年了！

　　多年来，我虽然没离开过文物考古这个岗位，但根据工作需要，也做了许多别的项目，但当年我拍照的壁画墓中的壁画，始终没能公布出来。我深知辽阳壁画墓很重要，壁画无论是对考古、历史学界，还是对绘画、美术界，都是需要的。然而始终没有能够面世，这确实是一件很遗憾的事情！

　　由于时间过去得太久了，时过境迁，环境也变了。但是要看到，若是别的什么材料，可能早都"过期"了，然而对于考古材料还不至于如此，因而我想这样珍贵的历史遗存，不要在我的手上损失！本来我只是想能把我过去拍摄的这些保持自然状态的辽阳壁画墓中的彩色照片发表出去就行了，没有更多的奢望，只想不要让它损失了就行。作为祖国的历史文化遗产，在地下保存了两千年的珍贵壁画不为世人所知，岂不太可惜了？但现在要实现这个愿望时，这个原先的很简单的想法却不行了，因为若只发表一些照片太过简略，使读者无法了解辽阳壁画墓的内涵到底是什么。图文相辅相成，互为补充，是为不可缺失的一个方面。思之再三，才采用了现在的这种样式，从整体上考虑，作一个较为全面的介绍，这样会帮助读者更为深入地了解辽阳壁画墓的内涵。

　　当年发掘辽阳壁画墓时，是我的师友——东北文物工作队和辽阳市文物工作者共同进行的。发掘材料陆续刊发了，今天都成了历史文献，读者可藉此了解辽阳壁画墓的情况。但当时刊发时限于各种条件，没有发表过壁画的彩色照片，使人无法真实地了解壁画的原生态到底是什么样，画了些什么内容，这个时期的画风、画技又究竟达到了什么样的程度，而我们在看过之后并能从中了解到或总结点什么。这些问题，都是读者自然会想到的。

辽阳壁画墓发表的考古发掘报告，我都列在了本书后面的"主要参考文献"中，读者如欲了解情况，可查看原始材料。本书的完成，主要也是依据这些考古报告，于此特作说明，并向当年一起工作的诸师友表示敬意！

写作本书，常作回忆，当年发掘时的情景，依然清晰，思绪带回到六十多年前，真是无限感慨！当年吾师李文信先生是东北文物工作队队长，率领我们考古队员在辽阳大地上做考古调查，仅发掘而言，就发掘了唐户屯、桑园子汉墓，发掘三道壕壁画墓，发掘鹅房战国墓、汉墓，对北园、棒台子以前遭受破坏的壁画墓进行封土保护，发掘三道壕汉墓和儿童瓮棺墓群，发掘三道壕前汉村落遗址，发掘大林子、徐往子、袁家堡子汉墓、辽墓、清墓等，辽阳的往事，历历在目，真情长在，叙说不完。抚今追昔，时代在发展，当年我所在的东北文物工作队，几十年来工作任务未改，但隶属关系与名称曾几度变迁，首次改为东北博物馆文物工作队，再改为辽宁省博物馆文物工作队，三改为辽宁省文物考古研究所，现在名为辽宁省文物考古研究院，事业更向前发展了。每当忆及这些难忘的事，总是心潮难平，当时组建东北文物工作队几十人，至今还在这个单位的，只有我一人而已，真是人世沧桑，不禁让人慨叹！现谨以此书作为当时诸师友的共同工作的业绩！

最后还要说的是，本书的出版，获得了辽海出版社的大力支持，如果不是他们安排出版事宜，此书恐怕也难以面世，尤其是副总编辑韩伟与社长助理马千里、编辑谭莹、杨冬庆、郑伟诸位，他们都做了大量的组织与具体编辑工作，使本书得以顺利出版，笔者在此深表谢意！

冯永谦

2019年8月10日

时年八十五　于沈阳乐知堂